高等院校"十四五"应用型经管专业精品教材
省级一流课程"国际贸易实务"配套教材

国际贸易实务新教程

主　编　王涛生　陈　奇

东南大学出版社
SOUTHEAST UNIVERSITY PRESS
·南京·

内 容 提 要

本书以国际货物买卖为对象,以进出口合同条款为主体,以进出口业务流程为主线,全面系统地介绍了国际贸易的基本环节,即国际贸易的交易过程、交易条件、贸易做法,以及涉及的法律和国际惯例问题。内容包括:国际贸易术语;商品的名称、质量、数量与包装;国际货物运输;国际货物运输保险;进出口货物价格;国际货款收付;争议的预防和处理;合同的磋商和订立;进出口合同的履行。

本书围绕能力培养这一主题,内容紧贴国际贸易实际,与时俱进,时效性强,采用理论结合案例分析和技能训练的编排方式,使读者不仅能掌握相关的理论知识,更能提升外贸业务技能。

图书在版编目(CIP)数据

国际贸易实务新教程 / 王涛生,陈奇主编. — 南京:东南大学出版社,2024.6
ISBN 978-7-5766-1188-5

Ⅰ. ①国… Ⅱ. ①王… ②陈… Ⅲ. ①国际贸易—贸易实务—教材 Ⅳ. ①F740.4

中国国家版本馆 CIP 数据核字(2024)第 025353 号

责任编辑:褚 婧　　责任校对:韩小亮　　封面设计:顾晓阳　　责任印制:周荣虎

国际贸易实务新教程
Guoji Maoyi Shiwu Xin Jiaocheng

主　　编	王涛生　陈　奇
出版发行	东南大学出版社
出 版 人	白云飞
社　　址	南京市四牌楼 2 号　邮编:210096
网　　址	http://www.seupress.com
电子邮箱	press@seupress.com
经　　销	全国各地新华书店
印　　刷	广东虎彩云印刷有限公司
开　　本	787 mm×1092 mm　1/16
印　　张	18.75
字　　数	420 千字
版 印 次	2024 年 6 月第 1 版第 1 次印刷
书　　号	ISBN 978-7-5766-1188-5
定　　价	58.00 元

本社图书若有印装质量问题,请直接与营销部联系,电话:025-83791830。

前言

国际贸易实务课程是一门着重培养学生国际贸易实际业务能力的实践性课程。在国际贸易实务教学中如何实现该课程的实践性要求是值得我们深入探究的重要问题。为培养学生的国际贸易实践能力,我们认为须突出该课程教学的三个环节:一是国际贸易实务课程的课堂训练,二是进出口贸易模拟实训,三是国际贸易场景实训。在这三个环节中,国际贸易实务课堂训练是国际贸易实务能力培养的基础。若无良好的课堂训练,其后的模拟实训和场景实训环节的教学就难以有效地展开。故此,突出国际贸易实务课程的课堂训练环节是培养应用型国际经贸人才的必然要求。而要突出课堂训练环节,就必须改革国际贸易实务课程的教学内容体系,充实国际贸易能力实训内容,将课堂训练模块作为教材的一个有机组成部分。

经济全球化、信息化和数智化发展趋势对我国对外经济贸易人才提出了新的要求,从而对我国对外经济贸易人才的培养提出了更高要求。故此,国际贸易实务课程的内容须紧贴国际贸易实际,并紧紧围绕国际贸易能力培养这一中心主题。教材的编写应面向学生的实际需求,要把学生必备的国际贸易业务基本技能和基本知识简洁清晰地体现在该教材中,以便学生学习、理解、掌握和运用。但是,目前有些国际贸易实务课程教材业务理论介绍多,实务内容少,实务训练内容则更少;抽象笼统的概述多,具体的例证说明解释少。这些教材只注重国际贸易实务理论知识的系统性,没有突出国际贸易实务课程的实践性特色,教材中具有实践性和应用性的内容较少。为克服传统国际贸易实务教材重知识理论轻实践应用的弊端,在教材的编写过程中,我们力求在教材的实用性、实效性方面作出改进和提高,使国际贸易实务教材在对外经济贸易人才的培养中发挥更大的积极作用。

在教材的编写中作者力求做到:

其一,遵循学生认知规律,使教材既便于教又便于学。我们努力使教材贴近学生实际,帮助学生学习、理解和运用国际贸易实务知识与技能。本教材注重突出国际贸易实务的实效性和针对性。根据国际贸易实际业务的需要,针对学生学习中的难点与重点,运用具体的实例、案例对实务问题加以说明和解释,力求把一些不易理解、难以把握的内容简明扼要地阐释清楚,避免对实务问题进行空洞、抽象、繁杂地陈述,让学生深入浅出地学习、掌握国际贸易实务的基本知识和技能。书中内容的阐述力求条理清楚、简洁明了,符合学生的认知特点,较难理解的地方尽量使用实例进行说明、解释。

其二,提高教材内容体系的实用性,体现国际贸易实务课程的实践性特点。本教材力求克服以往国际贸易实务教材重知识轻技能的倾向,每章都设置了"技能实训"模块,"技能实训"中包含合同条款的撰写,单据的填制、使用,案例分析以及其他技能训练。书中附有大量的相关单据,既有空白单据,也有填制完好的单据,可帮助学生逐渐熟悉和掌握单证业务。为使学生适应国际贸易中的英文环境,书中列有相关的中英文条款。为便于学生自主学习,每章都有指定的阅读文献和多题型的习题。要求学生课外开展拓展性的学习、钻研,增长见识和才干。

其三,着眼于学生专业能力的培养和提高,把培养学生的国际贸易实践能力放在第一位。该书把紧密联系业务实际的基本知识、基本做法、基本程序作为教材编写的重点内容,从多方面培养学生的国际贸易实践能力。书中选编了大量英文单据和英文条款,意在训练学生识读单据、分析单据、制作单据的能力;书中大量的技能实训从多方面对学生进行基本技能的训练,同时培养他们对具体国际贸易问题进行分析判断的能力。书中出现了许多图例、表格、单证、案例,其目的就是让学生更有效地掌握国际贸易实务的相关知识和技能。

其四,增加课堂思政模块,有机融入思政育人。教材结合国家政策、行业环境、职业要求,深入挖掘思政元素,设计可实施的教学载体,有机融入教学内容,达到润物细无声的思政育人效果。外贸实践环节引导学生践行平等、公正、法治等社会主义核心价值观,培育诚信经商、德法兼修、灵活变通、细致严谨的职业素养。在同国外客户进行贸易洽谈时,对于货物的品质、包装、价格等条款要实事求是,不夸大其词,不掩盖缺陷,尊重知识产权,杜绝假冒伪劣,严格货源管理;在订立运输、保险合同时,遵循诚信原则,不欺诈隐瞒,如实陈述货物情况;在履行合同环节,保证按时、按质、按量完成装运,遇到贸易纠纷,及时妥善处理,重合同、守信用,树立合作共赢的理念,建立良好的企业信誉。

其五,增加"赛点指导"模块,推进赛学融合,以赛促学,强化实践育人。全国高校商业精英挑战赛国际贸易竞赛在全国有较大的影响力,对参赛选手综合专业知识、营销和谈判能力、灵活应变的素质有极高的要求。在商贸配对贸易谈判环节,涉及的贸易术语、数量、品质、价格、支付方式、运输、保险等赛点与课程内容密切相关。根据全国高校商业精英挑战赛国际贸易竞赛评分细则,提炼赛点中所涉及的专业知识,总结历年学生的参赛经验,借鉴外贸企业实践,深化拓展课程内容,通过课赛融合,赛教融合,赛学融合,以赛促教,以赛促学,达到实践育人的目的。

其六,更新贸易惯例规则,体现与时俱进。为应对全球经济新趋势、数字贸易新业态、国际运输新模式和国际环境新变化,传统的贸易惯例规则也在不断地演化。《2020年国际贸易术语解释通则》开启了贸易术语的新时代,它顺应外贸业务的最新变化,吸纳外贸合同的最佳实践,助推贸易便利化发展。本教材采用了《2020年国际贸易术语解释通则》,对书中相关内容进行了更新。

本教材是编者长期不懈努力的成果。本教材由王涛生、吴建功负责提出写作思路、撰写写作提纲和对全书书稿进行审阅、统稿。陈奇参加了该书的统稿和校阅工作,并在"课堂思政""赛点指导"等模块的创设与编写过程中做了大量工作。

本教材的写作分工如下:

绪　　论:王涛生
第一章:王涛生
第二章:吴建功　樊　琼
第三章:周庭芳
第四章:周庭芳
第五章:陈　奇
第六章:陈　奇
第七章:陈　奇
第八章:刘　兴
第九章:吴正芳

囿于作者的学识水平,书中难免有不妥当、不完备之处,敬请读者提出宝贵意见。

编者
2023年10月

目 录

绪 论
一、国际贸易实务课程的研究对象 ········ 001
二、国际贸易实务课程的基本内容 ········ 002
三、国际货物贸易的基本程序 ········ 003
四、国际货物贸易适用的国内法、国际条约与国际贸易惯例 ········ 005
五、学习本课程的方法 ········ 006

第一章 国际贸易术语

第一节 贸易术语概述 ········ 009
一、国际贸易术语的含义、作用与起源 ········ 009
二、有关贸易术语的国际惯例 ········ 010

第二节 常用的国际贸易术语 ········ 015
一、FOB ········ 015
二、CIF ········ 017
三、CFR ········ 019
四、FCA ········ 021
五、CIP ········ 024
六、CPT ········ 024

第三节 其他几种国际贸易术语 ········ 026
一、EXW ········ 026
二、FAS ········ 027
三、DAP ········ 027
四、DPU ········ 028
五、DDP ········ 028
六、DAP、DPU、DDP 的对比 ········ 028

第四节　技能实训 ··· 030
　　　实训模块一　国际贸易术语的运用 ·· 030
　　　实训模块二　国际贸易术语的选用 ·· 031
　　　实训模块三　案例分析 ·· 032

第二章　商品的名称、质量、数量与包装
　　第一节　商品的名称 ··· 041
　　　一、命名的方法 ·· 041
　　　二、买卖合同中的品名条款 ·· 042
　　第二节　商品的质量 ··· 042
　　　一、商品质量的含义和重要性 ·· 042
　　　二、商品质量的表示方法 ·· 043
　　　三、买卖合同中的质量条款 ·· 046
　　　四、对商品品质的要求 ·· 047
　　　五、订立质量条款的注意事项 ·· 048
　　　六、产品责任的风险防范 ·· 048
　　第三节　商品的数量 ··· 050
　　　一、国际贸易中常用的度量衡制度 ·· 050
　　　二、数量的计算方法和计量单位 ··· 050
　　　三、重量的计算方法 ·· 051
　　　四、买卖合同中的数量条款 ·· 052
　　第四节　商品的包装 ··· 055
　　　一、包装的种类 ·· 055
　　　二、运输包装 ·· 055
　　　三、销售包装 ·· 058
　　　四、中性包装、定牌与无牌 ·· 059
　　　五、买卖合同中的包装条款 ·· 060
　　第五节　技能实训 ··· 061
　　　实训模块一　订立商品的品名、质量条款 ··· 061
　　　实训模块二　订立商品的包装条款 ·· 062
　　　实训模块三　对品名、质量、数量、包装等条款的修订 ····································· 063
　　　实训模块四　案例分析 ·· 063

第三章　国际货物运输
　　第一节　海洋运输 ··· 073
　　　一、海洋运输概述 ·· 073
　　　二、班轮运输 ·· 073

三、租船运输 ·· 078
第二节　海运单证和海运条款 ·· 081
　　一、海运提单 ·· 081
　　二、海运单 ··· 085
　　三、其他货运单证 ·· 086
　　四、托运订舱流程 ·· 087
　　五、装运条款 ··· 088
第三节　国际铁路和航空货物运输 ··· 091
　　一、铁路运输 ··· 091
　　二、航空运输 ··· 092
第四节　其他国际货物运输方式 ··· 094
　　一、公路运输 ··· 094
　　二、内河运输 ··· 094
　　三、邮政运输 ··· 094
　　四、管道运输 ··· 095
　　五、大陆桥运输 ··· 095
第五节　国际多式联合运输 ··· 095
　　一、概述 ·· 095
　　二、多式联运的基本条件 ·· 095
　　三、单证手续 ··· 096
第六节　技能实训 ··· 097
　　实训模块一　缮制海运提单 ·· 097
　　实训模块二　案例分析 ·· 102

第四章　国际货物运输保险

第一节　保险概述 ··· 113
　　一、保险的概念 ··· 113
　　二、保险的基本原则 ··· 113
第二节　海运货物运输保险的承保范围 ······································· 115
　　一、海上货物运输风险 ·· 115
　　二、海上货物运输损失 ·· 117
　　三、海上费用 ··· 119
第三节　中国海洋运输货物保险的险别 ······································· 119
　　一、承保的责任范围 ··· 120
　　二、基本险的除外责任 ·· 123
　　三、保险期限与索赔时效 ·· 124

四、被保险人的义务 ……………………………………………………………… 125

第四节　英国伦敦保险协会海洋运输货物保险条款 ……………………………… 126
　　一、保险条款种类 ………………………………………………………………… 126
　　二、承保风险与除外责任 ………………………………………………………… 126
　　三、保险期限 ……………………………………………………………………… 129

第五节　陆运、空运货物与邮包运输保险 ………………………………………… 130
　　一、陆运货物保险 ………………………………………………………………… 130
　　二、空运货物保险 ………………………………………………………………… 131
　　三、邮包运输保险 ………………………………………………………………… 132

第六节　国际货物运输保险程序 …………………………………………………… 133
　　一、投保手续 ……………………………………………………………………… 133
　　二、保险利益的确定 ……………………………………………………………… 134
　　三、保险险别的选择 ……………………………………………………………… 134
　　四、保险金额的确定和保险费的计算 …………………………………………… 134
　　五、保险单据 ……………………………………………………………………… 135
　　六、合同中的保险条款 …………………………………………………………… 136
　　七、保险索赔 ……………………………………………………………………… 137

第七节　技能实训 …………………………………………………………………… 138

第五章　进出口货物价格

第一节　进出口货物价格核算 ……………………………………………………… 149
　　一、出口货物价格的构成 ………………………………………………………… 149
　　二、出口货物的成本核算与报价 ………………………………………………… 150
　　三、进口货物的成本核算与报价 ………………………………………………… 152
　　四、对外作价原则及影响对外作价的因素 ……………………………………… 153

第二节　价格换算与作价方法 ……………………………………………………… 154
　　一、价格的换算 …………………………………………………………………… 154
　　二、作价方法 ……………………………………………………………………… 155

第三节　佣金和折扣的运用 ………………………………………………………… 156
　　一、佣金 …………………………………………………………………………… 156
　　二、折扣 …………………………………………………………………………… 157

第四节　计价货币的选择与合同中的价格条款 …………………………………… 158
　　一、计价货币的选择 ……………………………………………………………… 158
　　二、合同中的价格条款 …………………………………………………………… 159

第五节　技能实训 …………………………………………………………………… 160
　　实训模块一　进出口货物的成本核算与报价 …………………………………… 160

实训模块二　价格换算、佣金与折扣的运用 …………………… 162

第六章　国际货款收付

第一节　支付工具 …………………………………… 173
　一、汇票 …………………………………………… 173
　二、本票 …………………………………………… 177
　三、支票 …………………………………………… 178

第二节　汇付与托收 ………………………………… 179
　一、汇付 …………………………………………… 180
　二、托收 …………………………………………… 183

第三节　信用证付款 ………………………………… 191
　一、信用证的性质、特点与作用 ………………… 191
　二、信用证涉及的当事人 ………………………… 193
　三、信用证支付的一般流程 ……………………… 194
　四、信用证的主要内容及其开立的形式 ………… 195
　五、信用证的种类 ………………………………… 197
　六、《跟单信用证统一惯例》和《UCP 电子交单增补》 …………………………… 202
　七、合同中的信用证支付条款 …………………… 203

第四节　银行保函 …………………………………… 204
　一、银行保函的含义 ……………………………… 204
　二、银行保函的当事人 …………………………… 205
　三、银行保函的主要内容 ………………………… 206
　四、银行保函的种类 ……………………………… 207

第五节　各种支付方式的选用 ……………………… 208
　一、信用证与汇付相结合 ………………………… 208
　二、信用证与托收相结合 ………………………… 208
　三、托收与备用信用证或银行保函相结合 ……… 208
　四、汇付、托收、信用证三者相结合 …………… 209

第六节　技能实训 …………………………………… 210
　实训模块一　信用证项下汇票的缮制 …………… 210
　实训模块二　跟单托收业务的操作 ……………… 211
　实训模块三　对信用证中软条款的处理 ………… 213
　实训模块四　案例分析 …………………………… 214

第七章　争议的预防和处理

第一节　商品检验 …………………………………… 221
　一、商品检验的含义及其重要性 ………………… 221

二、商品检验条款的内容 ·· 222
　　三、商品检验条款的订立 ·· 226
第二节　违约与索赔 ·· 227
　　一、违约 ·· 227
　　二、索赔条款 ·· 230
第三节　不可抗力 ··· 233
　　一、不可抗力的认定 ·· 233
　　二、不可抗力的法律后果和处理 ···································· 233
　　三、不可抗力条款的规定方法 ······································· 233
第四节　仲裁 ·· 235
　　一、争议的处理方式 ·· 235
　　二、仲裁的含义和作用 ··· 236
　　三、仲裁条款的内容 ·· 236
　　四、仲裁裁决的执行 ·· 239
第五节　技能实训 ··· 240
　　实训模块一　订立合同的仲裁条款 ································ 240
　　实训模块二　案例分析 ··· 240

第八章　合同的磋商和订立

第一节　交易磋商前的准备 ·· 247
　　一、进口交易前的准备工作 ·· 247
　　二、出口交易前的准备工作 ·· 248
第二节　交易磋商的形式与基本程序 ··································· 250
　　一、交易磋商的几种形式 ··· 250
　　二、交易磋商的程序 ·· 250
第三节　签订合同 ··· 253
　　一、合同有效成立的条件 ··· 253
　　二、合同的形式 ··· 254
　　三、合同的内容 ··· 254
　　四、合同的修改和终止 ··· 254
第四节　技能训练 ··· 257
　　实训模块一　函电分析 ··· 257
　　实训模块二　草拟合同 ··· 257
　　实训模块三　案例分析 ··· 259

第九章　进出口合同的履行

第一节　出口合同的履行 ·· 265

一、备货、报检 ……………………………………………………… 265
　　二、催证、审证和改证 …………………………………………… 267
　　三、申领出口许可证 ……………………………………………… 269
　　四、托运、租船或订舱、装运 …………………………………… 270
　　五、投保运输险 …………………………………………………… 270
　　六、出口报关 ……………………………………………………… 271
　　七、制单结汇 ……………………………………………………… 272
　　八、出口收汇核销与出口退税 …………………………………… 274
第二节　进口合同的履行 ………………………………………………… 274
　　一、开立信用证 …………………………………………………… 274
　　二、申领进口许可证 ……………………………………………… 275
　　三、审单付款 ……………………………………………………… 275
　　四、进口报检与报关 ……………………………………………… 276
　　五、索赔 …………………………………………………………… 277
第三节　技能实训 ………………………………………………………… 278
　　实训模块一　单证制作 …………………………………………… 278
　　实训模块二　模拟履行合同的业务技能训练 …………………… 279
　　实训模块三　案例分析 …………………………………………… 279

绪　论

在经济全球化的时代，成功地进入国际市场、积极参与国际分工与合作是一国经济具有国际竞争力的重要标志，是一国经济发展的强大推动力，是国家走向繁荣昌盛的必由之路。

进入新世纪以来，我国已成功加入了世界贸易组织，奉行着更加开放的对外经济贸易政策。有管理的贸易自由化战略，在保障我国经济健康、稳定发展的基础上，推动着我国经济国际化的进程。我国经济日益全面地融入世界经济之中，我国经济对外开放的广度和深度进一步拓展，我国对外贸易迎来蓬勃发展的有利时期。值此之际，作为积极开展对外经济贸易活动主体的外经贸人员，担当着助力我国全面参与国际经济竞争与合作、振兴我国外贸事业之大任。

对于外经贸专业的学生来说，全面加强国际贸易业务能力的训练和国际贸易知识的学习，成为高素质的外经贸专业人才，是时代赋予的一项重大任务。国际贸易实务正是着眼于外经贸人才培养之目标，从应用层面阐明国际贸易实务的基本过程、方式和方法，教导学生正确有效地从事对外贸易业务。该课程对国际贸易专业以及其他外经贸专业学生增长外经贸业务知识、培养国际商务运作能力、成功开展国际贸易活动具有重要的作用。

一、国际贸易实务课程的研究对象

国际贸易实务，又称"进出口贸易实务"，是普通高等院校和高等职业院校国际经济贸易专业必修的专业基础课程。本课程是在总结我国对外贸易实践经验和国际上一些通行的贸易惯例与做法的基础上形成和发展起来的一门应用性学科。它研究的对象是国际货物买卖的基本知识、基本规则和基本技能。

本课程具有综合性、基础性、应用性和实践性较强等特点。本课程的主要任务：通过对本课程的学习，初步掌握国际货物买卖的基本知识、基本规则和基本技能；学会在遵循有关法律、法规与国际贸易惯例的前提下，正确贯彻我国的方针政策，实现企业的经营意图，并在对外贸易活动中实现最佳的经济效益。

国际贸易，按传统的或狭义的理解，仅限于货物进出口的范围。20世纪60年代以来，科学技术的突飞猛进，带来了生产力的巨大发展和国际分工的进一步深化，国际贸易的方式和内容也都发生了重大变化。以许可贸易为主要形式的技术转让，以及包括交通运输、银行、保险、旅游、船舶维修、技术咨询、各种形式的劳务合作等在内的国际服务贸易，已占有相当大的比重。1986年开始的关税与贸易总协定乌拉圭回合谈判根据当时国际经济往来的实际,第一次将对外贸易的定义从"传统货物进出口"扩展到"技术和服务进出口"。目前很多国家都接受了这个新定义。我国已把这个新定义纳入国内立法之中。第八届全国人大常委会第七次会议于1994年5月12日通过并于同年7月1日开始施行的《中华人民共和国对外贸易法》第二条就明确指出:"本法所称对外贸易,是指货物进出口、技术进出口和国际服务贸易。"但是,无论在我国,还是在国际上,货物买卖仍然是国际贸易中最基本、最主要的部分。而且,有关技术转让与各种服务贸易的业务做法,不少也是脱胎于货物买卖的基本做法,有的甚至直接沿袭货物买卖的基本做法。所以,有关国际货物买卖的基础知识和业务做法,仍然是每一个从事国际贸易实际工作和研究工作的人员所必须掌握的。为此,本课程主要介绍国际货物买卖方面的基本业务知识、规则与技能。

二、国际贸易实务课程的基本内容

国际贸易是跨国界的交易活动,竞争异常激烈。同国内贸易比,国际贸易具有线长、面广、中间环节多,环境复杂多变,面临的困难与风险较大等特点。加之各贸易国在法律和交易习惯上的差异,使交易情况变得更加错综复杂。在涉及买卖双方的利益时,往往会出现矛盾和分歧。如何协调这种关系,使双方在平等互利、公平合理的基础上达成交易,实现双赢,乃是本课程研究的核心问题。国际贸易实务课程的基本内容将围绕这一核心问题从四个方面展开。

(一)贸易术语

贸易术语是用来表示买卖双方所承担的风险、费用和责任划分的专门用语。在国际贸易业务中,人们为了便于磋商交易、订约、履约和解决争议,经过反复实践,逐渐形成了一套习惯做法,把这些习惯做法用某种专门的商业用语来表示,便形成了贸易术语。每种贸易术语都有其特定的含义,不同的贸易术语,表示买卖双方各自承担不同的风险、费用和责任,并体现成交商品的不同价格构成。在国际贸易中,买卖双方采用何种贸易术语成交,必须在合同中订明。为了合理地选用对自身有利的贸易术语、正确履行合同和处理履约当中的争议,对外贸易从业人员必须熟练掌握国际上通行的各种贸易术语的含义及其国际惯例。因此,贸易术语就成为本课程首先要阐述的一项重要内容。

(二)合同条款

国际货物买卖是通过磋商、订立、履行国际货物买卖合同达成的,订立和履行国际货物买卖合同对当事人双方的权益利害关系重大。合同条款是交易双方当事人在交接货物、收付货款和解决争议等方面的权利与义务的具体体现,也是交易双方履行合同的依据和调整双方利益关系的法律文件。按照各国法律规定,买卖双方可以根据"契约自主"的原则,在不违反法律的前提下,规定符合双方意愿的条款,这就导致合同内容的多样性。因此,研究合同中各项条款的法律含义及其所体现的权利与义务关系,乃是本课程的主要内容。

在国际货物买卖合同中,除订明采用何种贸易术语成交外,还应就成交商品的名称、品质、数量、包装、价格、运输、保险、支付、检验、索赔、不可抗力和仲裁等交易条件做出明确具体的规定。本课程将就上述合同条款做出符合国际惯例和各国法律规定的通行解释,并对订立合同条款应注意的问题做了比较详细的说明。

(三) 合同的商订与履行

买卖双方通过函电洽商或当面谈判就各项交易条件取得一致协议后,交易即告达成,双方之间的合同关系就成立了。由于国际贸易的任何一笔交易都首先要从磋商合同开始,因此可以说,谈判是商务合同成立的前提,合同是商务谈判的结果。了解商务谈判的程序及其法律效力是非常必要的。本课程将比较详细地介绍合同订立的过程,包括邀请发盘、发盘、还盘、接受各个环节。其中,发盘和接受的条件与效力是重点介绍的内容。本教材最突出的一个特点是将专业知识和全国高校商业精英挑战赛国际贸易竞赛中的商务谈判环节结合起来,这在每一章的"赛点指导"模块均有体现。

合同订立后,买卖双方应信守合同,各自享有合同规定的权利,并承担约定的义务。按照不同的贸易术语成交,买卖双方所享受的权利和承担的义务是不同的。以CFR(成本加运费)合同为例,卖方履行合同的环节主要包括备货、报验、审证、改证、租船订舱、出口报关、装运和制单结汇等,以保障买方的利益;买方则应按合同规定,履行投保、收货、进口报关和付款等义务,以保障卖方的基本利益。

合同的履行,是实现货物和资金按约定方式转移的过程。在履约过程中,环节多,程序繁杂,情况多变。稍有不慎,或一方违约,便会影响合同的履行,甚至可能引起争议或法律纠纷。因此,对外贸易从业人员应了解如何处理履约过程中产生的争议,掌握违约的救济方法,以保障合同当事人的合法权益。

(四) 贸易方式

随着国际经济关系的日益密切和国际贸易的进一步发展,国际贸易方式、促销手段和销售渠道也日益多样化和综合化。就国际贸易方式而言,除了传统的经营方式外,还出现了融货物、技术、劳务和资本移动为一体的新型贸易方式;除单边进口和单边出口外,还包括包销、代理、寄售、展卖、商品期货交易、招标投标、拍卖、对销贸易和加工贸易等。

三、国际货物贸易的基本程序

在国际货物贸易中,由于交易方式和成交条件不同,业务环节也不尽相同。但是,不论进口或出口交易,一般都包括交易前的准备、商订合同和履行合同三个阶段。下面分别从出口贸易与进口贸易两个方面,简要介绍各自基本的业务程序和各业务程序阶段的主要内容:

1. 出口贸易的业务程序

1) 交易前的准备

出口贸易交易前的准备工作,主要包括下列事项:

(1) 对国外市场进行调查研究,选择适销的目标市场和资信好的客户;
(2) 制定出口商品经营方案或价格方案;
(3) 落实货源和做好备货工作;
(4) 开展多种形式的广告宣传和促销活动。

2) 商订出口合同

通过函电联系或当面洽谈等方式,同国外客户磋商交易,当一方的发盘被另一方接受后,交易即告达成,合同就算订立。

3) 履行出口合同

交易双方根据所订立的合同,履行各自的义务。如按CIF(成本、保险费加运费)条件和信用证付款方式达成的交易,就卖方履行出口合同而言,主要履行下列各项义务:

(1) 备货,按时、按质、按量交付约定的货物;
(2) 落实信用证,做好催证、审证、改证工作;
(3) 及时租船订舱,安排运输、保险,并办理出口报关手续;
(4) 缮制、备妥有关单据,及时向银行交单结汇,收取货款。

2. 进口贸易的业务程序

1) 交易前的准备

进口贸易交易前的准备工作,主要包括下列事项:

(1) 对国外市场进行调查研究,选择适当的采购市场和供货对象;
(2) 制定进口商品经营方案或价格方案。

2) 商订进口合同

商订进口合同与商订出口合同的程序与做法基本相同,但应强调的是,如属购买高新技术、成套设备或大宗交易,则应注意选配好洽谈人员,组织一个精明能干、各有专业特长的谈判班子,并切实做好比价工作。

3) 履行进口合同

履行进口合同与履行出口合同的程序相反,工作侧重点也不一样。如按FOB(船上交货)条件和信用证付款方式成交,买方承担的主要义务如下:

(1) 向银行申请开立信用证;
(2) 及时派船到对方口岸接运货物;
(3) 办理货运保险;
(4) 审核单据,付款赎单;
(5) 办理进口报关手续,并验收货物。

以上是进出口贸易的一般业务程序。倘若合同订立以后,一方不履行,或在履行中有违反合同规定的情形,势必要使另一方蒙受损失。此时,无论是出口贸易还是进口贸易,受损害方均有权按合同规定向违约方提出索赔。倘若双方对是否违约或对损失金额看法不一,就会引起争议,这就产生了索赔与理赔以及处理争议的问题。对此,应该本着实事求是的精神,依据法律和国际惯例,按照买卖合同的规定,认真妥善处理,维护企业的合法权益和对外声誉。

四、国际货物贸易适用的国内法、国际条约与国际贸易惯例

货物贸易是卖方将货物的所有权转移给买方,买方为此支付价款的经济活动。营业地处于不同国家的当事人之间所订立的国际货物买卖合同,如同所有其他经济合同一样,体现了当事人之间的经济关系,需要运用法律来调整当事人之间的关系。可见,国际货物贸易活动,不仅是一种经济行为,体现货物买卖双方的利益关系,而且还是一种法律行为,体现我方企业与国外客户之间的法律关系。因此,国际货物买卖双方的行为,不仅要符合当事人所在国家和企业的利益要求,而且必须符合当事人所在国家有关法律的规定,并受到当事人所在国家认可的国际条约以及当事人所认可的国际贸易惯例的约束。现就国际货物贸易中有关的国内法、国际条约与国际贸易惯例分别简述如下:

(一) 国内法

国内法是指由国家制定或认可并在本国主权管辖范围内生效的法律。国际货物买卖合同必须符合当事人所在国的国内法,即符合买卖双方国家制定或认可的法律。但是,国际货物买卖合同的当事人处于不同的国家,受着各自国家法律制度的约束,因此难免产生"法律冲突"的问题。解决这个问题的一个通常方法便是在国内法中规定冲突规范。《中华人民共和国民法典》第四百六十七条规定:"本法或者其他法律没有明文规定的合同,适用本编通则的规定,并可以参照适用本编或者其他法律最相类似合同的规定。在中华人民共和国境内履行的中外合资经营企业合同、中外合作经营企业合同、中外合作勘探开发自然资源合同,适用中华人民共和国法律。"此外,《中华人民共和国涉外民事关系法律适用法》第三条规定:"当事人依照法律规定可以明示选择涉外民事关系适用的法律。"《最高人民法院关于适用〈中华人民共和国涉外民事关系法律适用法〉若干问题的解释(一)》第八条规定:"当事人在一审法庭辩论终结前协议选择或者变更选择适用的法律的,人民法院应予准许。各方当事人援引相同国家的法律且未提出法律适用异议的,人民法院可以认定当事人已经就涉外民事关系适用的法律做出了选择。"

(二) 国际条约

在国际货物买卖中,须遵守国家对外缔结或参加的有关国际贸易、国际运输、商标、专利、工业产权与仲裁等方面的国际条约。所谓国际条约,是指由两个或两个以上主权国家为确定彼此间的政治、经济、贸易、文化、军事等方面的权利和义务而缔结的诸如公约、协定、议定书等各种书面协议的总称。我国对外签订的与国际贸易有关的条约中,与我国进出口贸易关系最大、最重要的一项国际条约是《联合国国际货物销售合同公约》(CISG)。本书以后各章在涉及国际货物买卖法律责任时,将按照我国法律并参照该公约及有关国际贸易惯例的规定进行阐述。

(三) 国际贸易惯例

国际贸易惯例,或称"国际商业惯例",是人们从事国际货物买卖活动应当遵循的重要准则,也是国际贸易法的主要渊源之一。它是在国际贸易的长期实践中逐渐形成和发展起来的一些较为明确和固定的贸易习惯和一般做法。在当前国际贸易中,影响很大并被世界上绝大多数国家的贸易商和银行广泛使用的国际贸易惯例主要有国际商会制定的《国际贸易术语解释通则》《跟单信用证统一惯例》(2007年修订本,即"UCP600")和《托收统一规则》(1995年修订本,即"URC522")。然而,国际贸易惯例不是法律,它对合同当事人没有普遍的强制性,只有当事人在合同中明确规定加以采用时,才对合同当事人有法律约束力。在实践中,国际贸易惯例之所以能被大多数国家的贸易界人士所接受、应用,并得到遵守,是因为它可以在一定程度上弥补法律的空缺和立法的不足,起到稳定当事人之间的经济关系和法律关系的作用。然而,必须指出,由于国际贸易惯例不是法律,对当事人无普遍的强制性,所以当事人在采用时,可以对其中的某项或某几项具体内容进行更改或补充。如果在国际货物买卖合同中做了与国际贸易惯例不同的规定,在解释合同当事人义务时,应以合同规定为准。

五、学习本课程的方法

根据本课程的性质、特点、任务和基本内容,在学习过程中,必须掌握正确的方法,做到以下几点:

第一,要将"国际贸易""中国对外贸易概论"等先行课程中所学到的基础理论和基本政策与中国经济和国际市场的实际情况紧密地结合起来,与国际货物买卖的业务实践有效地结合起来,不断提高分析和解决实际问题的能力。

第二,要将本课程的学习与"国际商法"课程的内容联系起来,把国际贸易业务实践同国际贸易法律联系起来,并将有关法律准则贯穿于国际货物买卖合同的磋商、订立、履行以及争议处理的全过程之中。在学习时,从业务实践和法律规范两个方面来领会和把握本课程的内容。

第三,要善于把国际规则与我国国情结合起来研究,学会灵活运用国际上一些行之有效的贸易规则和习惯做法,成功地进行国际商务运作,使国际贸易规则和惯例能服务于我们的对外贸易,保护和增进我国的对外经济利益。

第四,要将实践训练与技能培养贯穿于学习过程的始终,努力做到学以致用。要特别重视实践教学环节,善于总结我国进出口贸易实际业务中的经验教训,认真开展实例分析和案例讨论。积极参加模拟实践和技能训练,通过校外见习、实习,增长见识与才干,提高业务素质和商务运作能力。

第一章 01

国际贸易术语

◎ 学习目标：

知识目标：理解国际贸易术语的含义、作用以及有关贸易术语的国际惯例，掌握《国际贸易术语解释通则》中各个贸易术语的含义、买卖双方的义务及基本用法，理解《2020年国际贸易术语解释通则》的变化。

能力目标：能够综合考虑各种因素选择合适的贸易术语，能够根据贸易术语签订合同中与之相关的运输、保险和单据条款，能够根据《国际贸易术语解释通则》办理外贸业务。

素质目标：养成严谨、细致、诚信的职业素质和外贸业务风险防范意识；培育综合考虑问题的思维和国际贸易术语选用的灵活思维。

第一节　贸易术语概述

一、国际贸易术语的含义、作用与起源

（一）国际贸易术语的含义和作用

由于国际货物买卖具有线长、面广、环节多、风险大等特点，买卖方双方需要经过细致磋商，明确各自应承担的责任、风险和费用，方能达成交易。在交易磋商中，通常都要确定以下几个重要问题：

① 买卖双方在何地以何种方式交接货物；
② 由谁负责办理货物的运输、保险和通关过境等手续；
③ 由谁承担办理上述事项时所需的各种费用；
④ 货物发生损坏或灭失的风险何时何地由卖方转移给买方；
⑤ 买卖双方需要交接哪些单据；
⑥ 成交商品的价格究竟由哪些部分构成。

以上难题的解决颇令买卖双方费时费心费力，并使交易成本大量增加。为了解决这些问题，人们在长期的国际贸易实践中逐渐总结和规范了一些专门用语，用以表明成交商品的价格构成和交易过程中买卖双方各自应承担的责任、风险和费用。这些专门用语被称为"贸易术语"（Trade Terms），又叫作"价格术语"（Price Terms），也称为"交货条件"。它由一个简短的概念（例如"Free on Board"）或三个字母的缩写（例如"FOB"）来表示。

贸易术语的出现，不仅有效地解决了上述难题，使买卖双方的有关责任、风险和费用得以明确划分，从而使合同的订立更为准确、细致和周全，避免了有关争议的发生，而且还大大简化了国际商务谈判的内容，缩短了交易磋商流程，节省了交易费用，极大地促进了国际贸易的迅速发展。

（二）国际贸易术语的起源

贸易术语是在长期的贸易实践中形成、发展和完善的。中世纪，从事国际贸易是一种冒险行为。当时运输业不发达，大多数交易都是货主自己乘船把货物运到国外口岸直接销售，也有些商人自己乘船到国外买货运回，还有的商人自己装满一船货物，沿途出售或换货，直到船上的货物全部卖完或满载"换货"而归。如此种种，交易过程中的一切责任、风险和费用全由货主自己承担。工业革命后，出现了许多为贸易服务的专业性组织，如轮船公司、保险公司等。这些组织出现后，有关运输、保险方面的手续就转由它们承担，买卖双方则负担由此引起的运费和保险费。这样，交易手续大大简化了，风险和费用相应减少了，责任更加明确了，从而方便了交易的顺利进行。随着时间的推移，各种能说明买卖双方责任、风险和费用划分的专门用语相继出现，并促进了国际贸易的发展。

二、有关贸易术语的国际惯例

早在19世纪初，国际贸易中已开始使用贸易术语。但是，最初对各种贸易术语并无统一的解释。后来，某些国际组织、商业团体和学术机构为了消除术语使用上的分歧，便于国际贸易的发展，试图对贸易术语做统一的解释。于是，陆续出现了一些有关贸易术语的解释和规则。这些解释和规则为较多国家的法律界和工商界所熟悉、承认和接受，从而成为有关贸易术语的国际贸易惯例。

目前，在国际上影响较大的有关贸易术语的惯例有以下三种。

（一）《1932年华沙-牛津规则》

该规则是由国际法协会（International Law Association）所制定的。国际法协会于1928年在华沙举行会议，制定了关于CIF买卖合同的统一规则，共22条，称为《1928年华沙规则》。后又经过1930年纽约会议、1931年巴黎会议和1932年牛津会议修订为21条，定名为《1932年华沙-牛津规则》（Warsaw-Oxford Rules 1932，简称"W. O. Rules 1932"）。

该规则主要说明CIF买卖合同的性质和特点，并且具体规定了CIF合同中买卖双方所承担的费用、责任与风险。本规则适用的前提是必须在买卖合同中明确表示采用此规则。虽然这一规则现在仍被国际社会所承认，但实际上已很少被采用。

（二）《1990年美国对外贸易定义修订本》

1919年，美国九大商业团体共同制定了《美国出口报价及其缩写条例》，随后即得到世界各国的广泛认可和使用。但自该条例出版以后，贸易习惯已有很大变化，因而在1940年和1990年先后对它进行了进一步的修订。《1990年美国对外贸易定义修订本》（Revised American Foreign Trade Definitions 1990）主要对以下六种术语做了解释：

（1）EXW[Ex Works (named place)]，原产地交货。

（2）FOB(Free on Board)，在运输工具上交货。

《1990年美国对外贸易定义修订本》将FOB术语分为下列六种：

① FOB(named inland carrier at named inland point of departure)——在指定内陆发货地点的指定内陆运输工具上交货。

② FOB(named inland carrier at named inland point of departure) [Freight Prepaid To (named point of exportation)]——在指定内陆发货地点的指定内陆运输工具上交货，运费预付到指定的出口地点。

③ FOB(named inland carrier at named inland point of departure) [Freight Allowed To (named point)]——在指定内陆发货地点的指定内陆运输工具上交货，减除至指定地点的运费。

④ FOB(named inland carrier at named point of exportation)——在指定出口地点的指定内陆运输工具上交货。

⑤ FOB Vessel（named port of shipment）——船上交货（指定装运港）。

⑥ FOB（named inland point in country of importation）——在指定进口国内陆地点交货。

（3）FAS（Free Along Side），在运输工具旁交货。

（4）CFR（Cost and Freight），成本加运费（指定目的地）。

（5）CIF（Cost，Insurance and Freight），成本加保险费和运费（指定目的地）。

（6）DEQ［Delivered Ex Quay（Duty Paid）（named port of destination）］，目的港码头交货（关税已付）（指定进口港）。

《1990年美国对外贸易定义修正本》在美洲国家有较大影响力。由于它对贸易术语的解释，特别是对FOB术语的解释与其他国际惯例的解释有所不同，因此，我国外贸企业在与美洲国家进出口商进行交易时，应予以特别注意。关于美国FOB术语的特殊解释，将在下一节作进一步说明。

（三）《国际贸易术语解释通则》

国际商会（ICC）自20世纪20年代初就开始对重要贸易术语的统一解释问题进行研究，并于1936年提出了一套解释贸易术语的国际性统一规则，标题为"International Rules for the Interpretation of Trade Terms"，译作《1936年国际贸易术语解释通则》。随后，国际商会为适应国际贸易实践的不断发展，分别于1953年、1967年、1976年、1980年、1990年、2000年、2010年和2019年对通则作了修订和补充。国际商会于2019年9月10日公布了《2020年国际贸易术语解释通则》（Incoterms® 2020），并于2020年1月1日起在全球范围内实施。由于不同版本之间并非全新的替代，而是有内在的演变，新版本的出现，并不意味着之前版本的废除，且《国际贸易术语解释通则》只是惯例，并非法律，适用何种版本，取决于买卖双方意思自治。下面对2000年、2010年和2020年这三个版本之间的关系做简要介绍（简化起见，后文分别简称为《2000通则》《2010通则》和《2020通则》）。

《2000通则》有如下两个主要特点：第一，共包含13种贸易术语，并按卖方义务的不同特性分为E、F、C、D四组，具体内容见表1-1。第二，将买方义务和卖方义务逐项排列，上下对照，并在10项义务前注明"A卖方义务"或"B买方义务"，在每条具体义务前则分别加注"卖方必须……"和"买方必须……"。卖方义务和买方义务的具体内容见表1-2。

表1-1 《2000通则》十三种贸易术语分类表

分组	代码	英文全称	中文名称	适用运输方式
E组：启运	EXW	Ex Works	工厂交货	各种运输方式
F组：主要运费未付	FCA	Free Carrier	货交承运人	各种运输方式
	FAS	Free Alongside Ship	船边交货	海运及内河运输
	FOB	Free on Board	装运港船上交货	海运及内河运输

续表 1-1

分组	代码	英文全称	中文名称	适用运输方式
C组：主要运费已付	CFR	Cost and Freight	成本加运费	海运及内河运输
	CIF	Cost, Insurance and Freight	成本、保险费加运费	海运及内河运输
	CPT	Carriage Paid to	运费付至	各种运输方式
	CIP	Carriage and Insurance Paid to	运费和保险费付至	各种运输方式
D组：到达	DAF	Delivered at Frontier	边境交货	各种运输方式
	DES	Delivered Ex Ship	目的港船上交货	海运及内河运输
	DEQ	Delivered Ex Quay	目的港码头交货	海运及内河运输
	DDU	Delivered Duty Unpaid	未完税交货	各种运输方式
	DDP	Delivered Duty Paid	完税后交货	各种运输方式

表 1-2 《2000通则》买卖双方义务对照表

A 卖方义务	B 买方义务
A1 提供符合合同规定的货物	B1 支付价款
A2 许可证、其他许可和手续	B2 许可证、其他许可和手续
A3 运输合同与保险合同	B3 运输合同与保险合同
A4 交货	B4 受领货物
A5 风险转移	B5 风险转移
A6 费用划分	B6 费用划分
A7 通知买方	B7 通知卖方
A8 交货凭证、运输单据或有同等作用的电子信息	B8 交货凭证、运输单据或有同等作用的电子信息
A9 查对、包装、标记	B9 货物检验
A10 其他义务	B10 其他义务

与《2000通则》相比，《2010通则》的主要变化有：

（1）《2010通则》整合为11种贸易术语。2010年版本的E、F、C组的贸易术语保留不变，删除了D组的DAF、DES、DEQ和DDU 4个术语，只保留了术语DDP。新增加了2个术语，分别是DAT(Delivered at Terminal，运输终端交货)和DAP(Delivered at Place，目的地交货)，即用DAP取代了DAF、DES和DDU 3个术语，DAT取代了术语DEQ，DAP和DAT两个术语扩展为适用于任何运输方式。

（2）11个贸易术语按所适用的运输方式划分为两组。第一组为适合任何运输方式的7个贸易术语，即EXW、FCA、CPT、CIP、DAT、DAP和DDP，这一组术语适用于任何运输方式(含多式联运)。第二组为只适合水上运输的4个贸易术语，即FAS、FOB、CFR和CIF，交货地和目的地都是港口,被限定于"使用海运及内河水运的术语"。

(3) 风险划界的变更。《2010 通则》对 FOB、CFR 和 CIF 这三种贸易术语所涉及的风险、费用与货物装上船(On Board)的概念相对应,不再设定"船舷"这个界限,强调卖方必须承担把货物装上船为止的一切风险,买方承担货物装上船之后的一切风险。

(4) 补充了"String Sales"(连环贸易)的内容。在大宗货物买卖中,货物常在一笔连环贸易下的运输期间被多次买卖。由于在连环贸易中,货物由第一个卖主负责运输,作为中间环节的卖方,则无须装运货物,而是由直接"获取"所装运的货物而履行其义务,为此,《2010 通则》对连环贸易方式下卖方的交付义务做了详细的划分,弥补了以前版本在这个问题上的不足。

最新版本《2020 通则》中共有 11 种贸易术语,分为适用于任何运输模式的 7 个贸易术语 EXW、FCA、CPT、CIP、DAP、DPU(目的地卸货后交货)和 DDP,仅适合水上运输的 4 个贸易术语 FAS、FOB、CFR 和 CIF。

《2020 通则》的修订,既有结构上的调整,也有内容上的变化,总体上沿袭了 2010 的版本的传统,同时更加贴近当前的贸易实践。与 2010 年版本相比,主要变化如下:

1. 装船批注提单和 FCA 术语条款的修改

在应用 FCA 条款的情况下,海运途中的货物是已经售出的,而卖方或买方(更可能是信用证开证行)可能需要带装船批注的提单。但是,根据先前的 FCA 规则,交货是在货物装船之前完成的,卖方不能从承运人处获得装船提单,因为根据运输合同,承运人很可能只有在货物实际装船后才有签发已装船提单的权利或者义务。

为了解决这个问题,《2020 通则》的 FCA 中 A6/B6 条款提供了一个附加选项,即买卖双方可以约定,买方可指示其承运人在货物装船后向卖方签发已装船提单,然后卖方有义务向买方提交该提单(通常是通过银行提交)。最后,应当强调的是,即使采用了这一机制,卖方对买方也不承担运输合同条款中的义务。

2. 成本的列出位置

在《2020 通则》的相关栏目排序中,成本显示在每个术语规则的 A9/B9 处。除了重新排序之外,还有一个变化。在之前版本的《国际贸易术语解释通则》中,由不同条款分配的各种成本通常出现在每个术语规则的不同部分。《2020 通则》则列出了每个规则分配的所有成本,可向用户提供一个一站式的成本清单,以便卖方或买方可以在一个地方找到其根据通则应承担的所有成本。

3. CIF、CIP 中与保险有关的条款

在《2010 通则》中,CIF 和 CIP 的 A3 规定:卖方有义务自费购买货物保险,至少符合协会货物保险条款(C)或任何类似条款。

而《2020 通则》对 CIF 和 CIP 中的保险条款分别进行了规定,CIF 默认使用协会货物保险条款(C),即卖家只需要承担运输险,但是买卖双方可以规定较高的保额;而 CIP 使用协会

货物保险条款(A),即卖家需要承担一切险,相应的保费也会更高。也就是说,在《2020 通则》中,使用 CIP 术语,卖方承担的保险义务变大,而买方的利益会得到更多保障。

4. 在 FCA、DAP、DPU 和 DDP 中,与用卖方或买方选择自己的运输工具运输的相关条款

在《2010 通则》中,都是假定在从卖方运往买方的过程中,货物是由第三方承运人负责的,而承运人受控于哪一方则取决于买卖双方使用哪一个外贸术语。

然而,在外贸实务中会有这样的情况存在:货物从卖方运至买方,完全不雇用任何第三方承运人。因此,在采用 DAP、DPU、DDP 术语时,卖方完全可以选择自己的运输工具,不受条款限制,同样,在采用 FCA 术语时,买方也可以选用自己的运输工具,不受条款限制,两种情况下,对方很有可能要承担不必要的运输费用。所以《2020 通则》明确规定,采用 FCA、DAP、DPU 和 DDP 术语时不仅要订立运输合同,而且只允许安排必要的运输。

5. 将 DAT 改为 DPU

在《2010 通则》中,DAT 与 DAP 的唯一区别在于:在 DAT 中,货物运达之后,卖方需要将货物从运输工具卸至目的地;而在 DAP 中,只要载有货物的交通工具抵达目的地,卖方即完成交货。在《2010 通则》中,"目的地"一词的定义大致包括"任何地方,无论是否覆盖……",较为模糊。

在《2010 通则》中,DAT 指货物在商定的目的地卸货后即视为交货。在国际商会(ICC)收集的反馈中,用户要求《国际贸易术语解释通则》中涵盖其他地点交货的情形,例如厂房。这就是现在使用更通用的措辞 DPU 来替换 DAT 的原因。

因此,国际商会决定对 DAT 和 DAP 进行修改。第一,调整 DAP 与 DAT 的位置,将 DAP 调至 DAT 之前。第二,将 DAT 改为 DPU,这样做的目的是强调目的地可以是任何地点,而不仅仅是"终点站",如果该地点不在终点站,卖方应确保其打算交付货物的地点是能够顺利卸货的地点。

6. 在运输义务和费用中列入与安全有关的要求

在《2010 通则》中,与安全相关的要求放在 A2/B2 和 A10/B10 项中,且条目相当有限。由于《2010 通则》是 21 世纪初安全问题受到普遍关注之后通则修订的第一个版本,在此后的航运实务中,又出现了很多与安全相关的需要关注的点,所以在《2020 通则》中,与安全相关的义务的明确分配已添加到每个规则的 A4 或 A7 项下。而这些要求所产生的费用也被更明确地标明,放在每条规则的 A9/B9 项下。

《国际贸易术语解释通则》是一个重要的工具,也是进出口贸易从业人员必须掌握的技能,当前版本《2020 通则》的公布并不影响此前版本的适用,所以买卖双方在订立、阅读合同的时候,要明确规定在合同中使用的是哪个版本的《国际贸易术语解释通则》。

需要强调的是,关于贸易术语的国际惯例本身不是法律,不具有强制的约束力。国际贸易惯例的适用是以当事人意思自治为基础的。国际货物买卖双方有权自愿选择采用某种惯

例,并在合同中作出明确的规定,这样,该惯例将确定他们之间有关货物交接方面的义务,并对订约双方产生约束力。买卖双方也可在合同中作出与某种解释或规则不同的规定,这种合同中不同规定的效力将超越惯例中的任何规定。但是,如果买卖双方在合同中既不排除,也不明确规定采用何种惯例,一旦事后双方在交接货物的义务方面发生争议而提交诉讼或仲裁,法院或仲裁机构往往会引用某种公认的或影响力较大的有关贸易术语的国际惯例,来作为判决或裁决案件的依据。

第二节 常用的国际贸易术语

国际贸易中使用较多的是 FOB、CFR、CIF、FCA、CPT 和 CIP 六种贸易术语。因此,熟悉这六种主要贸易术语的含义、买卖双方的义务以及在使用中应注意的问题特别重要。根据《2020 通则》的解释,现分述如下。

一、FOB

(一) FOB 术语的含义

Free on Board(insert named port of shipment)——船上交货(填入指定装运港),是指卖方必须在合同规定的装运期内在指定的装运港将货物交至买方指定的船上。根据《2020 通则》,卖方承担货物装上船为止的一切风险,买方承担货物自装运港装上船后的一切风险。

(二) FOB 术语下买卖双方的主要义务

按照《2020 年通则》对 FOB 术语的解释,买卖双方的主要义务如下:

1. 卖方的主要义务

(1) 在合同规定的装运港口和日期或期间内,将合同规定的货物交至买方指派的船上,并及时通知买方;

(2) 承担货物装上船为止的一切费用和风险;

(3) 自负风险与费用,取得出口许可证或其他核准书,并办理货物出口手续;

(4) 提交商业发票和证明货物已交至船上的通常单据,或具有同等效力的电子信息。

2. 买方的主要义务

(1) 负责租船或订舱,支付运费,并将船名、装船地点和要求交货的时间及时通知卖方;

(2) 按合同规定受领货物,收取有关单据,并支付货款;

(3) 承担货物装上船后的一切费用和风险;

(4) 办理海洋货物运输保险,支付保险费用;

(5) 自负风险和费用取得进口许可证或其他核准书,并办理货物进口以及必要时经由另一国过境运输的一切海关手续。

(三) 采用 FOB 术语应注意的问题

1. 船货衔接问题

在 FOB 合同中,买方必须负责租船或订舱,并将船名和装船时间通知卖方,而卖方负责在合同规定的装船期和装运港,将货物装上买方指定的船只。这里有个船货衔接的问题。在买方按合同规定的期限安排船只到达合同指定的装运港接受装货时,如果卖方因货未备妥而不能及时装运,则卖方应承担由此而造成的空舱费(Dead Freight)或滞期费(Demurrage)。反之,如果买方延迟派船,使卖方不能在合同规定的装运期内将货物装船,则由此引起的卖方仓储、保险等费用支出的增加,以及因迟收货款而造成的利息损失,均由买方负责。因此,买卖双方对船货衔接事项,应在合同中作出明确规定,并于订约后加强联系,密切配合,以防止船货脱节。

在按 FOB 术语订约的情况下,如成交货物的数量不大,只需部分舱位而用班轮装运时,卖方往往按照买卖双方之间明示或默示的协议,代买方办理各项装运手续,包括以卖方的名义订舱和取得提单。除非另有协议或根据行业习惯,买方应负责偿付卖方由于代办上述手续而产生的任何费用,诸如货运商和装船代理的装船手续费,其订不到舱位的风险也由买方负担。

2. 租船运输装船费用的负担问题

装运港的装船费用主要是指与装船有关的一些费用,如吊装费、理舱费、平舱费和加固费等。在 FOB 合同中,如买方使用班轮运输货物,由于班轮运费包括装船费用和在目的港的卸货费用,班轮运费既然由买方支付,所以装船费用实际上由买方负担。但在运输大宗货物需要使用租船装运时,FOB 合同的买卖双方对装船费用由何方负担应进行洽商,并在合同中作出具体规定,也可在 FOB 术语后加列字句或缩写,即所谓的 FOB 术语变形来表示。

常见的 FOB 术语变形有:

FOB Liner Terms(FOB 班轮条件),指装船费用同以班轮运输一样,由支付运费的一方(即买方)负担。

FOB Under Tackle(FOB 吊钩下交货),指卖方将货物置于轮船吊钩可及之处,从货物起吊开始的装货费用由买方负担。

FOB Stowed(FOBS,FOB 并理舱),指卖方负担将货物装入船舱并支付包括理舱费在内的装货费用。理舱费是指货物入舱后对货物进行安置和整理所需的费用。

FOB Trimmed(FOBT,FOB 并平舱),指卖方负担将货物装入船舱并支付包括平舱费在内的装货费用。平舱费是指对装入船舱的散装货物进行平整所需的费用。

FOB Stowed and Trimmed(FOBST,FOB 并理舱和平舱),指卖方负担包括理舱费和平舱费在内的各项装船费用。

在实际业务中,除非买卖双方对有关贸易术语变形的含义一致的理解,否则,在使用贸易术语变形时,必须在合同中明确规定卖方所需承担的额外义务,以免事后发生争议。若买卖合同适用《2020通则》,FOB合同中,由于卖方负责货物装上船为止的一起费用,故上述关于租船运输装船费用负担的FOB术语变形不适用。

3. 美国对FOB术语的特殊解释

《1990年美国对外贸易定义修订本》将FOB术语分为六种,其中只有"船上交货(指定装运港)"[FOB Vessel(named port of shipment)]与《2020年通则》解释的FOB术语相近。然而,按《1990年美国对外贸易定义修订本》的规定,只有在买方提出请求,并由买方负担费用的情况下,FOB Vessel条件下的卖方才有义务协助买方取得由出口国签发的为货物出口或在目的地进口所需的各种证件,并且出口税和其他相关费用也需由买方负担。这些规定与《2020年通则》FOB术语关于卖方负责取得出口许可证并负担一切相关费用的规定有很大不同。因此,我国外贸企业在与美国和其他美洲国家出口商按FOB术语洽谈进口业务时,除了应在FOB术语后注明"vessel"(轮船)外,还应明确提出由对方(卖方)负责取得出口许可证,并支付相关费用。

二、CIF

(一) CIF的含义

Cost, Insurance and Freight(insert named port of destination)——成本、保险费加运费(填入指定目的港)是指卖方必须在合同规定的装运期内在装运港将货物交至运往指定目的港的船上。根据《2020通则》,卖方承担货物装上船为止的一切风险,买方承担货物自装运港装上船后的一切风险。交货后货物灭失或损坏的风险,以及由于发生各种事件而引起的任何额外费用,自卖方转移至买方。本术语只适用于海运和内河运输。

在我国,有人曾误称CIF为"到岸价",这容易引起误解,从而导致工作中不应有的损失。其实,按CIF条件成交时,卖方仍是在装运港完成交货,卖方承担的风险也是在装运港将货物装上船为止的风险,货物装船后的风险由买方承担;货物装船后产生的除正常运费、保险费以外的费用,也要由买方承担;CIF条件下的卖方,只要提交了约定的单据,就算完成了交货义务,并不保证把货物按时送到对方港口。因此,CIF合同的性质仍属装运合同而非到达合同。

(二) CIF术语下买卖双方的主要义务

按照《2020通则》,CIF合同买卖双方的主要义务如下:

1. 卖方的主要义务

(1) 在合同规定的时间和指定的装运港将符合合同要求的货物交至运往指定目的港的船上,并及时通知买方;

(2) 自费办理货物出口手续,取得出口许可证或其他核准书;

(3) 租船或订舱,并支付从装运港至目的港的正常运费;

(4) 办理货运保险,支付保险费;

（5）承担货物在装运港装上船为止的一切费用和风险；

（6）提供商业发票、保险单和在目的港提货所用的通常运输单据或具有同等效力的电子信息。

2. 买方的主要义务

（1）按合同规定受领货物，收取有关单据，并支付货款；

（2）自负费用和风险办理货物进口手续，取得进口许可证或其他核准书；

（3）承担货物在装运港装上船之后的一切费用和风险。

（三）采用 CIF 术语应注意的问题

1. 卖方办理保险的险别问题

按 CIF 术语达成的交易，保险是卖方的责任，《2020 通则》对此有明确规定：

（1）保险合同应与信誉良好的保险人或保险公司订立，在无相反明确协议时，卖方只需按《协会货物保险条款》或其他类似的保险条款中最低责任的保险险别投保。应买方要求，并由买方负担费用，卖方可代为投保战争、罢工、暴动和民变险。

（2）最低保险金额应包括合同规定的价款并另加 10%（即合同规定价款的 110%）。

（3）应以合同货币投保。

在实际业务中，我们应按此规定执行。另外，买卖双方在订立合同时必须对保险险别、投保加成、保险金额等问题作出明确规定，以防发生争议。

2. 卖方租船或订舱的责任问题

按 CIF 术语买卖双方的责任划分，卖方必须自费办理租船或订舱，按合同规定的时间装运出口。否则，即构成违约，从而需要承担被买方要求解除合同及/或损害赔偿的责任。根据《2020 通则》，卖方应按通常条件及惯驶航线，自费订立运输合同，使用通常类型可供运输合同货物的海轮（或依情况适合海运和内河运输的船只）。除非双方另有约定，对于买方提出的关于限制载运船舶的国籍、船龄、船型、船级以及指定装载某班轮公会的船只等项要求，卖方均有权拒绝接受。但在出口业务中，如国外买方提出上述要求，在能够办到又不增加额外费用的情况下，我方也可灵活掌握，考虑接受。

3. 租船运输方式下卸货费用的负担问题

在 CIF 术语中，如果采用班轮运输，有关装卸货费用均由班轮公司负责，实际上由支付运费的一方即卖方负担。而在租船运输方式下，有关装货费用可理解为由支付运费的一方（卖方）负担，卸货费则可采用 CIF 的变形来解决。国际贸易中有关 CIF 的变形主要有：

（1）CIF Liner Terms（CIF 班轮条件），指卸货费用按班轮条件办理，即由支付运费的一方（卖方）负担。

（2）CIF Ex Ship's Hold（CIF 舱底交货），指买方负担将货物从目的港船舱舱底起吊卸到码头的费用。

（3）CIF Landed（CIF 卸到岸上），指货物到达目的港后，包括驳船费和码头费

(Lighterage and Wharfage Charge)在内的卸货费均由卖方负担。

(4) CIF Ex Tackle(CIF 吊钩交货)，指卖方负担货物从舱底吊至船边卸离吊钩为止的费用。

4. 象征性交货问题

从交货方式来看，CIF 是一种典型的象征性交货(Symbolic Delivery)。所谓象征性交货，是相对于实际交货(Physical Delivery)而言的。前者指卖方只要按期在约定地点完成装运，并向买方提交合同规定的包括物权凭证在内的有关单证，就算完成了交货义务，而无须保证到货。后者则是指卖方要在规定的时间和地点，将符合合同规定的货物提交给买方或买方指定人，而不能以交单代替交货。

可见，在象征性交货方式下，卖方是凭单交货，买方是凭单付款。只要卖方如期向买方提交了合同规定的全套合格单据(名称、内容和份数相符的单据)，即使货物在运输途中损坏或灭失，买方也必须履行付款义务。反之，如果卖方提交的单据不符合要求，即使货物完好无损地运达目的地，买方仍有权拒绝付款。

但是，必须指出，按 CIF 术语成交，卖方履行其交单义务，只是得到买方付款的前提条件，除此之外，卖方还必须履行交货义务。如果卖方提交的货物不符合要求，买方即使已经付款，仍然可以根据合同的规定向卖方提出索赔。如果货物在运输途中已经灭失或损坏，买方则可凭提单向船方或凭保险单向保险公司要求赔偿。

三、CFR

(一) CFR 的含义

Cost and Freight(insert named port of destination)——成本加运费(填入指定目的港)是指卖方必须在合同规定的装运期内在装运港将货物交至运往指定目的港的船上。根据《2020 通则》，卖方承担货物装上船为止的一切风险，买方承担货物自装运港装上船后的一切风险。本术语只适用于海运和内河运输。

(二) CFR 术语下买卖双方的主要义务

按照《2020 通则》的规定，CFR 与 CIF 的不同之处仅在于：CFR 合同的卖方不负责办理保险手续和不支付保险费，也不提供保险单据。有关海上运输的货物保险转由买方自费办理。除此之外，CFR 与 CIF 合同中买卖双方的义务划分基本相同(详见 CIF 术语下买卖双方的主要义务划分)。

(三) 采用 CFR 术语应注意的问题

1. 关于装船通知的重要性问题

按 CFR 术语订立合同，需特别注意的是装船通知问题。因为在 CFR 术语下，卖方负责租船订舱并将货物装上船，买方负责办理货物运输保险，货物装上船后可能遭受灭失或损坏的风险已由卖方转移给买方。因此,在货物装上船前,即风险转移给买方前,卖方必须向买方发出充分的装船通知,以便买方及时向保险公司办妥保险。这是 CFR 合同中一个至关重要的问题。国际商会在《2020 通则》中明确规定:"卖方必须给予买方关于货物交至船上的充分的通知(Sufficient Notice)……"。所谓"充分的通知",意指该装船通知在时间上是"毫不迟延"的,在内容上是"详尽"的,可满足买方为在目的港收取货物采取必要措施(包括办理保险)的需要。虽然《2020 通则》没有对卖方未能给予买方该项充分的通知的后果作出具体的规定,但是根据有关货物买卖合同的适用法律,若因卖方遗漏或不及时向买方发出装船通知而使买方未能及时办妥货运保险所造成的后果,卖方必须承担违约责任。为此,在实际业务中,我出口企业应事先与国外买方就如何发给装船通知商定具体做法;如果事先未曾商定,则应根据双方已经形成的习惯做法,或根据订约后装船前买方提出的具体请求(包括在信用证中对装船通知的规定),及时向买方发出装船通知。

2. 关于卸货费用的负担问题

在 CIF 术语中述及的关于租船订舱的责任和目的港卸货费用负担的问题,同样适用于 CFR 术语。为明确卸货费用的负担,也可采用 CFR 术语的变形,例如:CFR 班轮条件(CFR Liner Terms)、CFR 舱底交货(CFR Ex Ship's Hold)、CFR 吊钩交货(CFR Ex Tackle)和 CFR 卸到岸上(CFR Landed)。上述 CFR 术语的各种变形,在关于明确卸货费用负担的含义方面,与前述 CIF 术语变形中所说明的是相同的。

需要说明的是,以上各 FOB、CFR、CIF 术语变形,除买卖双方另有约定外,其作用通常仅限于明确或改变买卖双方在费用负担上的划分,而不涉及或改变风险的划分。若要涉及后者,必须经双方同意,并在合同中另行订明。

还须强调指出,只有在买卖双方对所使用的贸易术语变形的含义有一致理解的前提下,才能在交易中使用这些术语变形。

(四) FOB、CFR、CIF 的异同比较

以上所述 FOB、CFR、CIF 是国际贸易中最常用的三种术语,就买卖双方的义务来说,很多方面是相同的,不同之处主要在于运输和保险两方面的责任与费用。现就以上三种术语间的异同点简要归纳如下。

1. FOB、CFR、CIF 的主要共同点

(1) 交货地点都在装运港,均属于装运合同。
(2) 风险划分点一致,都以货物在装运港装上船为界。
(3) 都适用于海洋运输和内河运输。
(4) 卖方都要负责装货,及时通知买方,办理出口手续,提供有关单证。
(5) 买方都要负责接货,办理进口手续,受理有关单据,并支付货款。

2. FOB、CFR、CIF 的主要区别

(1) 运费负担不同。采用 FOB 术语,由买方负责租船订舱并支付运费;采用 CFR、CIF

术语,则由卖方负责租船订舱并支付运费。

(2) 基本保险费负担不同。采用 FOB、CFR 术语,由买方负责办理保险手续并支付保险费;采用 CIF 术语,则由卖方负责办理保险手续并支付保险费。

(3) 价格构成不同。FOB 主要由货物成本(C)构成;CFR 主要由货物成本、正常运费(C+F)构成;CIF 则主要由货物成本、基本保险费、正常运费(C+I+F)构成。

(4) 术语后面所接港口类别不同。FOB 后面接指定装运港;CFR、CIF 后面接指定目的港。

(5) 费用与风险的转移点是否分离不同。采用 FOB 术语,费用与风险的转移点是一致的,即都是当货物在装运港越过船舷时自卖方转移至买方;采用 CFR、CIF 术语,费用与风险的转移点却是分离的,虽然买卖双方的风险划分点仍以货物在装运港越过船舷为界,但是卖方对主要运输费用的负担却要延至货物到达目的港后才转由买方负责;采用 CIF 术语时,卖方还要负责支付从装运港到目的港的海上货运保险费。

以上关于 FOB、CFR、CIF 三种术语的异同比较分析可参见表 1-3。

表 1-3 FOB、CFR、CIF 的异同比较表

贸易术语	主要共同点					主要区别				
	运输方式	交货地点	风险划分	出口清关责任	进口清关责任	运输责任	保险责任	价格构成	术语后所接港口	费用与风险的转移点
FOB	水上运输	装运港	船上为界	卖方	买方	买方	买方	C	装运港	一致
CFR	水上运输	装运港	船上为界	卖方	买方	卖方	买方	C+F	目的港	分离
CIF	水上运输	装运港	船上为界	卖方	买方	卖方	卖方	C+I+F	目的港	分离

(五) FOB、CFR、CIF 三种贸易术语中所涉及的风险划界点

FOB、CFR 和 CIF 这三种贸易术语中所涉及的风险、费用与货物装上船(On Board)的概念相对称,强调卖方必须承担把货物装上船为止的一切风险,买方承担货物装上船之后的一切风险。

四、FCA

随着国际运输技术的发展,货物集合化,集装箱运输、滚装运输和多式联运等得到日益广泛的使用,仅适用于水上运输方式的 FOB、CFR 和 CIF 术语已不能适应上述新型运输方式发展的需要。同时,运输技术的变化也带来了运输单据的革新,例如多式联运提单(Multi-modal Transport Document, MTD)的出现等。有鉴于此,国际商会于 1980 年、1990 年、2000 年先后三次对 FCA、CPT 和 CIP 三种贸易术语进行了修改、补充和完善,使之不仅适

用于铁路、公路、海洋、内河、航空运输等单一方式的运输,也适用于两种或两种以上运输方式相结合的多式联运。

(一) FCA 术语的含义

Free Carrier(insert named place of delivery)——货交承运人(填入指定交货地点),是指卖方必须在合同规定的交货期内在指定地或地点将经出口清关的货物交给买方指定的承运人监管,并负担货物被交由承运人控制为止的一切费用和货物灭失或损坏的风险。该术语适用于各种运输方式,包括多式联运。

(二) FCA 术语下买卖双方的主要义务

按此术语达成的交易,买卖双方的主要义务如下:

1. 卖方义务

(1) 必须按合同规定的时间和地点,将货物交给买方指定的承运人,并及时通知买方;
(2) 承担货物被交给承运人控制之前的一切费用和风险;
(3) 自负风险和费用,取得出口许可证或其他官方批准证件,并办理货物出口所需的一切海关手续;
(4) 自负费用向买方提供商业发票和交货凭证或具有同等效力的电子信息。

2. 买方义务

(1) 自费订立自指定地点承运货物的合同,支付运费,并将承运人名称及其他有关信息及时通知卖方;
(2) 办理货运保险手续,并支付保险费;
(3) 承担受领货物(即货物被交给承运人控制)之后的一切费用和风险;
(4) 受领货物和有关单证或具有同等效力的电子信息,并按合同规定支付货款;
(5) 自负风险和费用,取得进口许可证或其他官方批准证件,并办理货物进口所需的海关手续以及必要时从他国过境所需的海关手续。

FCA 是一种在与 FOB 同样原则的基础上发展起来的,适用于各种运输方式,特别是集装箱运输和多式联运的贸易术语。

(三) 使用 FCA 术语应注意的问题

1. 关于承运人、交货地点和装卸货物的责任划分问题

在 FCA 条件下,通常是由买方安排承运人,与承运人订立运输合同,并将承运人的情况通知卖方。该承运人可以是拥有运输工具的实际承运人,也可以是运输代理人或其他人。

交货地点的选择直接影响装卸货物的责任划分问题。具体分为以下两种情况:
(1) 如果双方约定的交货地点在卖方所在地,卖方必须负责把货物装上买方安排的承运人所提供的运输工具上,即完成了交货义务;
(2) 如果交货地点在其他地方,卖方则可在自己所提供的运输工具上将货物交给承运

人,即完成了交货义务,而无须负责卸货。

如果在约定地点没有明确具体的交货地点,或者有几个交货地点可供选择,卖方可以从中选择为完成交货义务所最适宜的交货点。

2. 关于风险转移与买方风险提前的问题

在采用FCA术语成交时,买卖双方的风险划分是以货交承运人为界的。这在海洋运输以及陆运、空运等其他运输方式下,均是如此。但由于FCA与F组其他术语一样,通常情况下由买方负责订立运输契约,并将承运人名称及有关事项及时通知卖方,卖方才能如约完成交货义务,并实现风险的转移。而如果买方未能及时给予卖方上述通知,或者买方所指定的承运人在约定的时间内未能接受货物,其后的风险是否仍由卖方承担呢?《2020通则》的解释是,自规定的交付货物的约定日期或期限届满之日起,由买方承担货物灭失或损坏的一切风险,但以货物已被划归本合同项下为前提条件。可见,对于FCA条件下风险转移的界限问题,也不能简单片面地理解为风险一概于交承运人处置货物时转移。虽然在一般情况下,确实是在货交承运人时,风险由卖方转移给买方,但如果由于买方的原因,使卖方无法按时完成交货义务,只要货物已被特定化,那么风险转移的时间可以前移。此说明也适用于其他由买方负责运输的贸易术语。

3. 有关责任和费用的划分问题

FCA适用于包括多式联运在内的各种运输方式,卖方交货的地点也因采用的运输方式不同而异。有时,卖方须在出口国的内陆,如车站、机场或内河港口,办理交货。不论在何处交货,根据《2020通则》的解释,卖方都要自负风险和费用,取得出口许可证或其他官方批准证件,并办理货物出口所需的一切海关手续。这一规定对一些在出口国的内地口岸就地交货和交单结汇的做法而言是十分适宜的。

按照FCA术语成交,一般是由买方自行订立从指定地点承运货物的合同,但是如果买方有要求,并由买方承担风险和费用,卖方也可以代替买方指定承运人并订立运输合同。当然,卖方也可以拒绝订立运输合同。如果拒绝,应立即通知买方,以便买方另行安排。

在FCA条件下,买卖双方承担的费用一般也是以货交承运人为界进行划分,即卖方负担货物交给承运人控制之前的有关费用,买方负担货交承运人之后的各项费用。但是,在一些特殊情况下,买方委托卖方代办一些本属自己义务范围内的事项所产生的费用,以及由于买方的过失所引起的额外费用,均应由买方负担。

4. 已装船批注提单需求问题

由于FCA适用于单一或多种运输方式,可能存在需要含有已装船批注的提单的情况(通常是托收或信用证结算方式下银行的要求)。《2020通则》首次提供可选机制,如果买卖双方在合同中约定如此,则买方必须指示承运人向卖方出具已装船批注提单,卖方必须通过银行将单据提供给买方以便于提货,或者买卖双方约定卖方提交给买方一份仅声明货物已收妥待运而非装船的提单。另外,要特别注意,即使采用上述可选机制,卖方对买方并不承担运输合同下的义务。

五、CIP

(一) CIP 术语的含义

Carriage and Insurance Paid to(insert named place of destination)——运费、保险费付至(填入指定目的地),是指卖方负责订立货物运输合同与货运保险合同并支付货物运至目的地的运费和保险费,在货物被交由承运人控制时,货物灭失或损坏的风险,以及由于发生各种事件而引起的任何额外费用,即从卖方转移至买方。该术语适用于各种运输方式,包括多式联运。

(二) CIP 术语下买卖双方的主要义务

按此术语达成的交易,买卖双方的义务划分与 FCA 术语的区别主要在于:货物运输合同与保险合同的办理和货物运至目的地的运费与保险费的支付由 FCA 的买方划归 CIP 的卖方负责。因此,只要将前述的 FCA 买方义务中第(1)、(2)两项责任归在 CIP 的卖方责任中即可,而买卖双方的其他义务与 FCA 术语的基本相同,在此不再赘述。

(三) 使用 CIP 术语应注意的问题

1. 正确理解风险和保险问题

按 CIP 术语成交的合同,卖方要负责办理货运保险,并支付保险费,但货物从交货地运往目的地的运输途中的风险由买方承担。所以,卖方的投保仍属于代办性质。根据《2020通则》的解释,一般情况下,卖方要按双方协商确定的险别投保,如未约定,则由卖方按惯例投保最高的险别,即符合协会货物保险条款(A)或任何适用货物运输方式的类似条款,保险金额一般是在合同价格的基础上加成 10%。

2. 合理确定价格的问题

与 FCA 相比,CIP 条件下卖方要承担较多的责任和费用。卖方要负责办理从交货地至目的地的运输,承担有关运费;办理货运保险,并支付保险费。这些都应反映在货价之中。所以,卖方对外报价时,要认真核算成本和价格。在核算时,应考虑运输距离、保险险别、各种运输方式和各类保险的收费情况,并预计运价和保险费的变动趋势等。从买方来讲,也要对卖方的报价进行认真分析,做好比价工作,以免接受不合理的报价。

六、CPT

(一) CPT 术语的含义

Carriage Paid to(insert named place of destination)——运费付至(填入指定目的地),是指卖方负责订立货物运输合同并支付货物运至指定目的地的运费,在货物被交由承运人控制时,货物灭失或损坏的风险,以及由于发生各种事件而引起的任何额外费用,即从卖方转移至买方。该术语适用于各种运输方式,包括多式联运。

(二) CPT 术语下买卖双方的主要义务

按此术语达成的交易,买卖双方的义务划分与 FCA 术语的区别主要在于:货物运输合同与货物运至目的地的运费的支付由 FCA 的买方划归 CPT 的卖方负责。因此,只要将前述的 FCA 买方义务中第(1)项责任归在 CPT 的卖方责任中即可,而买卖双方的其他义务与 FCA 术语基本相同,在此不再赘述。

(三) 使用 CPT 术语应注意的问题

1. 关于风险划分的界限问题

按 CPT 术语成交,虽然卖方要负责订立从启运地到指定目的地的运输契约,并支付运费,但是卖方承担的风险并没有延伸至目的地。按照《2020 通则》的解释,货物自交货地点至目的地的运输途中的风险由买方而不是卖方承担,卖方只承担货物交给承运人控制之前的风险。在多式联运方式下,卖方承担的风险自货物交给第一承运人控制时即转移给买方。

2. 关于责任和费用的划分问题

采用 CPT 术语时,买卖双方要在合同中规定装运期和目的地,以便卖方选定承运人,自费订立运输合同,将货物运往指定的目的地。卖方将货物交给承运人之后,应向买方发出货已交付的充分通知,以便买方及时自费办理货运保险,并在合同规定的地点受领货物,支付货款。关于通知的重要性及其处理办法,在前文 CFR 中所作的说明,也同样适用于 CPT 术语达成的交易。

按 CPT 术语成交,卖方只是承担从交货地点到指定目的地的正常运费。正常运费之外的其他有关费用,一般由买方负担。货物的装卸费可以包括在运费中,统一由卖方负担,也可以由双方在合同中另行订明。

(四) FCA、CIP、CPT 与 FOB、CIF、CFR 的异同比较

从上述 FCA、CIP、CPT 三种贸易术语的责任划分可以看出,买卖双方的主要责任依然是运输和保险,同时,这两项责任也是这三种贸易术语的差别所在。因此,这三种贸易术语买卖双方义务划分的基本原则与 FOB、CIF、CFR 三种术语是基本相同的,从而相对应的两种术语(如 FCA 与 FOB、CIP 与 CIF、CPT 与 CFR)之间买卖双方的责任、风险与费用的划分以及价格构成也基本相同。但是,由于它们所适用的运输方式完全不同,所以还是有区别的,具体表现在以下几个方面:

(1) 适用的运输方式不同。FOB、CIF、CFR 仅适用于海洋运输和内河运输;而 FCA、CIP、CPT 适用于任何运输方式。

(2) 交货地点及风险转移界限不同。FOB、CIF、CFR 三种术语的交货地点均为出口国装运港,风险和费用的划分则以装运港船舷为界;FCA、CIP、CPT 三种术语的交货地点一般

都是出口国境内指定装运地,但应视不同的运输方式和不同的约定而定,它可以是出口地的某运输工具上,也可以是承运人的运输站或其他地点,至于风险,则于卖方将货物交由承运人控制时转移至买方。

(3) 运输单据不同。FOB、CIF、CFR 条件下,卖方一般提供海运提单。而 FCA、CIP、CPT 条件下,卖方提交的运输单据因运输方式的不同而不同,如铁路运单、航空运单、国际多式联运单据等。

(4) 装卸货费用负担不同。FOB、CIF、CFR 三种术语,在租船运输情况下,有关装卸货费用必须通过价格术语的变形或合同的具体规定来确定。而 FCA、CIP、CFR 三种术语由于其风险费用的转移以货交承运人为界,因此就不存在上述问题,装卸货费用会因交货点不同而由卖方或买方负担,具体细则可参见 FCA 术语下应注意问题的第 1 条。

(5) 运费的负担与保险的内容不同。就运费负担而言,按 FOB、CIF、CFR 术语,运费主要是指从装运港到目的港的海运运费;而按 FCA、CIP、CPT 术语,运费则包括从出口国指定地点到进口国指定地点的运费,中间可能涉及几种不同运输方式的费用。就保险而言,FOB、CIF、CFR 主要涉及的是海洋货物运输保险;FCA、CIP、CPT 则涉及各种运输方式下的货物保险。

以上所述的关于 FCA、CIP、CPT 与 FOB、CIF、CFR 的异同分析如表 1-4 所示。

表 1-4　FCA、CIP、CPT 与 FOB、CIF、CFR 的异同比较表

贸易术语	适用运输方式	交货地点	风险划分	运输单据	装卸货费用负担	出口清关	进口清关	运输责任	保险责任	价格构成
FOB	水上运输	装运港	货物装上船时为界	海运提单	因变形不同而异	卖方	买方	买方	买方	C
CFR								卖方	买方	C+F
CIF								卖方	卖方	C+I+F
FCA	各种运输	出口国内指定地点	货交承运人控制为界	某种运输单据或多式联运单据	因交货点不同而异	卖方	买方	买方	买方	C
CPT								卖方	买方	C+F
CIP								卖方	卖方	C+I+F

第三节　其他几种国际贸易术语

除了上述常用的贸易术语外,《2020 通则》还包括下列贸易术语。

一、EXW

Ex Works(insert named place of delivery)——工厂交货(填入指定交货地点)是指卖方将货物从工厂(或仓库)交付给买方,即完成了交货义务。除非另有规定,卖方不负责将货物装上买方安排的车上或船上,也不办理出口报关手续。买方负担自卖方工厂交付后至最终

目的地的一切费用和风险。EXW 是卖方责任最小(Minimum Obligation)的贸易术语。

如果买方要求卖方代办出口手续,在买方承担风险和费用的情况下,卖方可协助办理。如果买方要求卖方在发货时负责将货物装上收货车辆,并负担一切装货费用和风险,则应在合同中用明确的词句对此加以规定。

本术语适用于任何运输方式。

如买方不能直接或间接地办理出口手续,则不应使用本术语,而应使用 FCA 术语。

二、FAS

Free Alongside Ship(insert named port of shipment)——船边交货(填入指定装运港),是指卖方将货物运至指定装运港的船边或靠船边的驳船上,即完成了交货。买方则承担自装运港船边(或驳船)起的一切费用和货物灭失或损坏的一切风险。

《2020 通则》在 FAS 卖方交货义务中规定:卖方必须在买方指定的装运港内的装货点(如有),以将货物置于买方指定的船边或以购得已经如此交付的货物的方式交货。如买方未指定具体的装货点,卖方则可以在指定装货港内选择最符合其目的的装货点。

本术语只适用于海运或内河运输。

使用 FAS 术语时应注意以下问题:

(1) 在同北美国家的交易中使用 FAS 术语时,应在 FAS 术语后加"vessel"字样以明确表示"船边交货"。

(2) 从装运港到目的港的运输合同要由买方负责订立,买方要及时将船名和装货时间、地点通知卖方,以便卖方按时备货出运。卖方也应将货物交至船边的情况及时通知买方,以便买方办理装船事宜。如果买方指定的船只未按时到港接收货物,或者比规定的时间提前停止装货,或者买方未能及时发出派船通知,只要货物已被清楚地划出,或以其他方式确定为本合同项下的货物,由此产生的风险和损失由买方承担。

三、DAP

Delivered at Place(insert named place of destination)——目的地交货(填入指定的目的地),是指当卖方在指定目的地将仍处于运输工具上且已做好卸载准备的货物交由买方处置时,即为交货。卖方承担将货物运送到指定地点的一切风险。该术语类似于《2000 通则》中的 DAF、DES 和 DDU 三个术语,卖方应当在指定的目的地交货,只需做好卸货准备,无须卸货即完成交货。术语所指的到达车辆包括船舶,目的地包括港口。卖方应承担将货物运至指定目的地的一切风险和费用(除进口费用外)。

由于卖方承担在特定地点交货前的风险,双方尽可能清楚地约定指定目的地内的交货点。卖方应完全取得符合该选择的运输合同。如果卖方按照运输合同在目的地发生了卸货费用,除非双方另有约定,卖方无权向买方要求偿付。如采用 DAP 术语,则要求卖方办理出口清关手续。但是卖方无义务办理进口清关、支付任何进口税或办理任何进口海关手续。

如果双方希望卖方办理进口清关、支付所有进口关税，并办理所有进口海关手续，则应当使用 DDP 术语。

该术语可适用于任何运输方式，也可适用于多式联运。

四、DPU

Delivered at Place Unload(insert named place of destination)——目的地卸货后交货（填入指定的目的地），指在合同约定期限内，卖方在指定目的地约定的交货地点（如有）将货物从抵达的运输工具上卸下，交由买方处置时即完成交货义务。卖方承担将货物运送到指定目的地的交货地点并卸下的一切风险。如果未约定具体交货地点，卖方可以选择最符合其目的的目的地内的交货地点。DPU 术语要求卖方办理货物出口和过境清关手续，协助买方获取进口国所需的与进口清关手续相关的任何单据或信息。卖方必须遵守运至目的地过程中任何与运输有关的安全要求，同时必须向买方发出买方收取货物所需的任何通知。

该术语可适用于任何运输方式，也可适用于多式联运。

五、DDP

Delivered Duty Paid(insert named place of destination)——完税后交货（填入指定目的地），指卖方将货物运至进口国指定地点，将在交货运输工具上尚未卸下的货物交付给买方，并负责办理进口报关手续，支付在目的地办理海关手续时所应缴纳的任何进口税费，即履行了交货义务。卖方必须负担货物运至该处的一切风险和费用。与 EXW 相反，DDP 是卖方承担义务最多（Maximum Obligation）的贸易术语。

如果卖方不能直接或间接地取得进口许可证，则不应使用本术语。如果双方当事人愿意由买方办理货物进口的清关手续和支付关税，则应使用 DAP 术语。如果双方当事人愿意从卖方的义务中排除货物进口时需支付的某些费用，如增值税，则应就此意思加注字句，以使之明确，如"Delivered Duty Paid, VAT Unpaid(insert named place of destination)"即"完税后交货，增值税未付（填入指定目的地）"。本术语适用于任何运输方式。

六、DAP、DPU、DDP 的对比

D 组三个贸易术语的区别主要在于卖方是否需要卸货及是否需要进口清关，见表 1-5。

表 1-5　DAP、DPU 和 DDP 的对比表

贸易术语	英文释义	中文释义	交货地点	风险转移	出口清关	进口清关
DAP	Delivered at Place (place of destination)	目的地交货（指定目的地）	买方所在地的指定地点	装在运输工具上的货物（不用卸载）交给买方	卖方	买方

续表 1-5

贸易术语	英文释义	中文释义	交货地点	风险转移	出口清关	进口清关
DPU	Delivered at Place Unload (place of destination)	目的地卸货后交货（指定目的地）	买方所在地的指定地点	装在运输工具上的货物（卸货后）交给买方	卖方	买方
DDP	Delivered Duty Paid (place of destination)	完税后交货（指定目的地）	买方所在地的指定地点	卖方完成进口清关，将装在运输工具上的货物（不用卸载）交由买方处置	卖方	卖方

D 组术语适用于任何运输方式或联运。

为了便于学习、掌握国际贸易术语，现列出《2020通则》11个贸易术语简表。

表 1-6 《2020通则》国际贸易术语简表

组别	贸易术语	术语名称 英文	术语名称 中文	交货地点	运输方式
1	EXW	EX Works	工厂交货（指定交货地点）	产地、工厂	任何
	FCA	Free Carrier	货交承运人（指定交货地点）	出口国内指定地点、港口	
	CPT	Carriage Paid to	运费付至（指定目的地）		
	CIP	Carriage and Insurance Paid to	运费、保险费付至（指定目的地）		
	DAP	Delivered at Place	目的地交货（指定目的地）	进口国内	
	DPU	Delivered at Place Unload	目的地卸货后交货（指定目的地）	进口国内	
	DDP	Delivered Duty Paid	完税后交货（指定目的地）	进口国内	
2	FAS	Free Alongside Ship	船边交货（指定装运港）	装运港口	水运
	FOB	Free on Board	船上交货（指定装运港）		
	CFR	Cost and Freight	成本加运费（指定目的港）		
	CIF	Cost Insurance and Freight	成本、保险费加运费（指定目的港）		

表 1-7 《2020 通则》国际贸易术语对比表

组别	贸易术语	交货地点	风险转移	出口清关	进口清关	运输责任	保险责任	运输方式	合同性质	所有权
六种常用术语	FOB	装运港	货物装上船	卖方	买方	买方	买方	水上运输	装运合同	随交单而转移
	CFR	装运港	货物装上船	卖方	买方	卖方	买方	水上运输	装运合同	随交单而转移
	CIF	装运港	货物装上船	卖方	买方	卖方	卖方	水上运输	装运合同	随交单而转移
	FCA	出口国内指定地点	货交承运人控制后	卖方	买方	买方	买方	各种运输	装运合同	随交单而转移
	CPT	出口国内指定地点	货交承运人控制后	卖方	买方	卖方	买方	各种运输	装运合同	随交单而转移
	CIP	出口国内指定地点	货交承运人控制后	卖方	买方	卖方	卖方	各种运输	装运合同	随交单而转移
五种其他术语	EXW	出口国工厂	货交买方控制后	买方	买方	买方	买方	各种运输	产地交货	随交货而转移
	FAS	装运港船边	装运港船边交货后	卖方	买方	买方	买方	水上运输	装运合同	随交货而转移
	DAP	目的地	货载运输工具上交由买方处置	卖方	买方	卖方	卖方	各种运输	到达合同	随交货而转移
	DPU	目的地	将卸载后的货物交由买方处置	卖方	买方	卖方	卖方	各种运输	到达合同	随交货而转移
	DDP	进口国指定地点	进口国指定地点交货后	卖方	卖方	卖方	卖方	各种运输	到达合同	随交货而转移

第四节 技能实训

实训模块一 国际贸易术语的运用

【目的要求】

学会运用国际贸易术语的表达方式。

【背景材料】

上海某公司拟向美国纽约某客商出口一批货物,每件[100 磅(1 磅＝0.453 6 千克)]48 美元,交货条件为 FOB。

【操作指南】

国际贸易术语通常是与商品价格结合起来运用的,其一般表达方式为:

商品名称＋货币名称＋货币金额＋计量单位＋贸易术语

背景材料可表述为:

USD48 PER BALE(100 IBS.) FOB SHANGHAI.

每件(100 磅)48 美元 FOB 上海。

实训模块二　国际贸易术语的选用

【目的要求】
学会选用国际贸易术语的基本方法。

【背景材料】
西非某公司拟向我方订购一批货物，要求水运到目的港。经我方企业调查，对方港口条件较差，卸货费用较高，且正常航线需经阿拉伯海—红海—地中海，风险较大。我方企业宜选用何种贸易术语成交？

【操作指南】
国际贸易中，可供买卖双方选用的贸易术语有很多，由于各种贸易术语都有其特定的含义，不同的贸易术语，买卖双方所承担的责任、风险和费用有所不同，贸易术语选择直接关系到买卖双方的切身利益。因此，选择贸易术语时必须考虑以下因素：

(1) 体现我国的对外政策，并遵循平等互利和双方自愿的原则。

(2) 尽可能选择双方熟悉的、风险划分界限明确的、对买卖双方都较为便利的术语，以利于合同的履行。

(3) 考虑本国保险业和运输业发展的需要。出口时争取使用 CIF、CFR 术语；进口时争取使用 FOB 术语。这一原则也同样适用于 CIP、CPT、FCA 术语的选择。这样，既可为国家增加收入或减少外汇支出，又有助于我方企业做好船货衔接，按时履行合同。

(4) 考虑运费因素。运费在价格中占有很大比重，若海运能直接到达目的地，一般应尽可能选择适用水运的贸易术语。如运价不稳定，无法测算运费，出口时最好使用 FOB 价，以避免运价上涨所造成的损失。如欲按 CIF 或 CFR 术语成交，若预测运费有上涨趋势，应在合同内订明超过现行运费率的运费由买方负担；若运费有下降趋势，则争取在合同内订明按现行运费率计费。进口时，按相反方法选择即可。

(5) 考虑运输途中的风险。在国际贸易中，货物在跨国长途运输过程中可能会遇到各种自然灾害、意外事故等风险，特别是当遇到战争，或者正常的国际贸易遭到人为障碍与破坏的时期和地区，则风险更大。因此，买卖双方洽商交易时，必须根据不同时期、不同地区、不同运输路线和运输方式的风险情况，选用适当的贸易术语。

(6) 考虑进出口结关有无困难。在国际贸易中，关于进出口货物的结关手续，有些国家规定只能由结关所在国的当事人安排或代为办理，有些国家则无此项限制。因此，作为买方若不能直接或间接办理出口结关手续，则不宜按 EXW 术语成交，而应选用 FCA 术语成交；作为卖方若不能直接或间接办理进口结关手续，则不宜采用 DDP 术语，而应选用 D 组的其他术语成交。

(7) 适当考虑国外港口装卸条件和港口惯例。进口时若国外装运港的条件较差，费用较高，则力争采用 CIF 或 CFR 术语，或者用 FOB Stowed 或 FOB Trimmed 条件；出口时如果目的港条件较差，费用较高，我方应力争按 FOB 术语成交，如果必须采用 CIF 或 CFR 术语,则应选用其变形 CIF Ex Ship's Hold 或 CFR Ex Ship's Hold 条件。

我方应结合以上各种因素与经营意图进行综合考虑,权衡利弊,选择适当的贸易术语。

实训模块三　案例分析

【案例一】

2021年我国南方某公司出口一批陶瓷,以 CIF 条件与南美洲一客商达成交易。我方在装运港按期装船启运,并向进口商提交了合同规定的单证,但是买方在目的港卸货时发现部分货物外包装破裂,内装货物被损坏。进口方据此以卖方未完成交货义务为由向我方提出索赔。问:我方能否拒赔,为什么?

【分析】

本案例分析的关键在于正确理解和把握 CIF 术语的风险划分点与象征性交货的真实意义。

在本案例中我方能够拒赔。理由如下:

(1) 根据《2020通则》的规定,采用 CIF 术语成交,买卖双方的风险划分以装上船为界,卖方负担货物装上船为止的一切责任和货物灭失或损坏的风险,买方则承担货物装上船后的一切责任和货物灭失或损坏的风险。在本案例中,货物已装上船,风险责任已由卖方转移至买方。

(2) 按 CIF 术语成交,属于典型的象征性交货,即交单代替交货。卖方只要按期向进口商提交了合同规定的单证就算完成了交货义务,而无须保证货物完好到达目的港。在本案例中,卖方既已如期向进口商提交了合同规定的单证,就不存在未完成交货义务的问题。所以,买方以卖方未完成交货义务为由向卖方提出索赔的依据不成立。

当然,买方可凭取得的有关证据向第三方索赔,如属保险责任则向保险公司索赔,如属运输责任则向运输公司索赔。

【案例二】

2021年8月我国 SW 进出口公司与德国某进口公司达成一笔核桃仁交易,交货条件为 CIF Hamburg(汉堡),支付方式为不可撤销的即期信用证。由于核桃销售的季节性很强,主要在12月份的圣尼古拉节上销售,交货延迟会影响售价。因此,我方应对方要求在合同中明确规定:"卖方须于10月中旬在中国上海港装运,并保证货物于11月底之前到达汉堡,否则买方有权拒收货物,并要求损害赔偿,如果买方已经支付货款,卖方应将所得货款退还买方。"由于途中船机损坏,又遇风浪,该批货物于12月7日才到达汉堡。买方拒收货物,要求卖方退还货款并赔偿损失。试问:(1)我方能否拒绝退款和赔偿,为什么?(2)从这个案例中我方应吸取哪些教训?(3)利用已学知识进行考虑,应如何完善此合同,我方才可避免或降低上述风险?

【分析】

本案例分析的重点在于正确区分和把握国际惯例与合同的不同性质,明确当两者发生

矛盾时,究竟孰重孰轻。现逐项分析如下:

(1) 在本案例中,我方拒绝退款和赔偿的理由不够充足。这是因为:国际惯例与合同的性质是不同的,前者本身不是法律,对贸易双方不具强制力,但若贸易双方约定采用某一贸易术语,则该术语对双方当事人即具同等强制力;而后者本身便是法律文件,对贸易双方均具强制力。当合同内容与国际惯例不一致时,则以合同内容为准,并作为解决贸易争端的法律依据。本案例的合同中虽然规定了以 CIF 为交货条件,但同时规定了"卖方须……保证货物于 11 月底之前到达汉堡"等与国际惯例解释相反的内容。按照合同优先于惯例的原则,该合同的成交条件实质上已由 CIF 条件转变为 DES 条件,该合同的性质也因此而发生了改变,即由装运合同变为到达合同。这就为该合同的履行与争议的解决留下了隐患,为买方拒收货物、要求退款和索赔提供了法律依据。因此,买方提出拒收货物,要求退款和赔偿的理由应是成立的。

(2) 我方应吸取的主要教训:

一是在签订贸易合同时不应订立前后相互矛盾的内容,尤其是在没有充足把握的情况下,不要作出与国际惯例相反的规定,以免造成不必要的损失。

二是在磋商交易时,既要尽可能满足外商的合理要求,也要充分考虑自身的实际情况与客观困难,不要贸然承诺自己做不到或潜在风险较大的事情,要争取实现双赢。

(3) 如有可能,我方应从以下两个方面完善此合同:

第一,在上述交易条件不变的情况下,可将装运期提前到 10 月上旬或 9 月底,以保证运输途中的时间,避免延迟交货的风险。

第二,可同买方磋商,将交货条件改为 FOB,由买方负责租船订舱,由买方与承运人签订协议明确有关责任,以降低我方的风险,当然与此同时,我方要降低售货价格。

◇ **本章回顾**

贸易术语是人们在长期的国际贸易实践中逐渐总结出的用以规范买卖双方交易行为,表明成交商品的价格构成及划分交易过程中买卖双方各自应承担的责任、风险和费用的专门术语。

贸易术语的作用:明确划分买卖双方的义务,避免有关争议的发生,大大简化了国际商务谈判的内容,缩短了交易磋商的流程,节省了交易费用,促进了国际贸易的迅速发展。

有关贸易术语的国际惯例主要有《1932 年华沙-牛津规则》《1990 年美国对外贸易定义修订本》和《2020 年国际贸易术语解释通则》。《2020 年国际贸易术语解释通则》对《2010 年国际贸易术语解释通则》进行了修订和完善,为国际贸易中使用的各种术语提供了更精确的解释。

《2020 通则》与《2010 通则》相比,贸易术语上的变化主要是用 DPU 代替了 DAT。《2020 通则》共有 11 种贸易术语,其中使用较多的是 FOB、CFR、CIF、FCA、CPT 和 CIP 6 种贸易术语,其他 5 种贸易术语是 EXW、FAS、DPU、DAP 和 DDP。此外,《2020 通则》在风险划分、费用分割和义务分配等方面作出了较为详尽的规定,有助于推动国际贸易便利化的发展。

各种贸易术语在通关、运输和保险责任的划分、风险承担与费用构成等方面存在异同，分别适用特定的交货地点和风险转移点，买卖双方可根据交易需要选择彼此认同的贸易术语来订立合同。

各种贸易术语解释与规则不是法律，对合同当事人没有普遍的强制性，只有当事人在合同中明确规定加以采用时，才对合同当事人有法律约束力。

◇ **赛点指导**

根据全国高校商业精英挑战赛国际贸易竞赛评分细则，商贸配对贸易谈判环节涉及本章贸易术语的选择。由于贸易术语和价格紧密相连，不同的贸易术语涉及买卖双方在责任、费用和风险划分上的差异。因此，商贸谈判环节，准确把握和使用贸易术语，至关重要。根据本章专业知识，竞赛谈判中应注意以下要点：

1. 谈价格必须谈贸易术语

在全国赛模拟洽谈环节，价格谈判是核心。如果评委要求我方（出口方）报价，由于不了解目的港及客户的其他要求，按照惯例，一般我方先报 FOB 价格，并作为进一步谈判的基础。FOB 后接国内装运港，如 FOB ShenZhen、FOB GuangZhou 等。如果客户提出要我方办理运输，要意识到需要将 FOB 价格转换为 CFR 价格。此时，要先问客户目的港是哪里，订购的货物数量是多少，然后在 FOB 价格的基础上，加上海外运费，转换成 CFR 价格。如果客户要求我方办理运输和保险，则需要将 FOB 价格转换为 CIF 价格，即在 FOB 价格的基础上，加上海外运费和保险费，转换为 CIF 价报给客户。

2. 熟悉各种贸易术语下出口商的费用构成

除熟练掌握 FOB、CFR 和 CIF 这三种常用贸易术语，其他贸易术语也要非常熟悉。如我方一开始报 FOB 价格，但客户要求选择 EXW 术语，那么要立即清楚，这是客户要到我方工厂提货。此时，应清楚改报的 EXW 价格，一定要比 FOB 价格低，也就是相当于我方给出出厂价，国内运输、出口通关、海外运输、保险等全部由客户承担，我方的责任、义务和费用承担最小。另外，要和客户明确交货的时间期限，以便及时安排工厂组织备货。又如，客户要求使用 DDP 术语，则要清楚我方要承担将货物从国内运往国外指定目的地的责任、费用和风险，所报价格应该是最高的，要将全程运费、保险费、港口杂费、进出口通关费用等所有费用都考虑进去。

3. 熟练掌握运费和保险费的计算

在竞赛中，如果评委提出要求报 CFR 价格、CIF 价格，或 CPT 价格、CIP 价格，要清楚运费和保险费的计算。具体计算方法，将会在教材第四章和第五章进行详细分析。根据本章的学习，CFR 价格包含了从装运港到目的港的海运费，CIF 价格包含了从装运港到目的港的海运费和保险费。因此，首先要向客户询问目的港是哪里，以便核算海运费。还要清楚装运数量，是用集装箱装运，还是拼装，这涉及海运费的计算方式。至于保险费，则按照国际惯例，CIF 术语下，我方只需投保最低险别并据此进行核算，如中国海运货物运输保险条款的平安险，或者协会货物保险条款(C)，保险金额加成一般为 CIF 价格的 10%，并且向客户说明。如果客户提出别的险别，我方可以同意，并且按客户要求的险别，查找保险费率，进行核算。

4. 合同签订中要保持各条款的内在一致性

如果和客户达成协议，可以签订外贸合同。那么在签订合同时，要留意检查贸易术语和其他条款之间是否保持一致。如 FOB 术语下，要明确进口商派船的时间，保险应当由进口商办理，提交单据中不应当有保险单据；CFR 术语下，要明确目的港，我方负责办理运输，明确是否允许分批和转运，提交单据中不应当有保险单据；CIF 术语下，还要明确我方是按照中国保险条款办理还是按照协会货物保险条款办理，明确投保的险别、投保金额和币种。

总之，本章所学的国际贸易术语与谈判的很多条款紧密相连，一定要扎实掌握基础知识，并且能在竞赛中综合、灵活地运用。

◇ **课堂思政**

国际贸易术语也称为"价格术语""交货术语"，与外贸业务中的运输、保险、通关、交单等环节紧密相连。因此，通过本章内容的学习，结合外贸业务案例，培养学生综合考虑问题的整体思维观，使学生能够在交易磋商、合同签订和合同履行过程中，将外贸业务各个环节作为一个整体流程去考虑，避免"只见树木，不见森林"的狭隘思维。比如，交易磋商过程中，不同贸易术语下，卖方承担的成本、费用和风险是不一样的，对外报价时就要综合考虑各种因素。合同签订过程中，价格条款中使用的贸易术语，要和运输条款、保险条款、交单条款、装运通知条款、交货地点等保持内在一致。不能出现 FOB 术语下，要求出口商办理保险或提交保险单据这种自相矛盾的条款。合同履行过程中，要注意时间的合理安排、各个业务部门间的衔接，使各项业务环环相扣，以顺利履行外贸合同，避免顾此失彼、衔接不当而出现违约。

通过学习贸易术语的国际惯例，培养学生按规则办事、严谨细致的职业素养，强化国际贸易术语风险防范意识。国际商会的《国际贸易术语解释通则》每一种贸易术语下都对买卖双方的责任和义务进行了详细的说明，这就要求在处理外贸业务中，必须熟悉规则，遵循规则。比如，CFR 术语下，出口商需要在装船后及时发送装船通知给进口商，如果对这一义务的重要性缺乏深刻的理解，忘记或延迟发送装船通知，影响进口商及时办理保险为界，则装船后出现的风险需要由出口商承担，风险转移不再以出口商已将货物装上船。FOB 术语下，按通则规定，运输和保险均由进口商办理。如果出口商对此贸易术语缺乏深入理解，片面地以为按此贸易术语成交比较省事，则将会出现国内运输段因自己没有办理保险，进口商勾结运输公司骗取货物等潜在风险。再如，无论哪一种贸易术语，都规定了交货地点，如果出口商不能全盘考虑生产、加工的时间进度，导致不能按期将货物交到指定地点，就会出现违约的情况，给自身带来损失。总之，全面把握每一种贸易术语的含义、买卖双方的义务，熟悉使用时应当注意的事项，警惕各种贸易风险，是外贸从业人员必备的基本业务素养。

◇ 练习题

一、单项选择题

1. 以 CFR 条件成交时,应由 （   ）
   A. 买方办理租船订舱和保险 B. 卖方办理租船订舱和保险
   C. 卖方办理租船订舱,买方办理保险 D. 买方办理租船订舱,卖方办理保险

2. 《1932年华沙-牛津规则》是国际法协会专门为解释_____合同而制定的。（   ）
   A. FOB B. CFR
   C. CIF D. FCA

3. CIF Ex Ship's Hold 与 DES 相比,买方承担的风险 （   ）
   A. 前者大 B. 两者相同
   C. 后者大 D. 买方不承担任何风险

4. 在交货地点上,《1990年美国对外贸易定义修订本》中对_____的解释与《2020通则》中对 FOB 的解释相同。 （   ）
   A. FOB Under Tackle B. FOB
   C. FOB Vessel D. FOB Liner Terms

5. 象征性交货意指卖方的交货义务是 （   ）
   A. 不交货 B. 既交单又实际性交货
   C. 凭单交货 D. 实际性交货

6. 某进出口公司准备对外以 CFR 价格报价,如果该公司采用多式联运,则采用_____ 术语为宜。 （   ）
   A. FCA B. CIP C. DDP D. CPT

7. 在使用下列何种贸易术语进行交易时,卖方及时向买方发出"已装船通知"至关重要,因为它将直接影响买卖双方对运输途中的风险承担。 （   ）
   A. CIP B. DES C. FCA D. CFR

8. 根据《2020年国际贸易术语解释通则》的解释,下列贸易术语中,由卖方负责办理进口通关手续的是 （   ）
   A. DPU B. DAP C. EXW D. DDP

9. 我方出口大宗商品,按 CIF 新加坡条件成交,合同规定采用租船运输,如我方不想负担卸货费用,我方应采用的贸易术语变形是 （   ）
   A. CIF Liner Terms B. CIF Landed Singapore
   C. CIF Ex Ship's Hold Singapore D. CIF Ex Tackle Singapore

二、多项选择题

1. 以下对于贸易术语变形说法正确的是 （   ）
   A. 不改变费用的负担 B. 不改变交货地点
   C. 不改变风险划分界限 D. 不改变支付条件

2. 国际贸易惯例本身 （　　）
   A. 是法律
   B. 不是法律
   C. 对贸易双方具有强制性
   D. 对贸易双方不具有强制性
   E. 对贸易实践有指导作用

3. 在使用集装箱海运的出口贸易中，卖方采用FCA术语比采用FOB术语更为有利的具体表现是 （　　）
   A. 可以提前转移风险
   B. 可以提早取得运输单据
   C. 可以提早交单结汇，提高资金的周转率
   D. 可以减少卖方的风险责任

4. 根据《2020年国际贸易术语解释通则》中的解释，FOB、CFR、CIF术语仅适用于海运或内河运输，如果双方当事人无意以船上为界交货，则应改用_____术语。 （　　）
   A. FAS   B. FCA   C. CPT   D. CIP   E. DDP

5. 对贸易术语解释的国际贸易惯例有 （　　）
   A.《国际贸易术语解释通则》   B.《1932年华沙-牛津规则》
   C.《1941年美国对外贸易定义修订本》   D.《汉堡规则》

三、判断题

1. CFR Ex Ship's Hold Rotterdam是指卖方必须把货运到鹿特丹，在舱底交货。 （　　）

2. 采用EXW（工厂交货）术语成交时，卖方在自己工厂把货物交给买方，但仍须负责将货物安全运至装运港船舷（即风险责任划分界限为装运港船舷）。 （　　）

3. 在EXW条件下卖方所承担的责任是最小的，而DDU条件下卖方所承担的责任是最大的。 （　　）

4. 采用FOB条件时，通常由买方负责租船订舱，也有由卖方代办租船订舱的情况，按一般惯例，只要卖方已尽最大努力，因客观原因而租不到船或订不到舱，买方不得为此向卖方提出索赔或撤销合同。 （　　）

5. 按FOB Stowed条件成交时，表示卖方不需要负担装货费和理舱费。如租船合同中又规定船方不负担装货费时，则由买方负担这些费用。 （　　）

6. 国际贸易惯例已得到各国的公认，因此，它对于买卖合同中的当事人都具有普遍的法律约束力。 （　　）

7. 某公司按CFR术语出口一批货物，由于船只在运输途中搁浅，部分货物遭受损失，我方可不理睬。 （　　）

8. 在FOB条件下，如合同没有规定"装船通知"条款，卖方将货物装船后可不发装船通知，此做法不算违约。 （　　）

9. 以 CIF 条件成交，卖方在装船后至交单这段时间内，如果货物发生灭失或损坏，应由卖方负责。（　　）

10. 在实际业务中，习惯上将 CIF 价格称为"到岸价"，也就是说，按 CIF 术语成交，卖方要承担货物到达目的港之前的一切责任、费用和风险。（　　）

四、问答题

1. 有关贸易术语解释的国际惯例有哪些？
2. 《2020 通则》与《2010 通则》相比较，主要变化有哪些？
3. 为什么说 CIF 是一种典型的象征性交货？
4. 简述 CIF、CFR、FOB 的异同点。

五、案例分析题

1. 我方某进出口公司向新加坡某贸易有限公司出口香料 15 公吨，对外报价为每公吨 2 500 美元 FOB 湛江，装运期为 10 月，集装箱装运。我方 10 月 16 日收到买方即将装运通知。为及时装船，我方公司业务员于 10 月 17 日将货物存于湛江码头仓库，不料货物因当夜仓库发生火灾而全部灭失，以致货物损失由我方承担。

   问：在该笔业务中，我方若采用 FCA 术语成交，是否需要承担案例中的损失？为什么？

2. 我方以 CFR 术语与 B 国的 H 公司订立一批消毒碗柜的出口合同，合同规定装运时间为 4 月 15 日前。我方备妥货物，并于 4 月 8 日装船完毕，由于遇星期日休息，我方公司的业务员未及时向买方发出装船通知，导致买方未能及时办理投保手续，而货物在 4 月 9 日晚因发生了火灾被烧毁。

   问：货物损失责任由谁承担？为什么？

3. 我方以 FCA 术语从意大利进口布料一批，双方约定最迟装运期为 4 月 12 日前，由于我方业务员的疏忽，意大利出口商在 4 月 15 日才将货物交给我方指定的承运人。当我方收到货物后，发现部分货物有水渍，据查是因为货交承运人前两天大雨淋湿所致。据此，我方向意大利出口商提出索赔，但遭到拒绝。

   问：对方拒绝索赔是否有理？为什么？

◇ 参考文献

[1] 黎孝先,石玉川.国际贸易实务[M].7 版.北京:对外经济贸易大学出版社,2020.

[2] 吴百福,徐小薇,聂清.进出口贸易实务教程[M].8 版.上海:格致出版社,2020.

[3] 陈平.国际贸易实务[M].4 版·数字教材版.北京:中国人民大学出版社,2022.

[4] 国际商会(ICC).国际贸易术语解释通则®2010[M].2 版.中国国际商会,国际商会中国国家委员会,组织翻译.北京:中国民主法制出版社,2011.

[5] 国际商会(ICC).国际贸易术语解释通则 2020[M].中国国际商会,国际商会中国国家委员会,组织翻译.北京:对外经济贸易大学出版社,2020.

第二章 02

商品的名称、质量、数量与包装

◎ **学习目标：**

知识目标：熟悉国际贸易中商品名称、质量的常用表示方法，掌握常用的计量单位和溢短装条款，掌握商品包装条款的订立方法，了解国际常用运输包装的包装规范。

能力目标：掌握度量衡制度及各种计量单位，能够正确制定商品名称及数量表示条款；掌握商品质量的表示方法，准确制定商品质量条款；掌握商品包装的方式及包装规范，灵活运用运输标识。

素质目标：具备规范化、标准化的工作意识，养成严谨、细致、诚信的职业素质，具备国际化的视野并包容、尊重不同的文化习俗和规定。

第一节　商品的名称

商品的名称（Name of Commodity），又称"商品的品名"，是某种商品区别于其他商品的一种称呼。合同中关于商品名称的条款称为"品名条款"。商品的名称在一定程度上体现了商品的自然属性、用途以及性能特征。加工程度低的商品，其名称一般较多地反映该商品所具有的自然属性，加工程度越高，商品的名称越多地体现出该商品的性能特征。

一、命名的方法

（一）以其主要用途命名

该方法在于突出其主要用途，便于消费者按需要购买，如复印机、显微镜、洗涤剂、洗衣机等。

（二）以其所使用的主要原料命名

该方法是根据商品所使用的主要原材料来给商品命名，如棉布、不锈钢锅、皮手套等。

（三）以其主要成分命名

该方法是根据商品所使用的主要成分来给商品命名，可使消费者了解商品的有效内含物，如鱼肝油、人参珍珠霜等。

（四）以其外观造型命名

以商品的外观造型命名有利于消费者从字义上了解该商品的特征，如灯芯糕、螺纹钢等。

（五）以其褒义词命名

这种命名方法突出了商品的使用效能，有利于增进消费者的购买欲望，如健力宝饮料、步步高复读机。

（六）以人物名、地名命名

以人物名、地名命名可突出产品的地方特色，引起消费者注意，如孔府宴酒、龙井茶、东北大豆等。

（七）以制作工艺命名

以制作工艺命名可突出商品的制作工艺，可引起人们对商品的兴趣，如二锅头烧酒、娃哈哈纯净水等。

好的商品名称既能概括商品的特性，符合购买者的消费心理，又能增进消费者的购买欲望。为区别不同厂商所生产的同类产品，商品的名称常与商品的品牌相结合，构成说明和描述商品的重要内容。商品的名称是国际货物买卖合同所必备的内容。

二、买卖合同中的品名条款

约定品名条款是买卖合同中不可缺少的一项主要交易条件。它是买卖双方交接货物的一项基本依据,关系到买卖双方的权利和义务。

合同中的品名条款一般比较简单,通常是在商品名称(Name of Commodity)的标题下,列明交易双方成交商品的名称。有时为省略起见,不加标题,只在合同的开头部分列明交易双方同意买卖某种商品的文句。

品名条款虽然简单,但它是国际货物贸易合同中的主要条件,对此应给予高度重视。订立品名条款要注意的事项有:(1)内容必须明确具体,避免空泛、笼统的规定。(2)针对商品作出实事求是的规定,凡不必要的描述性词句都不应列入。(3)尽可能使用国际上通用的名称。(4)注意选用合适的品名,方便货物的进出口,节省运费,降低关税。(5)商品的名称应该国际化,一般一种商品只有一个名称,为了避免给履行合同带来麻烦,一般使用外文和中文对照的名称,要确保外文和中文的意思一致,关注用词的准确性和习惯性用法,避免产生歧义。(6)要考虑商品名称和运费、海关税则的关系,货物名称会影响产生计收运费标准,同时也与有关国家的海关税则和进出口限制规定相关,为避免后续产生贸易纠纷,在确定品名前也要做好相关规定和标准的调研。

合同中的品名条款示例如下:

[例 2-1]　Name of Commodity:Northeast Soybean

品名:东北大豆

[例 2-2]　Name of Commodity:Plush Toy Bear

品名:绒毛玩具熊

[例 2-3]　Name of Commodity:Bright Brand Infant Milk Powder

品名:光明牌婴儿奶粉

第二节　商品的质量

一、商品质量的含义和重要性

当今市场上,消费者不仅关心商品的价格,更关心商品的质量,市场对商品质量(或称"品质")的要求越来越高。提高商品品质成了各国出口商参与国际市场竞争的一种有力手段。

商品品质决定商品的价格。品质的优劣,直接影响到商品的实际使用效能,而商品使用效能的高低影响着商品的价格。

由于商品质量关系到用户的切身利益,故对生产企业的质量体系进行评价,已成为当今国际贸易中的通常做法。ISO 9000 系列标准是国际标准化组织为适应国际贸易发展需要,针对制造业、服务业所制定的品质管理及品质保证标准。

二、商品质量的表示方法

国际贸易中的商品种类繁多，特点各异，表示品质的方法也多种多样。概括起来，包括凭实物表示和凭说明表示两类。

(一) 凭实物表示品质

国际贸易中有两种买卖是凭实物表示商品的品质，一为看货买卖(Sale by Actual Quality)，二为凭样品买卖(Sale by Sample)。

1. 看货买卖

当采用看货买卖方式时，买方或其代理人通常先在卖方存放货物的场所验看货物，一旦达成交易，卖方必须按对方验看过的商品交货。只要卖方交付的是验看过的货物，买方就不得对品质提出异议。看货成交的买卖是有限的，这种交易方式多用于拍卖、寄售和展卖业务。在国际贸易中，某些特殊产品，既无法用文字概括其质量，也没有质量完全相同的样品可作为交易的质量依据，如珠宝、首饰、字画、特定工艺品等，对于这些具有独特性质的商品，买卖双方只能看货洽商，按货物的实际状况进行交易。

2. 凭样品买卖

样品是指从一批商品中抽出来的，或由生产、使用部门设计、加工出来的，足以反映和代表整批商品品质的少量实物。以样品表示商品品质，并以此作为交货依据的买卖称为凭样品买卖。样品分为参考样品和标准样品。参考样品(Sample for Reference)是指买卖双方为了发展贸易关系而寄送的样品，它不作为交货的品质依据，而仅供对方了解商品。参考样品在寄送时一定要注明"仅供参考"(For Reference Only)字样。标准样品(Type Sample)即为凭样品买卖中的样品。这种样品一经确认即成为交货的品质依据，卖方必须承担所交货物的品质与标准样品一致的责任。

根据样品提供者的不同，凭样品买卖可分为下列几种：

(1) 凭卖方样品买卖(Sale by Seller's Sample)。这是指由卖方提供样品并作为交货的品质依据。此后，卖方所交的整批货物的品质，必须与卖方样品相符。

(2) 凭买方样品买卖(Sale by Buyer's Sample)。这是指由买方提供样品并作为交货的品质依据。此后，卖方所交的整批货物的品质，必须与买方样品相符。凭买方样品买卖也被称作"来样成交"或"来样定制"。在承接这种业务时，首先要考虑是否符合我国对外贸易的原则；其次，要考虑原材料和加工生产方面的问题；最后，还要注意是否涉及第三者的知识产权问题。

(3) 对等样品(Counter Sample)。在国际贸易中，谨慎的卖方往往不愿意承接凭买方样品交货的交易，以免因交货品质与买方样品不符而招致买方索赔甚至退货的风险。在此情况下，卖方可根据买方提供的样品，加工复制出一个类似的样品交买方确认，这种经确认的样品,称为"对等样品"或"回样"。

卖方提供样品时应注意下列问题:

(1) 提供的样品要有代表性,品质既不要偏高,也不要偏低。偏高会造成交货困难,偏低则影响交易的达成,在价格上也会吃亏。

(2) 在将原样(Original Sample)或称标准样品(Type Sample)送交买方的同时,应留存一份或数份同样的样品作为复样(Duplicate Sample)或称留样(Keep Sample),以备日后交货或处理争议时核对。

(3) 寄发样品和留存复样,要注意编号和注明日期,以便日后查找。

(4) 要留有一定余地,在合同中加列"品质与样品大致相同"的条款,以利于卖方日后交货。

(二) 凭说明表示品质

凭说明表示品质是指用文字、图表、照片等方式来说明成交商品的品质。这类表示方法有以下几种:

1. 凭规格买卖(Sale by Specification)

商品的规格即是指用来反映商品品质的主要指标,如化学成分、含量、纯度、性能、大小、长短等。商品不同,表示商品品质的指标也就不同。商品的用途不同,要求的品质指标也会有所不同。用商品的规格来确定商品质量的方法称为"凭规格买卖"。这种表示质量的方法在国际贸易中使用最广泛。如:

Printed Shirting "Jumping Fish", Yarn counts 30×36, No. of threads per inch 72×69, Width(inch)35/36

"跳鲤"花布,纱支 30×36,寸密(每英寸)72×69,幅阔(英寸)35/36

2. 凭等级买卖(Sale by Grade)

商品的等级是指同一类商品,按其品质、成分、效能、形状、重量等差异,用文字、数字或符号所做的分类。如优等(Superior Quality)、中等(Ordinary Quality)、低等(Inferior Quality);大号(Large)、中号(Medium)、小号(Small)等。又如:

Chinese Green Tea, Special Chunmee Special Grade Art. No. 41022, Special Chunmee Grade 1 Art. No. 9317, Special Chunmee Grade 2 Art. No. 9307.

中国绿茶,特珍眉特级货号41022,特珍眉一级货号9317,特珍眉二级货号9307。

在国际货物买卖中,如果交易双方对交易商品等级理解一致,则只需在合同中明确等级。对于双方不熟悉的等级内容,则最好明确每一等级的具体规格。

3. 凭标准买卖(Sale by Standard)

标准是指商品规格的标准化。商品的标准一般由标准化组织、政府机关、行业团体、交易所等机构规定及公布。在外贸实践中,除使用国际标准和某些外国标准外,有时也使用中国国家标准。在合同援引某项标准时,应注明其所采用标准的版本及年份。

在国际贸易中对于某些品质变化较大而难以规定统一标准的农副产品,往往采用"良好平均品质"(Fair Average Quality,FAQ)这一术语来表示其品质。良好平均品质是指由同业公会或检验机构在一定时期或季节,从某地装船的各批货物中分别抽取少量实物加以混合拌制,并由该机构封存保管,以此实物所显示的平均品质水平作为该季节同类商品品质的比较标准,一般是对中等货而言。以 FAQ 表示品质的农副产品习惯上称为"大路货"。

例如,我国有由国务院标准化行政主管部门制定的国家标准,也有各类行业标准、地方标准和企业标准,除此之外,还有各种国际标准,这些标准具有普遍的约束性,有些则没有约束性。如果标准没有约束性,买卖双方在订立合同时就可以另外约定货物的品质规格。另外,不同时间、版本的同一标准,对同一种商品的品质标准的规定也可能有所不同,因此应确切了解所依据的标准的内容,并在合同中注明所援引的标准的版本、年份。

4. 凭说明书和图样买卖(Sale by Descriptions and Illustrations)

在国际贸易中,有些机器、电器和仪表等技术密集型产品,因其结构复杂,对材料和设计的要求比较严格,用以说明其性能的数据较多,很难用几个简单的指标来概括其品质。对于这类商品的品质,通常以说明书附以图样、照片、设计图纸以及各种数据来说明其具体性能和结构特点。按这种表示品质的方法成交,卖方所交货物必须符合说明书和图样的要求,但由于对这类产品的技术要求较高,有时与说明书和图样相符的产品,在使用时不一定能发挥设计所要求的性能,买方为了维护自身的利益,往往要求在买卖合同中加订卖方品质保证条款和技术服务条款。如在合同中规定:

Quality and technical data to be strictly in conformity with the description submitted by the Seller.

品质和技术数据必须与卖方所提供的产品说明书严格相符。

5. 凭商标和品牌买卖(Sale by Trade Mark or Brand Name)

商标是指厂商用来识别其所生产或出售的商品的标志,可由文字、字母、图案等组成。品牌是指工商企业给其制造或销售的商品所冠的名称。使用商标和品牌的主要目的是便于将不同产品区别开来。在国际市场上,一些名牌产品的品质比较稳定,在市场上树立了良好的信誉,买卖双方在交易时,习惯上就采用这些商品的商标或品牌来表示其品质。

6. 凭产地名称买卖(Sale by Origin)

在国际货物买卖中,某些产品尤其是农副产品,受产区的自然条件、传统加工工艺等因素的影响,在品质方面具有其他产区的产品所不具有的独特风格和特色,对于这类产品,可以用产地名称来表示其品质。如长白山人参、北京烤鸭、张家口粉丝、镇江香醋等。但以产地名称买卖的过程中,买卖双方必须关注供货能力的稳定性,在实际操作过程中出现过因为自然灾害等不可抗力造成某产地无法按时交付货物,需要协调其他产地产品交付而造成产地不符的纠纷。

三、买卖合同中的质量条款

（一）基本内容

国际货物买卖合同中的质量条款是买卖双方交接货物的品质依据。卖方所交货物的品质如果与合同规定不符，卖方要承担违约的法律责任。《联合国国际货物销售合同公约》规定：卖方交货必须符合约定的质量，如果卖方交货不符合约定的品质条件，买方有权要求损害赔偿，也可要求修理或交付替代货物，甚至拒收货物和撤销合同。

在合同中应根据不同产品的特点确定表示商品品质的方法。凡能用一种方法表示品质的，就不宜用两种或两种以上的方法表示。如既凭样品又凭规格买卖，则卖方所交的货物既要与样品一致，又要与规格一致。为防止品质纠纷，质量条款应尽量明确具体，避免笼统含糊，不宜使用"大约""左右"等用语。所涉及的数据力求准确且符合实际，质量条款中的标准应避免订得太高或太低。

在凭说明买卖时，合同中应明确规定商品的规格、等级、标准、品牌、商标或产地名称等内容。在凭样品买卖时，合同中要列明样品的编号、寄送和确认日期。例如：

1. 凭样品买卖的品质规定

[例 2-4] Quality: Sample No. 612, Cloth Doll.
品质：样品号612，布娃娃。

2. 凭规格买卖的品质规定

[例 2-5] Quality: Feeding Broadbean, Moisture(max)5%, Admixture(max)2%.
品质：饲料蚕豆，水分（最高）5%，杂质（最高）2%。

[例 2-6] "Golden Star" Brand Colour Television Set. Model: SC374 PAL/BG System, 220 V, 50 Hz, 2 round pin plug, with remote control.
"金星牌"彩色电视机。型号：SC374 PAL/BG制式，220 V，50 Hz，双圆头插座，带遥控。

（二）品质机动幅度条款

品质机动幅度是指允许卖方所交货物的品质指标可有一定幅度范围内的差异，只要卖方所交货物的品质没有超出机动幅度的范围，买方就无权拒收货物。这种方法主要适用于初级产品以及某些工业制成品。

品质机动幅度的规定方法主要有下列三种：

（1）规定范围，即对某项货物的品质指标规定允许有一定的差异范围。如：漂布，幅阔35/36″。

（2）规定极限，即对某些货物的品质规定上下限。常用的表示方法是最多、最大、最高（max, maximum），最少、最小、最低（min, minimum）。

（3）规定上下差异，即规定必要的质量上下变化幅度。如：灰鸭毛，含绒量18%，允许上下浮动1%。

在品质机动幅度内,一般不另行计算增减价,即按合同价格计收价款。但有些货物,如果经买卖双方同意,也可在合同中规定按交货的品质加价或减价,这就是品质增减价条款。

[例 2-7] Northeast Soybean, Moisture per Unit±1% Price ∓1%, Admixture per Unit±1% Price ∓1%, Oil Content per Unit ±1% Price±1.5%.

东北大豆,水分每增减1%,合同价格减增1%;杂质每增减1%,合同价格减增1%;含油量每增减1%,合同价格增减1.5%。

(三)品质公差

若产品的品质机动幅度或品质差异为国际上所公认的,该品质机动幅度或差异则称为品质公差或质量公差。品质公差是指允许交付货物的特定质量指标有公认的差异,是工业制成品在加工过程中所产生的误差。这种误差的存在是绝对的,交货质量在此范围内即认为与合同相符。这一方法主要适用于工业制成品。如:手表每24小时误差若干秒,某圆形产品的直径误差若干毫米,等等。

四、对商品品质的要求

(一)对出口商品的品质要求

1. 针对不同市场和不同消费者的需求来确定适销对路的品质

由于世界各国经济发展不平衡,各国生产技术水平、生活习惯、消费结构、购买力和各民族的爱好互有差异,因此,我们要从国外市场的实际需要出发,搞好产销结合,使出口商品的品质、规格、花色、式样等适应有关市场的消费水平和消费习惯。

2. 不断更新换代和精益求精

凡质量不稳定或质量不过关的商品,不轻易出口,以免败坏声誉;即使质量较好的商品,也要本着精益求精的精神,不断提高品质,加速更新换代,以赶上和影响世界的消费潮流,增强商品在国际市场上的竞争能力。

3. 适应进口国的有关法律规定和要求

各国对进口商品的质量都有某些法律规定和要求,凡质量不符合法律规定和要求的商品,一律不准进口,有的还要就地销毁,并由货主承担由此引起的各种费用。因此,我们必须充分了解各国对进口商品的法律规定和管理制度,以便使我国出口商品能顺利地进入国际市场。

4. 适应国外自然条件、季节变化和销售方式

由于各国自然条件和季节变化不同,销售方式各异,商品在运输、装卸、存储和销售过程中,其质量可能发生某种变化,因此,注意自然条件、季节变化和销售方式的差异,掌握商品在流通过程中的变化规律,使我国出口商品质量适应这些方面的不同要求,也有利于增强我国出口商品的竞争能力。

（二）对进口商品的品质要求

进口商品质量的优劣,直接关系到国内广大消费者的切身利益。凡品质不符合要求或对人身健康与对动植物生长有害的商品,均不得进口。对于国内生产建设、科学研究和人民生活急需的商品,进口时,也应货比三家,切实把好进口质量关,使商品品质适应国内的需求,以免影响国家的生产建设和人民的生活需要。

五、订立质量条款的注意事项

（1）订立质量条款时应明确产品所需要达到的具体产品标准,如是国家标准、行业标准、企业标准,应注明标准发布年号；

（2）明确接收产品时的验收方式,如是到供应商处验收,还是到货后验收；

（3）明确接收产品时的验收准则、标准,如是采用批抽样,还是百分比抽样等；

（4）明确如验收时产品不合格的处理方式,如是退货、换货,还是由供应商进行处理；

（5）明确产品售后服务期限及服务方式；

（6）明确出现纠纷后的处理方式。

六、产品责任的风险防范

（一）产品责任

产品责任是在消费过程中产品造成人身伤害或者财产损失所引起的民事责任。当产品出口到某一国家之后,该国家的法律就会要求出口商对产品造成的伤害或者损失负责。

在当今国际市场上,消费者越来越重视自己的权益,对因进口产品在被使用和消费过程中对他们造成的损失,会向出口商或生产加工商索赔。对于出口厂商来说,一旦发生产品责任事故,他们将面临消费者的巨额索赔,陷入法律纠纷之中,损害出口产品企业的利益和国家的声誉。2017—2022年我国货物进出口贸易额稳居世界第一,工业制成品的出口占很大的比重,但近些年产品责任纠纷案数量逐步上升,要引起我们高度重视,加强出口产品责任事故的防范势在必行。

（二）出口产品可能产生产品责任的主要隐患

（1）产品设计、制造过程中存在的缺陷。制造厂商在产品设计、制造加工过程中存在安全隐患,使消费者在消费该产品时发生人事伤害或财产损失。尤其是一些特殊产品,由于产品自身存在潜在的危险性,如果在设计、制造过程中,不能保障消费者在消费、使用过程中的安全性,由此造成消费者人身伤害或财产损失,生产制造商要承担相应的法律赔偿责任。

（2）产品说明不清或缺乏警示性标志。有些产品本身在消费、操作使用过程中存在一定的危害性,要求消费者在消费时严格按规定操作,才能保障产品的安全性。但由于出口商对产品说明不明确或者产品缺乏警示性标志,导致消费者在消费和使用产品时造成伤害或损失,则生产制造商应承担产品责任。

(3) 有关国家严格的产品责任法律制度导致产品责任风险。许多国家对产品责任在法律上都采用"严格责任"的归责原则。出口产品即使在设计、生产加工过程中已极尽完美,产品说明书和警示用语也通过专家和律师的严格把关,但仍有可能引发产品责任相关的法律诉讼。美国、欧洲地区一些国家对产品责任的规定极其严格。

(4) 不及时应诉或者执行法院裁决带来风险。出口商如果遭到产品责任诉讼,不积极应诉或不及时执行法院的裁决,将会产生非常严重的后果。该国海关会没收出口商的存货或将要出售的货物,甚至该产品可能被该国全面禁止进口,使出口商失去该国已经开拓的市场。更为严重的是产品的声誉、企业的名声都将遭到非常惨重的损失。

(三) 出口产品责任风险的防范

(1) 建立产品质量管理控制系统,提高产品质量,避免产品不安全因素。在设计、生产加工全过程中,应对产品的质量进行严格管理和控制,严把产品质量、安全检测关,决不允许任何不合格产品进入市场。企业必须建立与客户和最终用户的信息反馈渠道,及时掌握出口产品的相关信息,及时发现产品责任上的潜在风险,及时采取措施妥善处理。

(2) 重视产品包装环节,产品说明书要明确具体,规定使用操作规范,印制安全警示语。例如有些玩具在包装盒上或者使用说明书上印刷警示语:"3岁以下儿童不宜""注意不能咬食""应有家长陪同玩耍"等。产品说明书、警示语、明示担保用语最好由熟悉销售地产品责任法律的律师制作,语言文字要与当地通用语言相一致。

(3) 了解出口产品销售地的产品责任法规以防患于未然。在产品出口之前,要切实了解出口地区的产品责任法规,尤其是我国的重要贸易伙伴美国、欧盟等国家和地区的产品责任法规,并制定相应的对策,一旦遭到产品责任诉讼,有应对措施,争取主动,最大限度维护我方的利益。

(4) 积极投保出口产品责任险。为了防范一旦遭到进口国的产品责任索赔,要承担巨额的经济赔偿,出口商应适当对出口产品投保"出口产品责任保险",建立风险转移机制。北美和欧盟的一些进口商在进口家电、玩具、高科技产品、农产品等时,通常会要求我出口商在中国投保产品责任险,并将进口商列为额外被保险人共同享受保险利益。进口商将购买产品责任保险作为开具信用证的条件之一,如果出口商未投产品责任险,进口商将有权拒绝结汇。为保护消费者利益,美国强制要求当地销售商必须投保产品责任险。

(5) 建立风险处理机制,遭遇诉讼时及时抗辩。为了减少我国出口商品的产品责任风险,出口生产厂商在提高产品质量的同时,应建立风险防范和处理机制,在发生产品责任诉讼时,能够充分利用相关法律,采取相应的措施,进行有效地抗辩,保护我国出口企业的利益。

第三节　商品的数量

在国际货物买卖中,商品的数量是国际货物买卖合同中的主要交易条件之一。合同中的数量条款是双方交接货物的数量依据。数量条款规定了卖方应交付多少货物,买方应支付多少货款。正确把握成交数量对交易的顺利达成具有十分重要的意义。

一、国际贸易中常用的度量衡制度

世界各国的度量衡制度不同,计量单位和所表示的数量也就不同,而且同一计量单位所表示的数量也不一定相同。目前在国际贸易中通常使用的度量衡制度有四种:(1) 公制或米制(Metric System);(2) 英制(British System);(3) 美制(American System);(4) 国际单位制(International System of Units)。

国际单位制是在公制的基础上发展起来的,由国际计量大会在1960年通过。国际单位制的施行有利于计量单位的统一,标志着计量制度的日趋国际化和标准化。国际单位制由7个基本单位和2个辅助单位构成。7个基本单位是长度单位"米",质量单位"千克(公斤)",时间单位"秒",电流单位"安[培]",热力学温度单位"开[尔文]",物质的量单位"摩[尔]",发光强度单位"坎[德拉]"。2个辅助单位是"球面度"和"弧度"。目前,世界上已有100多个国家正式采用这一度量衡制度。我国采用的是以国际单位制为基础的法定计量单位。《中华人民共和国计量法》规定:"国家采用国际单位制。国际单位制计量单位和国家选定的其他计量单位,为国家法定计量单位。"在外贸业务中,出口商品时除合同规定需采用公制、英制或美制计量单位外,应使用法定计量单位。一般不进口非法定计量单位的仪器设备,如有特殊需要,须经有关标准计量管理机构批准,才能使用非法定计量单位。

二、数量的计算方法和计量单位

在国际贸易中,通常使用的数量计算方法有六种:(1) 按重量(weight)计算;(2) 按个数(number)计算;(3) 按长度(length)计算;(4) 按面积(area)计算;(5) 按体积(volume)计算;(6) 按容积(capacity)计算。具体交易时采用何种计量方法,要视商品的性质、包装、运输方法、市场习惯等情况决定。

在上述计量方法中,通常采用的计量单位名称如下:

(一) 重量单位(Unit of Weight)

常用的重量单位有:克(gram,g)、千克(kilogram,kg)、公吨(metric ton,T)、磅(pound,lb)、盎司(ounce,oz)、长吨(long ton,UKton)(英制)、短吨(short ton,USton)(美制)。其中某些单位的换算关系为:

1磅=16盎司(常衡),1磅=12盎司(金衡),1盎司≈28.35克,1公吨=1 000千克,

1 长吨＝1 016 千克，1 短吨＝907 千克。

(二) 个数单位(Unit of Number)

常用的个数单位有：只(piece, pc)，件(package, pkg)，双(pair)，台、套、架(set)，打(dozen, doz)，罗(gross, gr)，令(ream, rm)，卷(roll/coil)，箱(case)，包(bale)，桶(barrel)，袋(bag)等。其中罗的数量关系为：

1 罗＝12 打，1 大罗＝12 罗＝144 打。

令为纸张数量单位，1 令为 480 张(英制)或 500 张(美制)。

(三) 长度单位(Unit of Length)

常用的长度单位有：千米(kilometre, km)，米(metre, m)，厘米(centimetre, cm)，码(yard, yd)，英尺(foot, ft)，英寸(inch, in)等。其中码、英尺、英寸的换算关系为：

1 码＝3 英尺，1 英尺＝12 英寸，1 码＝0.914 4 米。

(四) 面积单位(Unit of Area)

常用的面积单位有：平方米(square metre, m^2)，平方码(square yard, yd^2)，平方英尺(square foot, ft^2)，平方英寸(square inch, in^2)。

(五) 体积单位(Unit of Volume)

常用的体积单位有：立方米(cubic metre, m^3)，立方码(cubic yard, yd^3)，立方英尺(cubic foot, ft^3)，立方英寸(cubic inch, in^3)。

(六) 容积单位(Unit of Capacity)

常用的容积单位有：公升(litre, l)，加仑(gallon, gal)，蒲式耳[bushel, BUI(UK), BUA(US)]。它们之间的换算关系为(英制)：

1 蒲式耳＝8 加仑，1 加仑≈4.54 公升。

三、重量的计算方法

在国际贸易中，很多商品按重量计算。计算重量的方法主要有：

(一) 毛重(Gross Weight)

毛重是指商品本身的重量加皮重(tare)，即商品的重量加包装的重量。有些价值不高的商品常采用毛重计量，以毛重作为计算价格和交付货物的计量基础，这种计重方法称为"以毛作净"(Gross for Net)。

[例 2-8] Fish meal in gunny bags of 50 kg, gross for net.

鱼粉，50 千克麻袋装，以毛作净。

(二) 净重(Net Weight)

净重是指商品本身的重量，即毛重扣除皮重(包装)的重量。国际货物买卖中，凡按重量计量的商品采用以净重为准的计量方法最多。在国际贸易中扣除皮重的方法有四种：

(1) 按实际皮重(Real Tare/Actual Tare)计算，即将整批商品的包装逐一过秤，算出每一件包装的重量和总重量。

(2) 按平均皮重(Average Tare)计算，即从全部商品中抽取几件，称其包装的重量，除以抽取的件数，得出平均数，再以平均数乘总件数，得出全部包装重量。

(3) 按习惯皮重(Customary Tare)计算。某些商品的包装比较规范化，有一定的标准。此种方法即是以公认的标准单件包装重量乘商品的总件数，得出全部包装的重量。如装运粮食的机制麻袋，每只公认为2.5磅。

(4) 按约定皮重(Computed Tare)计算。买卖双方以事先约定的单件包装重量乘商品的总件数，即得出该批商品的总皮重。

(三) 公量(Conditioned Weight)

在计算重量时，使用科学仪器抽去商品中的水分，再加标准水分重量(国际公定回潮率乘干净重得出的重量)，求得的重量称为公量。这种方法适用于少数经济价值较大而水分含量极不稳定的商品，如羊毛、生丝、棉纱等。国际上公认羊毛、生丝的标准回潮率为11%。公量的计算公式有两种：

(1) 公量＝商品干净重×(1＋公定回潮率)

(2) 公量＝商品净重×[(1＋公定回潮率)÷(1＋实际回潮率)]

(四) 理论重量(Theoretical Weight)

这种方法适用于有固定规格和固定体积的商品。规格一致、体积相同的商品，每件重量也大致相等。根据件数就可算出其总重量，如钢板、铝锭、马口铁等。

(五) 法定重量(Legal Weight)和净净重(Net Net Weight)

纯商品的重量加上直接接触商品的包装材料(如内包装)的重量，即为法定重量。法定重量是海关征收从量税时作为征税基础的重量。而扣除这部分内包装的重量及其他包含杂物的重量即为净净重。净净重的计量方法主要为海关征税时所使用。

在国际货物买卖中，如果货物是按重量计算和计价，而合同未明确规定采用何种方法计算重量时，根据《联合国国际货物销售合同公约》的规定应按净重计算。

四、买卖合同中的数量条款

(一) 数量条款的基本内容

买卖合同中的数量条款主要包括成交商品的数量和计量单位。有的合同也规定确定数量的方法。为了避免引起贸易纠纷，合同中的数量条款应当完整准确。采用对方习惯使用的计量单位时，要注意换算的准确性，以保证实际交货的数量与合同的数量一致。

(二) 溢短装条款

溢短装条款(More or Less Clause)又称"数量机动幅度条款"。溢短装条款是指在规定具体数量的同时,在合同中规定允许多装或少装的百分比。卖方的交货数量只要在允许增减的范围内即为符合合同有关交货数量的规定。在外贸业务中,许多商品由于某些原因数量不易精确计算,如散装谷物、油类、水果、矿砂等。为便于合同的履行,买卖双方通常在合同中规定溢短装条款,规定卖方的交货数量可以在一定范围内灵活浮动。

溢短装条款中的机动幅度大都明确由卖方选择(At Seller's Option),但由买方派船装运时,也可规定由买方选择(At Buyer's Option)。在采用航程租船时,有时为便于船方根据具体情况装运,合同规定由承运人选择(At Carrier's Option)伸缩幅度。

溢短装数量的计价方法要公平合理。对于溢短装部分的计价方法最好在合同中明确规定,否则就按合同价格计算溢短装部分的货款。对于价格波动幅度较大的商品一般按装运时的市场价格计算,这可防止卖方在市场价格上涨或下跌时故意少装或多装。

由于"约"数(about/approximately)在国际贸易中有不同的解释,合同中的数量条款尽量避免使用该词。若合同中采用了"约"数,买卖双方对"约"数产生了异议,根据《跟单信用证统一惯例》即 UCP600 的规定,"约"数应解释为不超过 10% 的增减幅度。另据 UCP600 的规定,除非信用证规定货物的数量不得有增减,否则在所支付款项不超过信用证金额的条件下,货物数量准许有 5% 的增减幅度,但是当数量以包装单位或个数计数时此项增减幅度则不适用。

数量条款示例如下:

[例 2-9] Quantity: 1 000 T, with 3% more or less at seller's option. Such excess or deficiency to be at the contracted price.

数量:1 000 公吨,3% 增减幅度,由卖方选择,增减部分按合同价格计算。

(三) 数量条款的制定

1. 数量条款的必备内容

在国际货物买卖合同中,数量条款内容的繁简依据成交商品的性质和特点而定。一般而言,数量条款至少应包含成交数量和计量单位两个内容。

2. 数量机动幅度的选择权归属

大宗散装货物的买卖合同中,除了要明确机动幅度的大小外,还应载明实际装船时,在约定的幅度范围内,由谁具体行使这种选择权。

3. 溢装部分如何作价

买卖合同中,应对溢装部分作价办法作出明确规定。溢装部分可以按合同价格计算,也可以低于合同价格,还可以按照交货时某地的期货价格确定。

订立有溢短装条款并用信用证结算的买卖合同,如果买方所开立的信用证中,仅对货物数量作了溢短装规定,但对信用证金额没有作出相应增减幅度的规定,会导致信用证项下数量与金额的规定不相匹配。在这种情况下,卖方溢装货物部分的收汇就将没有信用证的保证。因为,按照《跟单信用证统一惯例》的规定,除非信用证另有约定,否则银行可拒收金额超过信用证允许金额的商业发票。

(四) 数量条款制定的注意事项

在国际货物买卖中,商品数量是交易双方交接货物的重要依据。为便于合同的履行,避免由数量条款约定不清导致的纠纷,在约定数量条款时,应注意下列事项。

1. 正确把握成交数量

成交数量的确定,不仅关系到本次合同能否顺利履行,还涉及企业的经营战略和长期的合作关系能否贯彻和维持。因此,在商定数量条款时,应该对市场供求状况做到了然于胸,防止盲目成交。

1) 商定出口商品数量应考虑的因素

在确定出口商品成交量时,应该考虑国外市场的供求状况、国内货源的供应情况、国际市场的价格动态、国外客户的资信情况和经营能力等因素。

2) 商定进口商品数量应考虑的因素

对进口商品数量的把握应该考虑国内的实际需求、国内的支付能力、进口商品的性价比以及市场行情的变化等因素。

2. 合理约定数量的机动幅度

在洽商数量的机动幅度时,要根据商品特性、贸易习惯、运输方式等因素综合权衡后,就幅度大小、选择权、溢短装部分如何计价等方面做出合理的约定。

1) 数量机动幅度的大小要适当

约定数量机动幅度的目的是防止由于客观因素而使卖方无法完全按照合同约定的数量交货而导致的纠纷。但是,如果数量机动幅度大小约定不合理,可能会导致卖方主观上由于市场行情的波动而故意多交货或少交货的情况出现。因此,买卖双方在约定数量机动幅度的大小时,应根据商品特性、运输方式及贸易习惯等确定适当的幅度。一般而言,数量机动幅度的大小以不超过±10%为宜。

值得注意的是,在合同中未明确规定数量机动幅度的情况下,根据《跟单信用证统一惯例》的规定,除非信用证中规定货物数量不得增减,否则在发票金额不超过信用证金额时,货物数量允许有±5%的机动幅度。但此项规定对交货数量以包装单位或个数(件、箱、套、台等)计量的商品不适用。

2) 数量机动幅度选择权的约定要合理

数量机动幅度的选择权归谁,应视成交条件和双方当事人的意愿而定。一般而言,实际交货时,在合同约定的数量机动幅度范围内,具体是多交多少货物还是少交多少货物,该选择权一般属于卖方。但是,在采用海洋运输的情况下,因为交货的数量与载货船舶的舱容及安全配载有着非常密切的关系,所以溢短装的选择权由安排货物运输的一方掌握比较合适。此外,也可以规定由船长根据仓容和装载情况做出选择。

3) 溢装部分的计价要公平

通常情况下,在机动幅度范围内的多装部分按合同价格计算。但为了防止卖方利用市场行情的波动,而故意多装或少装,也可以在合同中规定多装部分按装船时或到货时的市场价格计价,以体现公平合理的原则。

3. 数量条款应明确具体

在数量条款中,对成交商品的具体数量、使用何种计量单位和计量方法、数量机动幅度的大小及选择权归属和溢短装部分如何计价等内容,都要具体明确地表述出来。对成交数量一般不宜采用大约、近似等模棱两可的用语表示,以免由于解释上的分歧而造成履约困难。

第四节　商品的包装

一、包装的种类

国际贸易中的商品按在流通过程中有无包装来划分,可分为包装货、裸装货和散装货。包装货是指有包装的商品。裸装货是指无须包装的商品,如木材、钢材、拖拉机等。散装货是指散装于运输工具上的商品,如水泥、矿砂、粮食等,但有时这些商品因包装而成为包装货,如桶装石油、袋装水泥等。

在国际贸易中,除少数不必包装可直接装入运输工具中的散装货和在形态上自成件数无须包装或略加捆扎即可成件的裸装货以外,绝大多数商品都需要有适当的包装。根据包装在流通过程中所起作用的不同,包装分为运输包装和销售包装两种类型。前者的主要作用在于保护商品和防止出现货损货差;后者除起保护作用外,还有促销的功能。运输包装(Transport Packing),又称"大包装"(Big Packing)、"外包装"(Outer Packing)。它是货物装入特定容器,或以特定方式成件或成箱的包装。销售包装(Selling Packing),又称"小包装"(Small Packing)、"内包装"(Inner Packing)或"直接包装"(Immediate Packing),是在商品制造出来以后用适当的材料或容器所进行的初次包装。

二、运输包装

(一) 运输包装的分类

(1) 根据包装方式的不同,运输包装可分为单件运输包装和集合运输包装。单件运输包装是指货物在运输过程中作为一个计件单位的包装。集合运输包装是指将若干单件运输包装组合成一件大包装。集合运输包装对于提高装卸效率、保护商品、节省费用都有重要作用。目前常用的集合运输包装有集装包、集装袋、托盘和集装箱。

(2) 根据包装造型的不同,运输包装可分为箱(case)、袋(bag)、包(bale)、桶(drum)和捆(bundle)等不同外形的包装。

(3) 根据包装材料的不同,运输包装可分为纸制包装,金属包装,木制包装,塑料包装,竹、柳、草制品包装,陶瓷包装等。

(4) 根据包装质地的不同,运输包装可分为软性包装、半软性包装和硬性包装。

(5) 根据包装程度的不同,运输包装可分为全部包装和局部包装。

(二) 运输包装的标志

运输包装上的标志按用途可分为运输标志、指示性标志和警告标志三种。

1. 运输标志(Shipping Mark)

运输标志,又称"唛头"或"唛",是由一个简单的几何图形和一些字母、数字和简单的文字组成,其作用为使有关人员在运输过程中易于辨认货物,避免错发错运。运输标志主要包括收/发货人名称代号、目的地名称、件号或批号等三项内容。此外,有的运输标志还包括原产地、合同号、信用证号等内容。买卖双方可根据商品的特点具体商定。

图 2-1 是一种运输标志的图样:

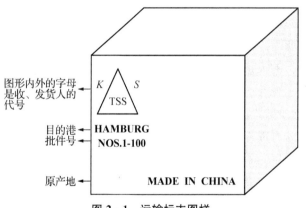

图 2-1 运输标志图样

为规范运输标志,国际上制定了标准运输标志供各国使用。标准运输标志由 4 行组成,每行不超过 17 个英文字母。它包括收货人名称、参考号(如合同号、发票号等)、目的地、件号等四项内容。

以下是标准运输标志的式样:

  SMCO……………………………………………收货人

  New York………………………………………目的港(地)

  2004/C NO. 845789……………………………合同号(或发票号、信用证号)

  NO. 1—20………………………………………件号

2. 指示性标志(Indicative Mark)

指示性标志又称"操作标志",是以简单、醒目的图形和文字在包装上标出,提示人们在装卸、运输和保管过程中应注意的事项。如:"小心轻放"(Handle with Care)、"保持干燥"(Keep Dry)等。

为统一指示性标志,一些国际组织分别制定了包装储运指示性标志,并建议各会员国采纳。图2-2列举的是一些国际组织和贸易国所制定的运输包装指示性标志:

图 2-2 运输包装指示性标志列举

3. 警告标志(Warning Mark)

警告标志,又称"危险品标志"(Dangerous Cargo Mark),是指危险货物包装上用图形和文字表示各种危险品的标志。其作用在于警告有关装卸、运输和保管人员按货物的特性采取相应的措施,以保障人身和物资安全。在我国出口的危险外包装上,应根据有关规则刷写必要的危险品标志。图2-3列举的是一些危险品标志。

(三) 运输包装的要求

国际贸易的商品运输包装通常比国内贸易商品的运输包装要求更高。为保证长途运输中的货物不受外界影响,并安全到达目的地,需要对商品进行科学合理的运输包装。对商品进行运输包装时要符合下列要求:(1)必须适应商品的特性;(2)必须适应运输方式的要求;(3)必须考虑有关国家的法律规定和客户的要求;(4)要便于各流转环节人员进行操作;(5)要在保证包装牢固的前提下节省费用。

图 2-3 危险品标志列举

三、销售包装

销售包装是直接接触商品并进入消费领域的内包装。

(一) 销售包装的种类

依据商品的不同特性和形状,常见的销售包装可分为下列几种:

(1) 挂式包装。这类包装带有吊带、挂孔等装置,便于悬挂。

(2) 堆叠式包装。这类包装堆叠稳定性强,便于摆设陈列。

(3) 携带式包装。这类包装附有手提装置,携带方便。

(4) 易开包装。这类包装封口严密,但有特定的开启部位,易于开启。

(5) 喷雾包装。这属于流体商品的包装,该商品带有自动喷出流体的装置。

(6) 配套式包装。这是指将配套商品装入同一包装中。

(7) 礼品包装。这是采用了适合于送礼用的包装。

(8) 复用包装。这类包装除可用于包装商品外,还具有其他用途,如观赏、存放其他物品等。

(二) 销售包装的装潢和文字说明

销售包装的装潢,通常包括图案与色彩。销售包装的装潢应大方美观,富有艺术吸引力,并突出商品的特性。同时,应适应进口国的文化习俗与偏好,以利于出口。文字说明通常包括商品名称、品牌、数量、规格、成分构成、使用说明、生产日期、有效期、产地等内容。文字说明与装潢要密切结合,和谐统一,以达到宣传和促销的目的。

在销售包装上使用文字说明和制作标签时,要注意有关国家的标签管理条例的规定。如加拿大政府规定,销往该国的商品必须同时使用英语和法语两种文字说明。

(三) 条形码标志

条形码(Product Code)是一种产品代码,由一组粗细间隔不等的平行线及其相应的数字组成。这些线条和间隔空隙表示一定的信息,通过光电扫描阅读装置输入相应的计算机网络系统,就可判断出该商品的生产国别或地区、生产厂家、品种规格和售价等一系列产品信息,从而有效地提高了结算的效率和准确性,方便了商家和消费者。

国际上通用的条形码主要有两种:一种是美国统一代码委员会编制的 UPC 码(Universal Product Code),另一种是由欧洲十二国成立的欧洲物品编码协会(后改名为"国际物品编码协会")编制的 EAN 码(European Article Number)。目前,使用 EAN 码的国家和地区众多,EAN 码已成为国际公认的物品编码标识系统。为适应对外经济发展的要求,我国也成立了物品编码中心。该中心于 1991 年 4 月代表中国加入了国际物品编码协会,成为正式会员,统一组织、协调我国的条形码工作。目前,国际物品编码协会分配给我国的前缀码 690~699,中国香港特别行政区为 489,中国澳门特别行政区为 958。此外,我国的书籍代码前缀为 978~979,连续出版物代码前缀为 977。

(四) 销售包装的要求

国际市场上对销售包装的用料、造型、装潢和文字说明等方面都有很高的要求。提高销售包装的水平,是提升产品的国际竞争力的一个重要方面。要使销售包装适应国际市场的需要,在设计制作销售包装时应体现下列要求:(1) 便于陈列展售;(2) 便于识别商品;(3) 便于携带和使用;(4) 有艺术吸引力。

四、中性包装、定牌与无牌

(一) 中性包装

中性包装(Neutral Packing)是指出口商品的内外包装上不显示生产国别的一种特殊的包装。我国出口的商品一般均注明"中华人民共和国制造"或"中国制造",但有时应外国买方的要求使用中性包装。中性包装分为定牌中性包装和无牌中性包装。定牌中性包装是指在商品和包装上使用买方指定的商标和品牌,但不注明生产国别。无牌中性包装是指在商品和包装上不使用任何商标和品牌,也不注明生产国别。中性包装虽是国际贸易中的习惯做法,但近年来受到种种限制,故应谨慎采用中性包装。

(二) 定牌与无牌

定牌中性包装和无牌中性包装与一般的定牌和无牌不同。定牌是指卖方应买方的要求,在其出售的商品和包装上标明买方指定的商标和品牌。其目的主要是便于树立品牌在当地市场的声誉以利于销售。无牌主要用于一些尚待进一步加工的半制成品,要求出口人在装运出口时不使用任何商标或品牌。一般的定牌和无牌商品,在货物或包装上通常须注明生产国别。

定牌业务要注意的问题是,买方指定的商标是否存在侵权行为。为此,可在合同中规定:当买方指定的商标被第三方控告侵权时,应由买方与控告者交涉,与卖方无关,由此给卖方造成的损失应由买方负责赔偿。

五、买卖合同中的包装条款

(一)包装材料和包装方式的规定

买卖合同中对包装材料和包装方式通常有两种规定方法:一种是具体规定,如:纸箱装,每箱装 30 打(in cartons containing 30 dozen each)。另一种是作笼统规定,如习惯包装(Customary Packing)、海运包装(Seaworthy Packing)。由于后种规定易产生争议,故尽量避免采用。箱可以分为木箱、夹板箱和钙塑箱,以供具有不同特点的商品选择使用。为解决木材资源问题和便于处理废弃包装物,目前趋向以纸箱取代木箱,有些贵重商品目前仍在使用金属箱。箱内一般衬用防潮纸或塑料薄膜,有时衬用锌箔或锡箔;箱外通常包有打包铁皮或捆有塑料带。

根据材料不同,包装可分为纸制包装、金属包装、木制包装、玻璃制品包装和陶瓷包装等。不同的商品、不同的运输条件都要求不同的包装,在选择包装材料时,除了要满足货物运输的通常要求,还应该考虑到进口国对包装材料的特殊要求。例如,美国规定,为防止植物病虫害的传播,禁止使用稻草作为包装材料,如被海关发现,必须当场销毁,并支付由此产生的一切费用。在订立条款时应该充分考虑这些方面,同时应该使用合同中规定的材料来包装。

(二)包装标志的规定

商品包装上的运输标志、指示性标志和警告标志一般无须合同规定,而由卖方根据惯例、有关法规和商品特性自行印制。若合同对上述标志提出了要求,则应按合同规定办理。

通常运输包装和销售包装都会有文字说明。文字说明包括运输标志及其他文字内容和使用的语种。在外包装上会使用运输标志,只要使用约定的标志即可,如唛头、指示性标志和警告标志等。

对销售包装来说,文字说明的要求较高。内容上要符合规定,语种也不能用错。例如,在文字内容上,日本政府规定,凡销往日本的药品,必须说明成分、服用方法以及功能,否则日本海关就有权扣留,不得进口。在语种的要求上,很多国家也有特别的规定,例如,加拿大政府规定,进口商品说明必须英法文对照。

(三) 包装费用的规定

包装费用一般已包含在商品货价之中,不另计收。但如买方要求特殊包装,则超出的包装费用由何方负担,应在买卖合同中作出具体的规定。若合同规定由买方提供包装材料,还要对包装材料到达卖方的最迟期限作出规定。

包装条款示例如下:

[例2-10]　In wooden cases of 50 kg net each.

木箱装,每箱净重50千克。

[例2-11]　In cartons, each containing 4 boxes about 9 lb, each fruit waxed and wrapped with paper.

纸箱装,每箱4盒,每盒约9磅,每颗涂蜡、包纸。

(四) 包装条款制定的注意事项

(1) 尽可能不使用"适合海运包装"(Seaworthy Packing)、"习惯包装"(Customary Packing)或"卖方惯用包装"(Seller's Customary Parking)等术语,避免双方对上述术语内涵存在法律解释分歧。

(2) 谨慎采用中性包装术语。近年来,国际上限制使用中性包装术语。

(3) 在外国客户提供销售包装的出口业务中,合同包装条款必须规定提供销售包装的时间、运送方式、运送费用、运达时间,以及延误运达致使卖方无法交货或延期交货的责任。

第五节　技能实训

实训模块一　订立商品的品名、质量条款

【目的要求】

了解商品名称和质量的表示方法,学会准确地制定商品品名和质量条款。

【背景材料】

下面是关于品名、质量条款的示例。第(1)个示例中的买卖对象是毛绒玩具熊(Plush Toy Bear),是以样品表示商品品质的。第(2)个示例中的买卖对象是素面缎(Plain Satin Silk),是以规格表示商品品质的。第(3)个示例中的买卖对象是中国芝麻(China Sesame Seed),这是一条增减价条款,增减价参照的依据是含油量。

【操作指南】

命名商品的方法有许多,应采用国际通用的、规范的名称。一般商品只要列明其名称即可,有时为准确起见,还把商品的品种、等级、规格、型号等内容包括进去,这是品名条款与质量条款的合并。在制定质量条款时,首先要看买卖双方是用样品表示品质还是用文字说明表示品质。若凭样品,则应订明确认样品的编号和确认日期。若凭文字说明,则应详细地列

明商品的规格、型号、标准、等级以及图样等情况。下面是关于品名、质量条款的具体示例。

(1) Plush Toy Bear. Size 24″. Quality to be strictly as per sample submitted by seller on 10th January 2023. Sample Number: NT007.

绒毛玩具熊。尺码:24″。质量严格以 2023 年 1 月 10 日的卖方样品为准。样品编号:NT007。

(2) Plain Satin Silk. Width(inch): 55. Length(yard): 42. Composition: 100% Silk.

素面缎。门幅(英寸):55。长度(码):42。成分:100%真丝。

(3) China Sesame seed. Moisture (max) 8%. Admixture (max) 2%. Oil Content 52% basis. Should the oil content of the goods actually shipped be 1% higher or lower, the price will be accordingly increased or decreased by 1%.

中国芝麻。水分(最高)8%。杂质(最高)2%。含油量以 52%为基础。如果实际装船时产品的含油量增加或减少 1%,产品的价格相应地提高或降低 1%。

实训模块二 订立商品的包装条款

【目的要求】

了解商品的包装方法;能够根据商品的具体特点,订立商品的包装条款。

【背景材料】

以下是包装条款的一些示例。第(1)个示例中的商品外包装为木箱包装,该条款包含包装材料、方式和每一包装单位的包装数量(以件数为计量单位)。第(2)个示例中的商品外包装为筐装,该条款亦包含包装材料、方式和每一包装单位的包装数量(以重量为计量单位)。第(3)个示例是对包装的有关标志进行详尽的规定。

【操作指南】

在买卖合同中,买卖双方一般要对包装条件进行规定。在订立商品的包装条款时,要根据商品的特性、运输方式、进口国的要求作出具体明确的规定。详细的包装条款一般包括包装材料、包装方式、包装规格、包装数量、包装标志和包装费用负担等内容。对包装方式通常要作具体的规定,尽量避免使用笼统的包装术语。若双方对标志无约定,合同中可不规定,由卖方自行印制。下面是关于包装条款的具体示例。

(1) Each piece in a polybag, half-dozen in a box and 10 dozen in a wooden case.

每件装一塑料袋,半打为一盒,十打装一木箱。

(2) In baskets of 50 kg net each, covered with hessian cloth and secured with ropes.

筐装,外包麻布,麻绳捆扎,每筐净重 50 千克。

(3) Each package shall be stencilled with gross and net weights, package number, measurement, port of destination, country of origin and the following Shipping Mark:

89ZHPC—075

GUANG ZHOU

每件货物上印明毛重、净重、包装编号、尺码、目的口岸、原产地和下列唛头：

89ZHPC—075

GUANG ZHOU

实训模块三　对品名、质量、数量、包装等条款的修订

【目的要求】

学会对商品的品名、质量、数量和包装等条款进行审核，对不准确、不合理、不周到的地方加以修正。

【背景材料】

上海某进出口公司与日本某公司签订了一份售货合同，下面对节选的部分条款进行修正。

(1) Name of Commodity and Specification：

China Rice

Moisture：15%

Admixture：0.5%

(2) Quantity：500 T

(3) Packing：In customary packing.

【操作指南】

订立商品的条款之后，需对之进行审核，查看是否有不准确、不合理、不周到的地方。若有不妥的地方，需及时加以修正。修正时应按照上述关于品名、质量、数量和包装等条款的要求进行，看品名书写是否正确，规定质量和数量的方法是否科学，包装条款是否含糊。

仔细观察上述条款，可以发现如下一些问题：(1) Moisture（水分）应该是最大为15%；Admixture（杂质）也应该是最大为0.5%；(2) Quantity（数量）未指明是毛重、净重还是以毛作净；(3) 包装条款很含糊，不具体明确。故此，上述条款可修正如下：

(1) Name of Commodity and Specification：

China Rice

Moisture (max)：15%

Admixture (max)：0.5%

(2) Quantity：500 T.

(3) Packing：In new single gunny bags of 50 kg each. Gross for net.

实训模块四　案例分析

【案例一】

中方某公司向德国出口某产品，合同规定水分最高为15%，杂质不得超过3%。但在成交前我方曾向买方寄过样品，订约后我方又电告对方所交货物与所交样品相同。货物装运

之前由中国商品检验检疫机构签发了品质规格证书。货到德国后,买方提出货物的质量比样品低7%的检验证明,并据此要求我方赔偿15 000英镑的损失。

请问:卖方是否该赔偿损失?为什么?

【分析】

在国际贸易中,可以用实物样品表示商品的质量,也可以用文字说明表示商品的质量。在国际货物买卖中若凭样品买卖,卖方所交的货物就必须符合样品的标准。若凭文字说明买卖,卖方所交的货物就必须符合文字说明的要求。若既用实物样品表示商品的质量,又用文字说明表示商品的质量,则卖方所交的商品则必须既符合样品的标准,又符合文字说明的要求,而这在实际中是很难做到的。在同一买卖合同中,样品表示法和说明表示法不宜同时采用。

在本案例中,买卖双方在合同中规定了商品的规格,但成交前卖方曾向买方寄送过样品,订约后卖方又电告对方所交货物与样品相同,故本案的买卖合同是既凭样品买卖,又凭规格买卖,卖方所提交的商品自然就必须既符合样品的要求,又符合文字说明的要求。本案中的商品质量符合规格要求,但比样品低7%,卖方违约,卖方应赔偿损失。从该案例中,我们应吸取教训,要避免既用样品又用文字说明表示商品的质量。同时,凡是能用科学指标表示商品品质时,就不宜采用样品法来表示商品的品质。

【案例二】

一个美国家庭在使用中国生产的慢炖锅炖汤时,家中不足3岁的孩子在好奇心的驱使下拉扯慢炖锅的电线,结果整锅热汤淋在孩子头上、手上和身上,导致其全身烫伤和部分手指切除。虽然该产品本身并不存在缺陷,产品说明书中也有相应的安全使用说明,但在美国严格的法律环境下,该慢炖锅出口商或生产加工商无法逃脱法律的追责。

【分析】

在国际市场特别是欧美市场上,若进口产品在使用和消费过程中对消费者造成损失,则消费者会起诉该商品的出口商或生产加工商。一旦发生产品责任事故,出口商或生产加工商将面临消费者的巨额损害索赔,陷入法律纠纷,这也会损害出口产品企业和国家的利益和声誉。许多国家对产品责任在法律上都采用"严格责任"的归责原则。出口产品即使产品设计、生产加工过程已极尽完美,产品说明书和警示用语也通过专家和律师的严格把关,但仍有可能引发产品责任的法律诉讼。为规避和防范出口产品责任风险,出口商有必要适当对出口产品投保出口产品责任保险,建立起产品责任风险防范体系。

◇ **本章回顾**

商品的品名是能使某种商品区别于其他商品的一种称呼,在确定品名时应尽可能使用国际通用的名称,并恰当选择商品的名称,更要注意合同标的的合法性及不可争议性。商品的品质可采用文字说明或实物来表示,具体采用哪一种方式或同时采用哪两种方式应视商品性质而定。商品的数量是合同条款中的主要交易条件,根据合同中的数量条款进行货物的交接,是买卖双方的主要权利和义务。溢短装条款是指允许卖方在交货时根据合同的规定多交或少交一定比例货物的条款,注意要与 UCP600 和 ISBP745(《关于审核跟单信用证项下单据的国际标准银行实务》)中溢短装条款的内容匹配,应遵循多种规格的同一种货物或多种货物出现溢短装时应遵循同向溢短装原则。商品的包装包括运输包装和销售包装,而条形码是商品进入国外市场的必要条件。运输标志又称为"唛头",是合同或货物单据、提单和发票的主要组成部分。

◇ **赛点指导**

根据全国高校商业精英挑战赛国际贸易竞赛评分细则,商贸配对贸易谈判环节涉及本章的产品介绍,包括产品品名、规格、运输包装和销售包装的定义和介绍。国际贸易合同首先要对标的物的状况有一个科学和明确的描述。因此,买卖双方在洽谈和订立合同时,必须根据货物的特性和实际情况,订明品名、质量、数量和包装条款。若这些交易条件约定不明确,就会在合同履行中产生相应的纠纷。因此,在洽谈和订立合同时,买卖双方对于这些条款的订立要给予关注。

(1) 品名条款应明确具体。在订立品名条款时,商品的名称要力避笼统的表述,必须能确切反映交易标的物的特点,以利于合同的顺利履行。确认品名条款应注意的事项:

① 必须具体明确;
② 实事求是,切实反映商品的情况;
③ 尽可能使用国际上通用的名称;
④ 必须选用合适的品名。

(2) 合同中的质量条款中一般包括商品的品名、规格或等级、商标或品牌等内容,在沟通和确定条款时应注意的事项:

① 某些商品可规定一定的品质机动幅度;
② 正确运用各种表示品质的方法;
③ 品质条件要有科学性和合理性。

(3) 合同中的数量条款一般需订明数量和计量单位,以重量计量的,还须明确计量的办法。为了订好数量条款,在交易磋商和签订合同时,应注意的事项:

① 必须正确把握进出口商品的数量;
② 数量条款应具体明确;
③ 合理地规定数量机动幅度。

(4) 合同中的包装条款也称"包装条件",主要规定货物的包装方式、包装材料、包装规格、包装费用和运输标志等。沟通和确定包装条款时应注意的事项:

① 考虑商品的特性和运输方式的要求;
② 包装的规定应具体明确;
③ 明确包装费用由谁负担。

◇ **课堂思政**

通过本章内容的学习,了解国际贸易交易的对象是商品,在洽谈和签订合同的过程中,能运用准确、客观的文字和方式描述产品、品质、数量及包装,明白诚实守信地进行商务洽谈是对外贸易中合同能够顺利签订的保障。

同时在外贸活动和推广产品的过程中,要培养学生的文化自信。中国制造在不断地升级迭代,近年来在高科技和精加工领域不断取得重大突破,这是中国人民脚踏实地、不断创新的成果,因此在外贸谈判和推广产品的过程中应充满自信。

学生在步入工作岗位前需要培养标准化、体系化的意识,具有一定的全局观,在谈判和交易过程中避免短视,为争取既得利益而牺牲产品质量的方法不可取。

◇ 练习题

一、单项选择题

1. 我们所称的"来样定制"实际上是指 ( )
   A. 看货买卖　　　　　　　　　B. 凭卖方样品买卖
   C. 凭买方样品买卖　　　　　　D. 凭对等样品买卖

2. 所谓 Duplicate Sample 是指 ( )
   A. Original sample　　　　　　B. Type Sample
   C. Keep Sample　　　　　　　D. Sample for Reference

3. 某商品质量条款为:Feeding horsebean, moisture(max)15%, admixture(max)2%。其表示品质的方式为 ( )
   A. FAQ
   B. Sale by Standard
   C. Sale by Descriptions and Illustrations
   D. Sale by Specification

4. 我国采用的是以_____为基础的法定计量单位。 ( )
   A. 公制　　　B. 市制　　　C. 米制　　　D. 国际单位制

5. 以毛重作为计算价格和支付货款的计量基础,此计重方法称为 ( )
   A. Net Weight　　　　　　　　B. Gross Weight
   C. Conditioned Weight　　　　 D. Gross for Net

6. 提示人们在装运、保管过程中应注意的事项的标志为 ( )
   A. Shipping Mark　　　　　　　B. Trade Mark
   C. Indicative Mark　　　　　　 D. Product Code

7. 对溢短装部分货物的价格,如合同中无其他规定,一般按_____计算。 ( )
   A. 装船时国际市场价格　　　　B. 合同价格
   C. 买方国家市场价格　　　　　D. 买卖双方议价

8. 如果合同中未规定用何种方法计算重量和价格,按惯例应以_____计。 ( )
   A. 毛重　　　　　　　　　　　B. 净重
   C. 理论重量　　　　　　　　　D. 法定重量

9. 一贸易商出口某商品 50 T，每公吨 300 美元，合同规定数量可增减 5%。国外开来的信用证规定数量为约 50 T。交货时，市场价格下跌，该出口商可能交货　（　）
   A. 45 T　　　　B. 55 T　　　　C. 52.5 T　　　　D. 47.5 T

二、多项选择题

1. 下列数量关系正确的是　（　）
   A. 1 磅＝12 盎司（常衡）　　B. 3 罗＝36 打　　　　C. 1 蒲式耳＜6 加仑
   D. 1 码＝36 英尺　　　　　 E. 1 加仑＞3 公升

2. ISO 推荐的标准运输标志包含的内容有　（　）
   A. 收货人　　　　B. 目的港　　　　C. 发票号
   D. 提单号　　　　E. 件号

3. 采用公量作为计算重量的产品有　（　）
   A. 矿砂　　　　B. 大豆　　　　C. 羊毛
   D. 马口铁　　　E. 生丝

4. 国际贸易中常用的度量衡制度有　（　）
   A. Metric System　　B. United Nations System　　C. American System
   D. British System　　E. International System of Units

5. 在国际贸易中，商品的品质　（　）
   A. 可以用文字说明表示
   B. 可以用样品表示
   C. 可以用样品和文字说明等多种方式结合起来表示
   D. 就卖方而言，应尽可能地用两种或多种方式表示
   E. 可以用实物表示

6. 根据不同情况，买卖合同中"溢短装条款"的选择权　（　）
   A. 可以归卖方　　　　B. 可以归买方　　　　C. 一般归卖方，也可以归买方
   D. 必要时可以归承运人　　E. 不可以归承运人

三、判断题

1. 规定农产品品质可以有一定幅度的差异，称为品质公差。（　）
2. 凭样品成交时，谨慎的出口商一般采用凭买方样品成交。（　）
3. FAQ 表示某一季节农产品的品质属上乘。（　）
4. 在定牌业务中，卖方务必注意买方指定的商标是否存在侵权行为。（　）
5. 凭对等样品成交，实际上是将凭买方样品成交转为凭卖方样品成交。（　）
6. 在出口合同中规定："中国籼米：水分 14%，杂质 1%，不完善率 7%"。（　）
7. 在品质机动幅度和品质公差范围内，交货品质如有上下，一般不另行计算增减价。
   （　）
8. 卖方为了在交货时有一定的灵活性，签订合同时最好在数量前加上一个"约"字。
   （　）

9. UCP600规定:除非信用证规定货物数量不得增减,只要支取的金额不超过信用证,任何货物都可有5%的增减。（　）

10. 定牌中性包装与无牌中性包装的共同点在于商品和内外包装上都不注明生产国别。（　）

11. 在出口业务中,"习惯包装""适合海运包装"等是常用的包装条款,也是一种比较好的规定方法。（　）

四、名词解释题

1. FAQ
2. More or Less Clause
3. Gross for Net
4. Conditioned Weight
5. Product Code
6. Type Sample
7. Neutral Packing

五、问答题

1. 什么是品质机动幅度？规定方法有哪几种？
2. 运输包装的标志有哪些？其作用分别是什么？
3. 合同中的数量条款规定"About 1 000 T"或"1 000 T 5% more or less at seller's option"有无不同？在后一种规定条件下,卖方最多和最少可交多少公吨货物？这部分货物如何计价？
4. 何谓产品责任？如何防范产品责任风险？

六、案例分析题

1. 出口合同中规定的商品名称为"手工制造书写纸"（Handmade Writing Paper）,买方收到货物后,经检查发现货物部分制造工序为机械操作,对方要求我方赔偿,而我方拒绝,主要理由是:(1)该商品的生产工序基本上是手工操作,而且关键工序完全用手工。(2)该交易是经买方当面先看样品成交的,并且实际货物品质与该样品一致。因此应该认为所交货物与商定的品质一致。

   你认为责任在谁？应如何处理？

2. 我国某出口公司与日本一商人按每公吨500美元CIF东京成交某产品200公吨,合同规定包装为25千克双线新麻袋,信用证付款。该公司凭证装运出口并办妥了结汇手续。事后对方来电称,我国出口公司所交货物扣除皮重后实际到货不足200公吨,要求按净重计算价格,退回因短量多收的货款。我国出口公司则以合同未规定按净重计价为由拒绝退款。

   试问我国出口公司的做法是否可行？为什么？

七、操作题

1. 根据已知条件缮制一个标准唛头

    客户名称:ELOF HANSSEN GMBH

    商品:滑雪手套

    发票号:4698776

    成交数量:2 400 副

    目的港:新加坡

    包装:每 12 副装一盒,每 10 盒装一纸箱

2. 根据下列材料,用英文撰写合同条款。

    (1) 纸箱装,每箱 12 盒,每盒 6 件。

    (2) 中国芝麻,500 公吨,4%增减幅度,由承运人选择,增减部分按合同价格定。

◆ 参考文献

[1] 黎孝先,石玉川. 国际贸易实务[M]. 7 版. 北京:对外经济贸易大学出版社,2020.

[2] 吴百福,徐小薇,聂清. 进出口贸易实务教程[M]. 8 版. 上海:格致出版社,2020.

[3] 余庆瑜. 国际贸易实务原理与案例[M]. 3 版. 北京:中国人民大学出版社,2021.

第三章 03

国际货物运输

◎ **学习目标：**

知识目标：熟悉国际货物运输的各种运输方式；了解海洋运输的特点及其经营方式；掌握海运提单的相关概念、性质、分类；正确理解各种运输单据的性质和作用；熟悉托运订舱流程。

能力目标：能够根据信用证填制海运提单；能够计算运费；能够正确制定外贸合同中的运输条款。

素质目标：了解我国"一带一路"倡议、中欧班列、港口建设等现状，树立共建共赢共享的国际关系理念，增强中国特色社会主义道路自信。培养按流程、按规矩处理业务，遵循规章制度，求真务实的职业态度。

第一节 海洋运输

一、海洋运输概述

海洋运输(Ocean Transport)是利用货船在国内外港口之间通过一定的航线和航区进行货物运输的一种方式。在国际货物运输中,海洋运输(简称"海运")是最常见、最普遍的一种运输方式,是国际货物运输环节中的重中之重。目前,国际贸易总运量中的 2/3 以上,我国进出口货运总量的 90% 都是利用海上运输。

(一) 海运的特点

与其他国际货物运输方式相比,海运主要有下列特点:

第一,通过能力大。海运可以利用四通八达的天然航道,而不像火车、汽车受轨道、道路的限制。

第二,运量大。海运船舶的运载能力,远远大于铁路运输车辆和公路运输车辆,如一艘万吨级船舶的载重量,一般相当于 250~300 个车皮的载重量。

第三,运费低。海运运量大,航程远,分摊给每吨货物的运输成本较少。

但海洋运输也存在不足之处,如易受气候和自然条件的影响,风险较大,运输的速度较慢。

(二) 海运的类型

按照船舶的经营方式不同,海洋运输可分为班轮运输和租船运输两种方式。

二、班轮运输

班轮运输(Liner Transport)是指船舶按照预定的时间在固定的航线和既定的港口依照顺序来往运输并按相对固定的运费率收取运费的运输方式。

(一) 班轮运输的特点

班轮运输有以下几个特点:

(1)"四固定"。即固定航线、固定停靠港口、固定船期、相对固定的运费率。

(2)"一负责"。货物由承运人负责配载和装卸。班轮运费中包含装卸费,故班轮公司(亦称"船公司")和托运人双方不计滞期费和速遣费。

(3)承运人与托运人的权利、义务、豁免,以船方签发的提单条款为依据。

(4)班轮承运货物的品种、数量比较灵活,货运质量比较有保证,且一般采取在码头仓库交接货物方式,为货主提供了更便利的条件。

(二) 班轮运费的计算

在班轮运输中,根据托运货物是否装入集装箱运输又可以将进出口货物分为件杂货物与集装箱货物两类。

班轮运费是班轮公司为运输货物而向货主收取的费用,包括装运港的装货费、目的港的卸货费以及运输中的费用和附加费用。在实务中,等级运价表使用最多,该表前置部分列有常见货物的等级表,每一等级对应一个基本费率。一般分为20个等级,在等级表后列有各航线的件杂货物与集装箱货物的费率,并附有计费标准和附加费率。

1. 件杂货物海运运费计算

1) 运费构成

件杂货物海运费主要由基本运费和附加运费两部分构成。

基本运费是指货物从装运港到目的港班轮公司所应收取的费用,其中包括货物在港口的装卸费用,它是全程运费的主要组成部分。基本运费一般不常发生变动。

附加费是指在一定时期内班轮公司为了保持基本运费率的稳定并能正确反映出各港的各种航运成本,在基本运费之外,为了弥补损失又规定的各种额外加收的费用。

常见的附加运费主要有:

① 燃油附加费(Bunker Adjustment Factor,BAF),指因燃油价格上涨而导致船公司营运成本增加,向托运人收取的运费附加费。

② 货币贬值附加费(Currency Adjustment Factor,CAF),指用于收取运费的货币贬值导致船公司收入减少而加收的费用。

③ 港口拥挤附加费(Port Congestion Surcharge),指装卸港口堵塞拥挤造成船舶停靠时间拉长,导致船期成本增加而加收的附加费。

④ 转船附加费(Transhipment Surcharge),指运往非基本港口的货物需在途中经转运至目的港而加收的费用。

⑤ 港口附加费(Port Surcharge),指由于卸货港港口费用太高或港口设备条件差、卸货效率太低影响船期而向货主加收的费用。

⑥ 直航附加费(Direct Additional),指当运往非基本港的货物达到一定的货量,船公司安排直航该港而不转船时所加收的附加费。

⑦ 超重附加费(Heavy Lift Additional),指由于单件货物超过一定重量,给装卸造成额外的难度,容易对运输工具造成损坏,承运人因此而收取的附加费。

⑧ 选港附加费(Optional Surcharge),指托运人托运货物时不能确定具体卸货港,要求在预先提出的两个或两个以上港口中选择其中一个港口卸货,船公司因此加收的附加费。

⑨ 变更卸货港附加费(Alternational of Destination Charge),指货主要求改变货物原来规定的目的港,在得到有关当局准许,船公司又同意的情况下所加收的附加费。

⑩ 绕航附加费(Deviation Surcharge),指由于正常航道受阻不能通行,船舶必须绕道才能将货物运至目的港时,船公司所加收的附加费。

2) 运费计算标准

件杂货物海洋运费的计算标准共有以下七种:

① 重量法：按货物毛重来计算，以每公吨即1 000千克为运费计算单位，又称重量吨(Weight Ton)，公吨以下取三位小数。费率表上用"W"表示。

② 体积法：按货物的体积来计算，以每立方米为运费计算单位，又称尺码吨(Measurement Ton)，立方米以下取三位小数。费率表上以"M"表示。

以重量吨或尺码吨计算运费的，统称为运费吨(Freight Ton)。

③ 从价法：以货物价值的一定比例作为运费计算标准，费率表上以"AD VAL"或者"A. V."表示。

④ 选择法：有以下四种选择方法：

W/M——最为常见的选择方法，即在重量法与体积法之间选择；

W or AD VAL——在重量法与从价法之间选择；

M or AD VAL——在体积法与从价法之间选择；

W/M or AD VAL——在重量法、体积法和从价法之间由承运人根据不同的货物，决定具体的方法，择高收取费用。也有按W或M计收，然后再加收一定比例的从价运费。在运价表中以"W/M Plus Ad Val"表示。

⑤ 综合法：按重量吨或尺码吨计收运费外，再加收从价运费，即：W & AD VAL；M & AD VAL。

⑥ 按件法：按每件货为一个单位计收。

⑦ 议价法：由船货双方临时协商议定运价的计算方法。

3）运费计算步骤

件杂货物海洋运费计算的一般步骤为：

① 根据货物名称，在运价表中的货物等级表上查到货物的等级(class)和运费计算标准(basis)；

② 根据货物的装运港、目的港，找到相应的航线，按货物的等级查到基本运价；

③ 查出该航线和港口所要收取的附加费项目和数额（或百分比）及货币种类；

④ 根据基本运价和附加费算出实际运价（单位运价）；

⑤ 根据货物的托运数量算出应付的运费总额。

4）运费计算方法

班轮运费通常是按照班轮运价表的规定计收的。

目前，国际航运业务中的班轮运价表包括班轮公会运价表、班轮公司运价表、货方运价表等。我国按照不同的班轮，分别采用不同的运价表。

班轮运费的基本计算公式为：

总运费＝基本运费＋Σ附加费
　　　＝基本运费率×(1＋各种附加费率之和)×总货运量

用数学公式表示为：

$$F = F_b \times (1 + \sum s) \times Q$$

式中:F 为总运费;F_b 为基本运费率;$\sum s$ 为各种附加费率之和;Q 为总货运量(选择 W/M 较大的一个作为总货运量)。

值得注意的是,在实务中,如果在其他附加费的基础上出现要同时计算转船附加费或货币贬值附加费的情况,需要在其他附加费基础上再另行计算附加费。

计算公式如下:

总运费＝基本运费率×(1＋其他附加费率之和)×总货运量×转船附加费率

或者

总运费＝基本运费率×(1＋其他附加费率之和)×总货运量×货币贬值附加费率

或者

总运费＝基本运费率×(1＋其他附加费率之和)×总货运量×
转船附加费率×货币贬值附加费率

[例 3-1] 设某公司拟向日本出口冻驴肉 30 公吨,共需装 1 500 箱,每箱毛重 25 千克,每箱体积为 20 厘米×30 厘米×40 厘米。原对日报价每箱 FOB 30 美元,日商回电要求改报 CFR 神户。问应如何计算该批货物的运费？(去日本航线每运费吨的运费为 144 美元)

解:先按冻驴肉的英文(Frozen Donkey-meat)字母顺序从运价表中查找其属几级货,按什么标准计算。经查该商品属 8 级货,计收标准为 W/M。然后再查出日本航线每运费吨的运费为 144 美元,无其他任何附加费。分清该商品是重货还是轻货,也就是计算该商品的积载系数,如大于 1 为轻货,如小于 1 为重货。计算的办法是 0.2×0.3×0.4÷0.025＝0.96,可见该商品是按重货计算运费。

将上述数据代入公式即得总运费:

总运费＝144×0.025×1 500＝5 400(美元)

每箱的运费应为:

每箱运费＝5 400÷1500＝3.6(美元)

每箱的 CFR 价应为:

每箱 CFR＝30＋3.6＝33.6(美元)

[例 3-2] 设由天津新港运往莫桑比克首都马普托门锁 500 箱,每箱体积为 0.025 立方米,毛重为 30 千克。问该批门锁的运费为多少？(设运往马普托每运费吨的运费为 450 港元,另加收燃油附加费 20%,港口附加费 10%)

解:先从运价表中查得门锁属 10 级货,计收标准为 W/M,去东非航线马普托每运费吨的运费为 450 港元,另收燃油附加费 20%,港口附加费 10%,算出该商品的积载系数为 0.025÷0.03＝0.833,从而得知为重货,该批门锁的总毛重为(30×500)÷1 000＝15(公吨)。

将上述数据代入公式即得:

总运费＝450×15×(1＋20%＋10%)＝450×15×1.3＝8 775(港元)

即该批门锁的运费为 8 775 港元。

[例 3-3] 某贸易公司委托货代公司出口一批杂货到新加坡,用圆桶包装,货物重量为

0.9 公吨,桶的直径为 0.8 米,桶高 1 米。查运价表得知:该货物的基本运价是每运费吨的运费为 150 美元,燃油附加费按照基本运费征收 10%,货币贬值附加费按照基本运费征收 10%,计费标准是"W/M";起码提单按照 1 运费吨计算。试计算:

(1) 该批货物的计费吨是多少?

(2) 该批货物的基本运费是多少?

(3) 该批货物的附加费是多少? 总运费是多少?

解:(1) 单位体积 $= 3.14 \times (0.8 \div 2)^2 \times 1 = 0.502\ 4$(立方米),单位重量为 0.9 公吨,起码运费为 1 运费吨,故该批货计费吨为 1 公吨。

(2) 据题意知,基本运费为 150 美元。

(3) 由于按照提单,收取起码运费后不再加收其他附加费,故没有附加费,总运费为 150 美元。

2. 集装箱货物海洋运费计算

集装箱运输是一种以集装箱作为运输单位进行货运的现代化运输方式,可适用于海运、铁路运输及多式联运。集装箱运输提高了装卸率,加速了运输工具的周转;运输质量高,货损货差少;手续简单,便于货物运输;节省费用,成本低。

1) 集装箱运输业务

(1) 集装箱的规格

集装箱规格根据国际标准化组织的规定有 3 个系列 13 种之多。而国际航运中运用的主要为 20 英尺和 40 英尺两种,即 1A 型 8 英尺×8 英尺×40 英尺、1C 型 8 英尺×8 英尺×20 英尺。20 英尺的集装箱是国际上计算集装箱的标准单位,英文称为"Twenty-foot Equivalent Unit",简称为"TEU"。TEU 也是港口计算吞吐量和船舶大小的一个重要的度量单位。在统计不同型号的集装箱时,按集装箱的长度换算成 TEU 加以计算。一个 40 英尺的集装箱等于 2 个 TEU,其余类推。

20 英尺集装箱的载货重量约为 17 公吨;40 英尺集装箱的载货重量约为 25 公吨。20 英尺集装箱的有效容积约为 25 立方米;40 英尺集装箱的有效容积约为 55 立方米。通常以重量法计费的货物用 20 英尺集装箱,而以体积法计费的货物用 40 英尺集装箱更能节省运费。

(2) 集装箱货物运输的交接方式

集装箱货物有整箱货和拼箱货之分。

整箱货(Full Container Load,FCL)是指货主托运的数量较大,足以装满一个集装箱的货物。一般认为,货物达到集装箱最大容积的 75% 以上、最大载重量的 90% 以上,即为整箱货。整箱货由货方在工厂或仓库进行装箱,货物装箱后直接运交集装箱堆场(Container Yard,CY)等待装运。

拼箱货(Less Than Container Load,LCL)是指货主托运的数量较小,不足以装满一个集装箱,须由承运人在集装箱货运站(Container Freight Station,CFS)负责把分属于不同货主的少量货物拼在一个集装箱内,货物到达目的地(港)后,由承运人拆箱分拨给各收货人。

整箱货和拼箱货的货物流通途径大体相同,但货物的交接方式有所不同(见表3-1)。

表3-1 集装箱的交接方式

货物交接方式	装箱负责人	拆箱负责人	交接地点	表达方式
整箱交整箱接(FCL/FCL)	货方	货方	门到门	Door to Door
拼箱交拆箱接(LCL/LCL)	承运人	承运人	场站到场站	CY to CY
整箱交拆箱接(FCL/LCL)	货方	承运人	门到场站	Door or CY
拼箱交整箱接(LCL/FCL)	承运人	货方	场站到门	CY to Door

注:"门"(Door)指发收货人工厂或仓库;"场"指港口的集装箱堆场;"站"指港口的集装箱货运站。

2)运费构成

基本上分为两大类:一类是沿用件杂货物运费计算方法,即以每运费吨为单位(俗称"散货价"),再加上相应的附加费;另一类是以每个集装箱为计费单位(俗称"包箱价")。

(1)件杂货物基本费率加附加费

基本费率:参照传统件杂货物运价,以运费吨为计算单位,多数航线采用等级费率。

附加费:除传统件杂货物所收的常规附加费外,还要加收一些与集装箱货物运输有关的附加费。

(2)包箱费率

包箱费率(Box Rate)以每个集装箱为计费单位,常用于集装箱交货的情况,即"CFS to CY"或"CY"条款。常见的包箱费率有以下三种表现形式:

① FAK包箱费率(Freight for All Kinds):指不分货物等级或类别,一律按集装箱的个数计收运费。

② FCS包箱费率(Freight for Class):指区分货物等级,以确定包箱费率。普通件杂货物一般按照1~7级、8~13级和14~20级重新划分为3个等级,按照"W/M"计收运费。

③ FCB包箱费率(Freight for Class or Basis):指按不同货物的等级或类别计收运费。货物的类别是指干杂货、冷藏货和危险品等。

三、租船运输

租船运输(Shipping by Chartering)又称为"不定期船运输",是指租船人向船东租赁船舶用于运输货物的业务。租船人可租赁整船和租赁部分舱位。和班轮运输方式下的"四固定""一负责"相反,租船运输可由船东和租船人临时议定。我国外贸运输租船要贯彻"国轮优先,外轮为辅"的原则。

租船方式主要有定程租船、定期租船和光船租船三大类。

(一)定程租船

定程租船(Voyage Charter),简称"程租",又称"航次租船",指依照租船合同的规定,船舶出租人提供船舶或船舶的部分舱位,装运约定的货物,从一港运至另一港,由租船人支付约定的运费,其他一切营运费和管理费均由船东负责。这种租船方式对租方来说简单易行,使用得较为普遍。

1. 程租的五种类型

(1) 单程租船(Single Voyage Charter),亦称"单航次租船"。即所租船舶只装运一个航次,航程终了时租船合同即告终止。运费按租船市场行情由双方议定,计算方法一般是按运费率乘装货或卸货数量或按装船包干运费计算。

(2) 连续单航次租船(Consecutive Single Voyage Charter)。即用一条船连续完成同一去向的若干相同程租的航次,中途不能中断,一程运货,另一程放空,船方沿线不能揽载。

(3) 来回航次租船(Round Voyage Charter)。所租船舶在完成一个航次的任务后,接着又在卸货港(或附近港口)装货运往原装货港,亦即来回载货,运费按来回不同货物分别计算。

(4) 包运合同租船(Contract of Affreightment),又称"大合同单航次程租"。即船东在约定期限内派若干条船,按照同样的租船条件,将一批货物由甲地包运到乙地,至于航程次数则不作具体规定。

(5) 航次期租船(Voyage Charter on Time Basis)。即船舶的租赁采取航次租船方式,但租金以天计算,这种租船方式,不计滞期、速遣费用,船方不负责货物运输的经营管理费用。

2. 程租运输费用

程租费用主要包括程租船运费和装卸费,另外还有速遣费、滞期费等。

1) 程租船运费

程租船运费是指货物从装运港至目的港的海上基本运费。其计算方法有两种:一是按运费率计算,即按所装货物每重量单位(或容积单位)所表示的金额计算;二是整船包价(Lump-sum Freight),即提供一条船付一笔运费,不管实际装货多少一律照收。

2) 装卸费

在程租中,装卸费用的负担通常有:

(1) 船方管装管卸(Gross Terms or Liner Terms),又称"班轮条件",即承租人把货物交到船边船舶的吊钩下,船方负责把货物装进舱内并整理好;卸货时,船方负责把货物从船舱内卸到船边,由承租人或收货人提货。船方与货方责任和费用的划分以船边为界,船舶所有人负责雇佣装卸工人并负担装卸费用。

(2) 船方不管装卸(Free In and Out,FIO),这是在装卸两港由承租人负责雇佣装卸工人并负担装卸费用的条款。如果平舱费用和理舱费用也由承租人负责,为明确起见,应在合同中注明"FIOST"(船方不负担装卸、理舱和平舱费用)。本款在实务中使用较普遍。

(3) 船方管装不管卸(Free Out,FO),在卸货港由承租人负责卸货费用。

(4) 船方管卸不管装(Free In,FI),在装货港由承租人负责装货费用。

3) 装卸时间、滞期费和速遣费

装卸时间、滞期费和速遣费等条款一般是指在定程租船方式下船方不负责装卸货物时所规定的一些租船合同条款。

(1) 装卸时间(Lay Time)

装卸时间是指在定程租船合同中规定的船东允许租船人完成装卸任务时间。它一般以天或者小时为单位。

装卸时间的主要规定方法如下：

① "连续工作日"(Running Working Days)。明确规定每天装卸多少，多少天装卸完。

② "晴天工作日，星期日和节假日除外"(Weather Working Days, Sundays and Holidays Excepted)。明确规定每天装卸多少，若干天装卸完，但雨天(坏天气)、星期日、节假日除外。

③ "按惯例快速装卸"(To Load/Discharge in Customary Quick Despatch)。

④ "连续24小时晴天工作日"(Weather Working Days of 24 Consecutive Hours)。

一般重点掌握"连续24小时晴天工作日"，即在昼夜作业的港口，需连续工作24小时才算一天，如中间有坏天气、设备发生故障或工人不足而不能作业时，就要扣除所耽误的时间。这一规定比较公平合理，故在业务中采用得较多。

(2) 滞期费(Demurrage)

滞期费是指在定程租船方式下，因承租人装卸货物不及时，超过了租船合同中规定的装卸期限，船方按规定向承租人收取的罚金。

(3) 速遣费(Dispatch Money)

速遣费是指在定程租船方式下，因承租人及时装卸货物，比原租船合同中规定的时间提前完成了船舶装载货物的装卸，船方按规定向承租人支付的奖励。

通常滞期费、速遣费均订为每天若干金额，不足一天按比例计时，速遣费通常是滞期费的一半。

在租船合同中如无相反规定还应遵守"一旦滞期则始终滞期"的原则，也就是只要发生滞期，原本可以扣除的星期日、节假日和坏天气等均不能扣除。

3. 程租合同

程租合同使用较多的是"标准杂货租船合同"(Uniform General Charter Party)，英文简称"GENCON"，亦译为"金康合同"。程租合同的内容主要包括出租人和承租人的名称、船名、船籍、载货重量、容积、货名、装货港和目的港、受载期限、装卸期限、运费、滞期费、速遣费以及其他有关事项。在实际业务中，合同的内容因具体业务中的货类、航线、贸易条件等不同，使用的标准合同格式中的条款也不同，可以根据具体情况和对己方有利的原则，对标准合同格式中的若干条款进行删减或增加，对于没有明确规定的事项可以依照法律或商业习惯处理。

(二) 定期租船

定期租船(Time Charter)简称"期租"，就是由船舶出租人将船舶租给租船人，供租船人使用一定期限，在期限内由租船人自行调度和经营管理。租金按月（或 30 天）每载重吨（DWT）若干金额计算。它不如程租简单，货主一般不采用，通常是一些承运人在自己运力不足的情况下，用以租船开展运输。

期租合同使用较多的是"标准定期租船合同"（Uniform Time Charter Party），英文简称"BALTIME"，亦译为"巴尔的摩合同"。内容主要包括出租人和承租人的名称、船名、船籍、船级、吨位、容积、船速、燃料消耗、航区、用途、租船期间、交船和还船的时间和地点、条件、租金及其支付，以及其他有关事项。期租租金（或运费）按每 30 天或每日历月每夏季载重吨计算，也可按整船每天若干金额计算，两者之间可相互换算。例如，一艘夏季载重吨为 25 000 公吨的船，每 30 天每公吨的租金为 8 美元，则该船日租金为 6 666 美元（25 000×8÷30）。但租金与所载货物无关。

（三）光船租船

光船租船（Bare Boat Charter）实际上是定期租船的一种特殊方式，与一般定期租船不同的是，船东不负责提供船员，仅将空船交给租方使用，由租方自行配备船员，并负责船舶的经营管理和航行等各项事宜。

第二节　海运单证和海运条款

一、海运提单

海运提单（Bill of Lading，B/L，简称"提单"），是指证明海上货物运输合同和货物已经由承运人或其代理接收或装船，以及承运人或代理保证据以交付货物的单证（如表 3-2 所示）。

（一）海运提单的性质与作用

海运提单是代表货物所有权，承运人据以交付货物的单据。提单持有人可据以提取货物，也可凭单向银行押汇，或在载货船舶到达目的港交货之前转让。海运提单具有以下三个方面的重要作用：

（1）承运人应托运人的要求所签发的货物收据（Receipt of Goods），表明承运人已按提单所列内容收到货物。

（2）它是一种货物所有权的凭证，即物权凭证（Document of Title），提单持有人可据以提取货物，也可凭此向银行押汇，还可在载货船舶到达目的港交货之前进行转让（转让提单也就转让了在目的地的提货权），通过掌握提单来控制货物。

（3）提单是承运人与托运人之间运输合同的证明（Evidence of the Contract of Carriage），但其本身并不是运输合同。实际上，它应该被看作运输合同的组成部分。

《联合国全程或者部分海上国际货物运输合同公约》第四十六条规定，所签发不可转让运输单证有一份以上正本的，提交一份正本单证即可，其余正本单证随即失去效力。该公约

第四十七条规定,所签发可转让运输单证有一份以上正本,且该单证中注明正本份数的,提交一份正本单证即可,其余正本单证随即失去效力。使用可转让电子运输记录的,按照可转让电子运输记录的使用程序一经向持有人交付货物,该电子运输记录随即失去效力。

表3-2 海运提单示例

BILL OF LADING				
(1) SHIPPER				(10) B/L NO. CARRIER: C O S C O 中国远洋运输(集团)总公司 CHINA OCEANSHIPPING(GROUP)CO. ORIGINAL Combined Transport BILL OF LADING
(2) CONSIGNEE				
(3) NOTIFY PARTY				
(4) PLACE OF RECEIPT		(5) OCEAN VESSEL		
(6) VOYAGE NO		(7) PORT OF LOADING		
(8) PORT OF DISCHARGE		(9) PLACE OF DELIVERY		
(11) MARKS	(12) NOS. & KINDS OF PKGS.	(13) DESCRIPTION OF GOODS	(14) G. W. (kg)	(15) MEAS(m³)
(16) (Freight Clause)				
(17) TOTAL NUMBER OF CONTAINERS OR PACKAGES(IN WORDS)				
FREIGHT & CHARGES	REVENUE TONS	RATE	PER	PREPAID COLLECT
PREPAID AT	PAYABLE AT			(21) PLACE AND DATE OF ISSUE
TOTAL PREPAID	(18) NUMBER OF ORIGINAL B(S)L			
LOADING ON BOARD THE VESSEL				(22) (Signed for the Carrier)
(19) DATE	(20) BY			

注:表3-2所示提单说明详见本章"实训模块一"。

(二)海运提单的种类

(1)根据货物是否已装船,提单可分为已装船提单(Shipped on Board B/L)和备运提单(Received for Shipment B/L)。前者是指货物已装上船后签发的提单;后者是指承运人已接管货物并准备装运时所签发的提单,所以又称"收讫待运提单"。在贸易合同中,买方一般要求卖方提供已装船提单。

(2)根据货物外表状况有无不良批注,提单可分为清洁提单(Clean B/L)和不清洁提单

(Unclean B/L，Foul B/L)。前者是指货物装船时表面状况良好，一般未经添加明显表示货物及/或包装有缺陷批注的提单。在对外贸易中，银行为安全起见，在议付货款时均要求提供清洁提单。

(3) 按收货人抬头的不同，提单可分为记名提单、不记名提单和指示提单三种。

① 记名提单(Straight B/L)，又称"收货人抬头提单"是指在收货人(consignee)栏内具体写明收货人名称的提单。这种提单只能由特定收货人提货，不能通过背书的方式转让给第三者，所以记名提单对卖方而言风险较大，卖方一般只有在已收讫货款的情况下才会同意签发这种提单。

② 不记名提单(Bearer B/L)，又称"来人抬头提单"，是指在收货人栏内不写明固定收货人的名称，只写明"货交提单持有人"(bearer)，或不填写任何名称的提单。这种提单不需要任何背书手续即可转让或提取货物，流通性极强，但对买卖双方而言风险都较大，在国际贸易中极少使用。

③ 指示提单(Order B/L)，指在收货人栏内只填写"凭指示"(To Order)或"凭某人指示"(To Order of)字样的提单。这种提单可经过背书转让，故在国际贸易中使用最广。背书是指在提单背面记载有关事项以转让提单权利。背书有两种方式：空白背书和记名背书。空白背书是指背书人在提单背面签名，而不注明被背书人的名称；记名背书是指背书人除在提单背面签名外，还须注明被背书人的名称。记名背书的提单如需再转让，必须再加背书。目前在实际业务中使用最多的是"凭指示"并经空白背书的提单，习惯上称其为"空白抬头、空白背书"提单，即所谓"双空白"背书提单。

(4) 根据不同运输方式，提单可分为直达提单(Direct B/L)、转船提单(Transshipment B/L)或联运提单(Through B/L)、多式联运提单(Combined Transport B/L)等。

① 直达提单(Direct B/L)，指货物从装运港装船后，中途不换船而直接运到目的港的提单。直达提单上仅列有装运港和目的港的名称。

② 转船提单(Transshipment B/L)或联运提单(Through B/L)，指货物需经中途转船才能到达目的港的由承运人在装运港签发的全程提单。若转船提单上注有"在某港转船"的字样，承运人只对第一程运输负责。相比较而言，转船提单只不过是在海洋运输方式下签发的提单，可以说是联运提单中的一种特例。

③ 多式联运提单(Combined Transport B/L)，指货物由海路、内河、铁路、公路和航空等中两种及以上不同运输方式共同完成全程运输时由承运人签发的提单。这种提单主要用于集装箱运输。多式联运提单一般由承担海运区段运输的船公司签发。但是，若经买卖双方同意，并通过信用证明确规定，也可由其他承运人签发。

(5) 根据提单内容的繁简不同，提单可分为全式提单(Long Form B/L)和简式提单(Short Form B/L)。全式提单是指提单上除有正面条款之外还在背面印有承运人和托运人权利、义务等详细条款的提单。简式提单是指仅有提单正面条款而无背面条款的提单。

(6) 按提单签收的时间不同，提单可分为倒签提单、预借提单、过期提单等三种。

① 倒签提单(Anti-Date B/L),指承运人应托运人要求,在货物装船完毕后,以早于货物实际装船完毕的日期作为签发日期的提单。这种提单是为方便托运人结汇而签发的,承运人要为此承担相当大的风险。

② 预借提单(Advanced B/L),指在信用证的有效期即将届满,而货物尚未装船或尚未装船完毕的情况下,托运人为能及时结汇,而要求承运人提前签发的已装船提单。

③ 过期提单(Stale B/L),指错过规定的交单日期或晚于货物到达目的港日期的提单。前者属无效提单;后者是在近洋运输中容易出现的情况,故在近洋国家间的贸易合同中,一般都订有"过期提单可以接受"的条款。另外,按照《跟单信用证统一惯例》的规定,在提单签发日后21天才提交的提单也属于过期提单。

（7）按不同船舶营运方式,提单可分为班轮提单和租船提单。

班轮提单(Liner B/L)是指货物采用班轮运输,由班轮公司签发的提单。

租船提单(Charter Party B/L)是指货物采用租船运输,由承运人根据租船合同签发的提单。这种提单上有"根据某租船合同出立"的批注,是一种受租船合同约束的提单。除非信用证另有规定,否则银行一般不接受这种提单。

此外,还存在其他各种特殊提单,如运费预付和到付提单、舱面提单、正本提单和副本提单。另外,海运单(Sea Waybill/Ocean Waybill)作为一种不可流通的单证,尽管不是物权凭证,但在欧洲、北美和某些远东、中东地区贸易中较为流行,主要因其能方便进口人及时提货,简化手续、节省费用,减少假单据诈骗。

（三）流通程序

下面我们以采用信用证方式结汇的 CIF 买卖为例浏览提单流转的整个过程,详见图 3-1。

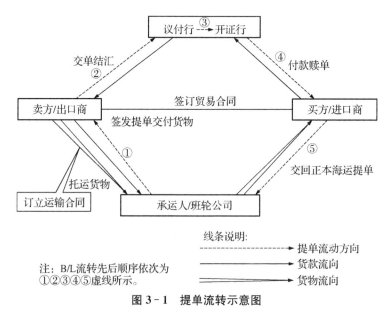

图 3-1 提单流转示意图

二、海运单

海运单(Sea Waybill)是承运人或代理向托运人签发的表明他已经收到托运人的货物并拟将该货物运往指定目的港,直接交给指定收货人的凭证。海运单多用于近洋运输,目的是避免货等单,有助于解决无单放货、提单遗失以及伪造提单等问题。

（一）海运单的特点

（1）海运单不能代表货物的所有权,不能凭以提货。海运单只具备"货物收据"和"运输合同的证明"的性质,不代表货物所有权,承运人凭收货人出示的身份证明交付货物,并不要求出示正本海运单。

（2）方便收货人提货。收货人仅凭承运人或代理的到货通知提货,货物到达目的港后,随时可以提取,不受任何条件的限制。

（3）便于电子数据交换(EDI)信息单据的推广使用。为了适应EDI信息单据运用的需要,托运人与承运人之间的货物交接使用海运单,而承运人与收货人之间的货物交接则使用EDI信息单据。这种方式对于EDI信息单据的推广使用无疑将起到十分积极的作用。

（二）海运单与海运提单的区别

海运单与海运提单的区别主要体现为交接方式不同。

图3-2中,①指卖方向承运人交付货物,承运人向卖方签发海运单;②指承运人仅凭EDI信息单据向收货人交付货物。

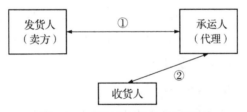

图3-2　海运单交接方式示意图

图3-3中,①指卖方向承运人交付货物,承运人向卖方签发海运单;②指收货人向卖方付款赎单;③指收货人向承运人凭正本提单提取货物。

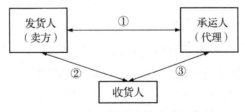

图3-3　海运提单交接方式示意图

(三) 海运单的运用

1. 租船运输方式下

由于在租船运输方式下,船东和承租人双方的权利和义务以租船合同的形式加以规定,加之整船货物一般只有一个发货人和一个收货人,承运人(船东)到时候只要按租船合同规定将承运货物在目的港交给指定的收货人就行了,不需要凭运输单据交付货物。

2. 电放货物或电子提单

托运人与承运人商定,货物在目的港不凭纸质的正本提单提货,而仅凭卖方的书面放货声明(或指令),由承运人电告(如通过电传、电子邮件或 EDI 等)目的港的承运人代理直接把货物交给收货人。货物在装运港装船以后,承运人就向托运人签发海运单,用以证明已经收到了托运货物,并拟将此货物运抵指定目的港,直接交付给指定的收货人。

有些进口商不愿意用提单去提货,因而通常要求卖方向承运人交付货物后签署一份"放弃物权"的书面声明,然后由承运人向卖方签发一份没有物权的海运单。这种做法对买方有利,但对卖方而言风险非常大。所以在正常情况下,卖方除非在装运货物之前就已收讫足额货款,否则不可贸然答应这样做。

三、其他货运单证

为了保证国际贸易货物的安全交接,在整个运输过程中还需要编制其他各种单据。

1. 托运单(Booking Note, B/N)

托运单俗称"下货纸",是托运人根据贸易合同和信用证条款内容填制的向承运人或其代理人办理货物托运的单证。承运人根据托运单内容,并结合船舶的航线、挂靠港、船期和舱位等条件考虑,认为合适后,即接受托运。

2. 装货单(Shipping Order, S/O)

装货单是接受了托运人提出装运申请的船公司签发给托运人的凭以命令船长将承运的货物装船的单据。装货单既可用作装船依据,又是货主凭以向海关办理出口货物申报手续的主要单据之一,所以装货单又称"关单"。对托运人而言,装货单是办妥货物托运的证明;对船公司或其代理人而言,装货单是通知船方接受装运该批货物指示的文件。

3. 收货单(Mate's Receipt, M/R)

收货单又称"大副收据",是船舶收到货物的收据及货物已经装船的凭证。船上大副根据理货人员在理货单上所签注的日期、件数及舱位,并与装货单进行核对后,签署大副收据。如果装船时,发现货物外表有异状、损坏或短溢时,大副就应在大副收据上做出相应的批注。凭大副收据换取已装船提单。

4. 装货清单(Loading List)

装货清单是船上大副编制配载的主要依据。

5. 舱单(Manifest,M/F)

舱单又称"船单""出口载货清单"(Export M/F),是按卸货港逐票罗列全船载运货物的汇总清单。作为船舶运载所列货物的证明,是船舶办理进出口报关手续的必要单证。

6. 货物积载图(Stowage Plan/Cargo Plan)

货物积载图是按货物实际装舱情况编制的舱图。它是船方进行货物运输、保管和卸货工作的参考资料,也是卸货港据以理货、安排泊位、安排货物进仓或安排车驳的文件。

7. 货物溢/短单和货物残损单(Overloaded and Short-landed Cargo List,Broken and Damaged Cargo List)

货物溢/短单是船舶抵达卸货港卸货后,出现货物多于或小于提单所载明数额时,由理货公司签发的单证。

货物残损单是一份根据理货员现场记录编制的属于船方责任的残损货物的汇总清单。

8. 提货单(Delivery Order,D/O)

提货单又称"小提单"。收货人凭正本或副本随同有效的担保向承运人或其代理人换取的可向港口装卸部门提取货物的凭证。

四、托运订舱流程

以下用货运过程中从发货人到收货人的单证流动过程的流程图(见图 3-4),来直观表达装运流程:

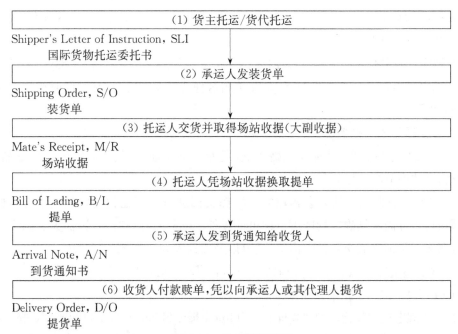

图 3-4 托运订舱流程

五、装运条款

装运条款是买卖合同中的主要条款,它包括装运期、装货港、目的港、分批装运和转船等条款。有些装运条款还规定装船通知条款、滞期速遣条款,与美国贸易时还可规定 OCP(陆上运输通常可到达的地点)条款等。

装运条款实例:

Shipment:Shipment on or before January 31,2021, form Lian Yungang to Long Beach, USA, allowing partial shipments and transshipment.

装运:2021 年 1 月 31 日或以前装运,由中国连云港到美国长滩,允许转运或分批装运。

(一) 装运期

装运期(Time of Shipment)是指卖方将合同规定的货物装上运输工具或交给承运人的期限。交货期(Time of Delivery)是指货物到达目的港交货的时间。两者并非同一概念,它们之间相差了一个运输航程。

装运期应按不同商品的特性、销售季节、国际市场需求状况以及国内资源和运输条件而定。

在实际业务中,规定装运期的方法主要有:

(1) 明确规定最迟或一段装运期。例如:Shipment during March 2022;Shipment during Feb. /Mar. 2022;Shipment at or before the end of May 2022;Shipment on or before July 15th, 2022。(2022 年 3 月装运;2022 年 2 月至 3 月装运;不迟于 2022 年 5 月装运;不迟于 2022 年 7 月 15 日装运。)该方法的特点是期限具体,含义明确,双方不易发生纠纷,在实际业务中被普遍采用。

(2) 规定在收到信用证后若干天内装运。例如:Shipment within 45 days after receipt of L/C(收到信用证后 45 天之内装运)。在采用这种装运期规定时,必须同时规定有关信用证开到的期限。

这种方法适用于下列情况:

① 按外商要求的花色、品种和规格成交,或专为某一地区、某一商家生产的商品,一旦外商毁约,这些商品将难以转售。

② 一些外汇管制较严的国家和地区一般都实行进口许可证和进口配额制度。如果在洽商交易时,买方尚不能确定批准进口许可证或外汇配额的具体时间,因而无法确定具体的装运期,那么为了促进成交和扩大出口,就可以采取这种办法。

③ 对于某些拖延开证的客户,这种方法有利于促使其按时开证。

(3) 收到电汇或票汇后若干天装运。

(4) 笼统规定近期装运。如:"立即装运"(Immediate Shipment)、"尽快装运"(Shipment as Soon as Possible)、"即刻装运"(Prompt Shipment),等等。要注意的是,如使用此类词语,容

易造成分歧,因此要慎用。

(二) 装运港和目的港

装运港(Port of Shipment)是指货物起始装运的港口。目的港(Port of Destination)是指最终卸货的港口。

1. 装运港和目的港的规定方法

装运港和目的港的规定方法主要有以下几种:

(1) 规定一个装运港和一个目的港。例如:Port of shipment:Shanghai; Port of destination:New York(装运港:上海;目的地:纽约)。

(2) 规定两个或两个以上的装运港和目的港。例如:Port of shipment:Qingdao and Shanghai; Port of destination:London and Liverpool(装运港:青岛和上海;目的地:伦敦和利物浦)。

(3) 采用选择港(Optional Ports)办法,即允许收货人在预先提出的两个或两个以上的目的港中任选一个。例如:CIF London/Hamburg/Rotterdam optional(CIF 伦敦/汉堡/鹿特丹,可选其中之一)。

(4) 笼统规定。例如:Port of shipment:China ports; Port of destination:U. K. Ports(装运港:中国港口;目的港:英国港口)。

2. 规定装运港或目的港应注意的问题

(1) 装运港和目的港的规定要明确具体。在业务中不宜接受诸如"欧洲主要港口"或"非洲主要港口"作为装运港或目的港的条件。

(2) 不能接受内陆城市作为装运港或目的港的条件。

(3) 注意目的港的装卸条件。

(4) 注意国外港口有无重名的情况。在买卖合同中,要写明装运港或目的港所在国家或地区名称。

(5) 选择港的规定不宜过多,一般不超过 3 个,而且应该是同一航区、同一航线上运费相当的港口,选择港附加费一般由买方承担。

(三) 分批装运和转船

分批装运(Partial Shipment)是指一笔成交的货物,分若干批次装运。在大宗货物交易中,买卖双方根据交货数量、运输条件和市场销售需要等因素,可在合同中规定分批装运条款。转船(Transshipment)是指当没有直达船或一时无合适的船舶运货,需通过中途港转运的情况。

分批装运的方法主要有两种:其一,只规定允许分批装运,未规定分批的具体时间、批次及数量。例如"允许分批装运"(Partial Shipments Allowed)。这种做法对卖方有利。其二,既规定允许分批装运,又规定分批的具体时间、批次及数量。例如 2 月至 6 月份分五批每月等额装运(Shipment during February/June in Five Equal Monthly Lots)。这种规定对买方有利,给予卖方的机动余地小,只要其中任何一批货物未按时按量装运均构成卖方违约。

关于分批装运,还要说明如下四点:

(1) 在合同中如没有规定允许分批装运,不同国家的法律有不同的解释,所以应在合同中作出明确规定。

(2) 根据《跟单信用证统一惯例》的规定,除非信用证明示不准分批装运,卖方即有权分批装运。

(3) 如果信用证中规定了每批装运时间和数量,若其中任何一期未按规定装运,则本期及以后各期信用证均失效。

(4) 按惯例,运输单据表面注明同一运输工具、同一航次、同一目的地的多次装运,即使其表面上注明不同的装运日期及/或不同的装运港、接受监管地或发运地,将不视作分批装运。关于转船,UCP600 所谓的"禁止转运",实际上是指禁止海运港至港除集装箱之外的货物运输的转运,正常情况下,原则上应在出口合同中订明"Partial Shipments and Transsshipment Allowed(允许分批装运和转运)"。

(四) OCP 条款

OCP 是 Overland Common Points 的简写,意即"内陆公共点地区",简称"内陆地区"。根据美国的费率规定,以美国西部九个州为界,也就是以落基山脉为界,其以东地区,均为内陆地区范围,这个范围很广,约占美国全国三分之二的地区。凡是经过美国西海岸港口转往上述内陆地区的货物,如按 OCP 运输条款运输,就可享受比一般直达西海岸港口更低的优惠内陆运输费率,一般低 3%~5%。相反方向,凡从美国内陆地区启运经西海岸港口装船出口的货物同样可按 OCP 运输条款办理。同时,按 OCP 运输条款,可享受比一般正常运输更低的优惠海运运费。

采用 OCP 运输条款时必须满足以下条件:

(1) 货物最终目的地必须属于 OCP 地区范围内,这是签订运输条款的前提。例如:太平洋沿岸港口(如旧金山、西雅图)等。

(2) 货物必须经由美国西海岸港口中转。因此,在签订贸易合同时,有关货物的目的港应规定为美国西海岸港口,即为 CFR 或 CIF 美国西海岸港口条件。

(3) 在提单备注栏内及货物唛头上应注明最终目的地 OCP×(城市名)。

例如,我国出口至美国一批货物,目的港为美国西雅图,最终目的地是芝加哥。西雅图是美国西海岸港口之一,芝加哥属于美国内陆地区城市,此笔交易就符合 OCP 运输条款的规定。经双方同意,就可采用 OCP 运输条款。在贸易合同和信用证内的目的港可填写"CIF 西雅图(内陆地区)",即"CIF Seattle(OCP)"。除在提单上填写目的港西雅图外,还必须在备注栏内注明"内陆地区芝加哥"字样,即"OCP Chicago"。

根据国际商会的 UCP600,将各种装运单据归整分为七种,具体见表 3-3。

表 3-3 装运单据

运输方式	装运单据中文名称	英文名称	英文简称
海运	海运提单	Bill of Lading	B/L
海运	不可转让海运单	Non-negotiable Sea Waybill	SWB
海运	租船提单	Charter Party B/L	CB/L
多式联运	多式联运提单	Combined Transport Document	CTB/L
空运	航空运单	Air Transport Document	AWB
公路、铁路、内河	公路运单	Road Waybill	Road WB
公路、铁路、内河	铁路运单	Rail Waybill	Rail WB
公路、铁路、内河	内河运单	Water Waybill	Water WB
专递或邮寄	专递或邮局收据	Courier and Post Receipts	P/R

第三节 国际铁路和航空货物运输

在国际贸易货物运输中,国际铁路运输是仅次于国际海运的一种主要的运输方式。铁路运输的运行速度较快,载运量较大,运输成本低,且在运输中遭受的风险较小,一般能保持终年正常运行,具有高度连续性。航空运输具有交货迅速,节省包装,减少保险和储存费用,保证运输质量且不受地面条件限制等优点,适合于易腐商品、鲜活商品和季节性强的商品的运输。

一、铁路运输

(一) 特点和作用

与其他运输方式相比,铁路运输具有运输速度快、运载量大、运输成本低、安全可靠、风险小等特点。

铁路运输在我国国民经济中占有重要地位,在我国对外贸易中更是起着非同一般的作用,具体表现为:(1)通过铁路把欧亚大陆连成一片,从而为发展我国与亚洲、欧洲各国之间的经济贸易联系提供了十分有利的条件。(2)铁路也是我国大陆与港澳地区进行贸易的重要运输方式。(3)铁路运输在进出口货物的集散和省与省之间外贸物资的调拨方面同样起着重要的作用。我国海运出口货物向港口集中,进口货物向内地输运,主要是由铁路运输承担的。如果仅以进出口货运量计算,铁路运输则仅次于海运而位居第二,在我国对外贸易运输中具有举足轻重的地位。

(二) 国际铁路货物联运

国际铁路货物联运是指在两个或两个以上国家之间进行铁路货物运输时只使用一份统

一的国际联运票据,由一国铁路向另一国铁路移交货物时,发货人、收货人均无须参加,铁路当局对全程运输负连带责任。

国际铁路货物联运办理种别分为整车货物、零担货物和大吨位集装箱货物三种。

(1) 整车货物,是指按一份运单托运的按货物体积或种类需要单独车辆运送的货物。

(2) 零担货物,是指按一份运单托运的一批货物,重量不超过 5000 千克,按货物体积或种类不需要单独车辆运送的货物。但如有关铁路间另有商定条件,也可不适用国际货协整车和零担货物的规定。

(3) 大吨位集装箱货物,是指按一份运单托运的,用大吨位集装箱运送的货物或空的大吨位集装箱。

二、航空运输

(一) 航空运输的特点

航空运输(简称"空运")虽然起步较晚,但发展极为迅速。航空运输的特点:运送速度快,安全准确,运费高,仓容小,受自然因素影响大。

(二) 空运的经营方式

1. 班机运输(Scheduled Airline)

班机运输是使用在固定航线上的固定起落站按预定时间定期航行的飞行所进行的货物运输。

2. 包机运输(Chartered Carrier)

包机运输指租机人租用整架飞机或若干租机人联合包租一架飞机进行货运的方式,适合专运高价值货物。运输方式分为整架包机和部分包机两类。

3. 集中托运(Consolidation)

集中托运指航空代理公司把若干批单独发运的货物组成一整批,用一份主运单发运到同一到达站,由预定的代理人收货,然后再报关、分拨后交给各实际收货人的运输方式。

4. 航空快递(Air Express)

航空快递指由专门经营快递业务的公司与航空公司合作,派专人以最快的速度在发货人、机场、用户之间传递货物的方式。

5. 陆空陆联运(TAT Combined Transport)

陆空陆联运分三种:一是 TAT 即 Train-Air-Truck 联运;二是 TA 即 Truck-Air 联运;三是 TA 即 Train-Air 联运。

6. 送交业务(Delivery Business)

送交业务指通常用于样品、目录、宣传资料、书籍报刊之类的空运业务,由国内空运代理委托国外代理办理报关、提取、转送和送交收货。

7. 货到付款(Cash on Delivery)

货到付款指由发货人或其代理人与承运人达成协议,承运人将货物送达收货人的同时,代收航空运单上记载的货款,然后将货款寄给发货人或其代理人的运输方式。

(三) 航空运单及运价

航空运单不是物权凭证,是不可转让的,持有航空运单并不拥有货物所有权。

1. 航空运单的分类

航空运单主要分为两大类:

1) 航空主运单(Master Air Waybill, MAWB)

凡由航空公司签发的航空运单就称为航空主运单。

2) 航空分运单(House Air Waybill, HAWB)

集中托运人在办理集中托运业务时,签发的航空运单称为航空分运单。即在集中托运情况下,既存在主运单,又有分运单。主运单作为航空运输公司与集中托运人之间的运输合同,货主与航空公司之间没有直接的货物交接关系。

2. 运价

运价(Rate)又称"费率",是指承运人对所运每一重量单位货物(千克或磅)所收取的从启运机场至目的机场的航空费用。该费用根据每票货物所适用的运价及其计费重量计算而得。计费重量是指用以计算航空运费的重量,它可以是货物的实际毛重(含货物包装,适用于高密度货物);也可以是体积重量(适用于低密度、轻泡货物,以及高重量分界点重量),其中体积重量按每6 000立方厘米(即6立方分米)折合1千克换算,即:体积重量=货物体积/6 000立方厘米。

主要的航空货物运价有四类:

(1) 一般货物运价(General Cargo Rate, GCR)。一般货物运价也称"普通货物运价",最常见的是以45千克为划分点,将货物分为45千克以下和45千克以上两种。

(2) 特种货物运价(Special Cargo Rate/Specific Commodity Rate, SCR)。特种货物运价通常是承运人根据在一定航线上经常性运输某一类货物的托运人的请求,或为促进某地区间某一货物的运输,经国际航空运输协会(IATA)同意所提供的优惠运价。

(3) 等级货物运价(Class Cargo Rate, CCR)。等级货物运价是指适用于规定的地区或地区之间的少数货物的运输。

(4) 起码运价(Minimum Rate, MR)。起码运价是航空公司运输一批货物所能接受的最低运价,即不论货物的重量或体积多少,在两点之间运输一批货物应收取的最低金额。

在这几种运价中,只选择其中之一计算运费。如遇几种运价均适用时,则首先应选用特种货物运价,其次是等级货物运价,再次才是一般货物运价。

[例3-4] 有一批热带鱼,毛重120千克,体积0.504立方米。需从我国某地空运至韩

国首尔,问:应如何计算其运费?(设:一般货物运价:45千克以上,每千克为9港元;等级货物运价:每千克为16.70港元;特种货物运价:每千克为7.59港元)

解:因为体积重量0.504立方米=504立方分米,则体积重量=504/6=84(千克),实际重量为120千克,故按120千克计费。

根据上述运价进行计算,结果如下:

按GCR运价,应为:$9×120=1\,080$(港元)

按CCR运价,应为:$16.70×120=2\,004$(港元)

按SCR运价,应为:$7.59×120=910.8$(港元)

可见,该批热带鱼应选用SCR运价计算。

第四节 其他国际货物运输方式

一、公路运输

公路运输(Road Transportation)也是现代运输的主要方式之一。它与铁路运输同为陆上运输的基本方式。公路运输的工具是汽车,通道是公路。公路运输在整个运输领域中占有重要的地位,并发挥着愈来愈重要的作用。公路运输既是一个独立的运输体系,也是车站、港口和机场集散物资的重要手段。

公路运输的特点:(1)公路运输在进出口货物的集散上起着重要的作用;(2)公路运输有助于实现"门到门"运输;(3)公路运输也是我国边疆地区与邻国物资交流的重要方式。

二、内河运输

内河运输(Inland Water Transportation)是水上运输的一个组成部分。它是内陆腹地和沿海地区的纽带,也是边疆地区与邻国边境河流的连接线,在现代化的运输中起着重要的辅助作用。

内河运输的特点:(1)投资少。(2)运量大,顶推船队的运量可相当于十几列铁路列车或数千辆卡车的运量。(3)成本低。

三、邮政运输

邮政事业一般由国家开办,我国邮政业务由国家邮政局负责办理。国际邮件按性质分为函件和包裹两大类。国际邮政运输(International Parcel Post Transport)是国际贸易运输不可缺少的渠道。

国际邮政运输的特点:(1)它是国际最广泛的运输方式之一;(2)它是一种国际多式联运性质的运输方式;(3)它具有"门到门"运输的性质,是一种手续简便、费用不高的运输方式。

四、管道运输

管道运输(Pipeline Transportation)是一种特殊的运输方式,与普通货物运输方式有很大的不同。它是货物在管道内借助高压气泵的压力输往目的地的一种运输方式。

管道运输的特点:(1)运输通道与运输工具合而为一;(2)高度专业化;(3)单方向的运输;(4)固定投资大,建成后运输成本较低。

五、大陆桥运输

大陆桥(Land Bridge)是指利用横贯大陆的铁路或公路运输系统,把大陆两端海洋运输连接起来的中间桥梁。简单地说,就是两边是海运,中间是陆运,大陆把海洋联结起来,形成海陆联运,而大陆起到了"桥"的作用,所以被称为"大陆桥"。而海陆联运中的大陆运输部分就被称为"大陆桥运输"。大陆桥运输一般是以集装箱为运输单位,所以也被称为"大陆桥集装箱运输",国际货物集装箱联运简称为"大陆桥联运"。

大陆桥运输的特点:(1)运输距离短。相比传统纯海运路线,大陆桥运输通常可以缩短二分之一到三分之一的运输里程。(2)运输速度快。(3)节省费用。由于运输距离的缩短和运输速度的提高,大陆桥运输可以节约运输、保管和装卸费用。(4)手续简便。大陆桥运输的手续相对简单,有利于提高物流作业的质量和满足货主的要求。(5)运输质量好。大陆桥运输通常提供"门到门"服务,责任明确,货损货差率低。(6)运输方式多样。大陆桥运输涉及不同的运输方式,如海运、铁路、公路等,形成了联运系统。(7)使用集装箱技术。大陆桥运输通常以集装箱为媒介,简化理货、搬运等环节,且集装箱经海关铅封,中途无须开箱检验,便于迅速转换运输工具。

第五节 国际多式联合运输

一、概述

国际多式联运(International Multimodal Transport)是指按照国际多式联运合同以至少两种不同的运输方式,由多式联运经营人将货物从一国境内接管货物的地点,运送至另一国境内指定交货的地点。

二、多式联运的基本条件

多式联运应具备的基本条件:

(1)必须有一份多式联运合同。货物在全程运输过程中无论使用多少种运输方式,作为负责全程运输的多式联运经营人必须与发货人订立多式联运合同。

（2）一个多式联运经营人，对货主承担全程的运输责任。多式联运经营人必须对全程运输负责。但分运合同的承运人与发货人之间不存在任何合同关系。

（3）必须使用全程的联运提单。多式联运经营人签发一张多式联运单证，且应满足不同运输方式的需要。

（4）一个多式联运经营人，以单一费率向货主收取全程运费。

（5）必须是国际货物运输，而这种运输必须采用两种及以上的不同运输方式，并且衔接组成一个连贯的跨国界的货物运输。

三、单证手续

（一）关于信用证条款

根据多式联运的需要，信用证条款与一般常见条款比较，主要有以下三项变动：（1）通过银行议付不再使用船公司签发的清洁提单，而是凭多式联运经营人或经他授权的人签发的联运提单。（2）由于多式联运一般都采用集装箱运输，除特殊情况外，信用证上应有指定采用集装箱的条款。（3）由银行转单改为联运经营人直寄收货人。信用证字句大体为："装船单据（一般是指联运提单、发票、装箱单、产地证、出口国海关发票等）应交由多式联运经营人送达收货人或其代理人。"

（二）缮制海运及联运提单

由于国际多式联运多为门到门运输，故货物在港口装船后，均应同时签发海运提单与联运提单。

1. 海运提单的缮制

发货人为多式联运经营人（如外运公司），收货人及通知方一般为多式联运经营人的国外代理人，海运提单由船公司代理签发。

2. 联运提单的缮制

联运提单上的收货人和发货人是实际的收货人、发货人。通知方则是目的港或最终交货地点收货人指定的代理人。提单上除列明装货港、卸货港外，还要列明收货地（Place of Receipt）、交货地（Place of Delivery）或最终目的地（Final Destination）、第一程运输工具（Per-carriage by）以及海运船名及航次等。联运提单均按信用证规定缮制，联运提单由多式联运经营人签发。

至此，为了更加直观地观察各种运输方式的发展趋势，将各种运输方式简要归纳如表3-4所示。

表 3-4 主要运输方式的特点比较

运输方式	运输能力	运输时间	运价水平	特点
海洋运输	运输能力不受限制	最长	最低	运量大、运距长、时间长、运费低
航空运输	受重量、舱门、地板承载力等限制	最短	最高	运量小中、长距离运输、运费负担能力强
铁路运输	受车厢容积、载重限制	比海运快	随运距缩短而递减	运量大、可靠性高、机动性差、运费低
公路运输	受车斗容积、载重限制	比海运快	较低	门到门、运量小、送接货物灵活、运费较低
国际多式联运	运输能力灵活	比海运快比空运慢	比海运高比空运低	运费、运输时间介于海运和空运之间

第六节 技能实训

实训模块一 缮制海运提单

【目的要求】

了解海运提单的基本格式和填单的基本要求。学会根据信用证正确填制单证。

【背景材料】

见信用证及表 3-2。

【操作指南】

船名为 YINGHUANG V.4,该批商品总毛重为 18 800 千克,体积为 100.8 立方米,共计 800 个纸箱。

1. 制单要点

根据 UCP600 有关规定及银行审单标准,单式海运或港对港提单的正确缮制有如下要求:

(1) 提单托运人(Shipper),通常是信用证的受益人,即买卖合同中的卖方。但是根据 UCP600 的规定,只要信用证无相反规定,银行也接受以信用证受益人以外的第三方为发货人。

(2) 收货人(Consignee),这是提单中比较重要的一栏,应严格按照信用证规定填制。因为这一栏的填法直接关系到提单能否转让以及提单项下货物的物权归属问题。提单收货人按信用证的规定一般有三种填法,即空白抬头、记名指示抬头和记名收货人抬头。

① 空白抬头。

例如:信用证提单条款中规定"… Bill of Lading consigned to order …"或"… Bill of

Lading made out to order…",则提单收货人栏中只要填"To order"即可。

② 记名指示抬头。

例如:信用证提单条款中规定"… bill of lading consigned to the order of the issuing bank…",则提单收货人栏中只要填"to order of…(开证行) bank",即凭开证行的指示;或规定"… bill of lading made out to shipper's order…",则提单收货人栏中只要填"to shipper's order",即凭托运人指示;或规定"… bill of lading made out to order of ABC Co. …",则提单收货人栏中只要填"to order of ABC Co.",即凭 ABC Co. 指示。

③ 记名收货人抬头。

例如:信用证提单条款中规定"… bill of lading consigned to ABC Co. …",则提单收货人栏中只要填"ABC Co."即货交 ABC Co.。注意,由于记名收货人的提单对托运人的保障很小,一般较少使用。

(3) 通知人(Notify Party),要与信用证的规定一致。

例如:信用证提单条款规定"… bill of lading … notify applicant",则提单通知人栏中要填上开证申请人的详细名称地址。

(4) 收货地,填船公司或承运人的收货地。

(5) 船名和(6)航次,按配舱回单上的船名、航次填写。

(7) 装货港和(8)卸货港要与信用证规定一致,尤其当信用证要求提交海运提单(非多式联运单据)时,提单上的装货港和目的港必须与信用证规定的启运地和目的地相一致。如信用证规定目的地为"A(place)VIA B(port)",则提单上卸货港一栏中也需注明"A(place)VIA B(port)"而不能仅简单地注明"B(port)"了事。但如果信用证要求提供多式联运单据,则目的港一栏中表明"B(port)"而在交货地/最终目的地一栏中显示"A(place)"即可。

(9) 交货地,填船公司或承运人的交货地。

(10) 提单号码,按配舱回单上的 D/R(站场收据号码)号码填写。

(11) 唛头,同商业发票上的唛头一致。

(12) 货物包装及件数,按货物装船的实际情况填写总外包装件数。

(13) 货物描述,只要填上货物的总名称即可。

(14) 货物毛重和(15)尺码,同装箱单上货物的总毛重和尺码要一致。

(16) 提单要按信用证规定加注运费条款,即"freight prepaid"或"freight to collect",并且注意与所用贸易术语的一致性。

(17) 货物总包装件数的大写,注意此栏的内容要与(12)一致。

(18) 正本提单份数。此栏显示的是船公司为承运此批货物所开具的正本提单的份数,一般是1~3份。如信用证对提单正本份数有规定,则应与信用证规定一致。例如,信用证规定"3/3 marine bills of lading…",即表明船公司为信用证项下的货物开立的正本提单必须是3份,且3份正本提单都要提交给银行作为议付单据。

(19) 装船批注的日期和(20)签署,如果提单上没有预先印"已装船"("shipped on

board…")字样的,则必须在提单上加注装船批注("on board notation"),装船批注中所显示的日期即视为货物的装运日期。另外,如果提单上含有"预期船"或其他类似限定船只的有关词语,以及当提单注明的收货地或接受监管地与装货地不同时,已装船批注中还必须包括信用证规定的装货港和实际装货船名。

(21)提单的签发地点和签发日期,提单上已预先印有"已装船"("shipped on board…")字样的称为已装船提单。已装船提单的签发日期视为装运日期。

(22)提单签署,提单必须由下列四类人员之一签署证实,即承运人,或承运人的具名代理人,或船长,或船长的具名代理人。

注意:根据UCP600的规定,承运人或船长的任何签字或证实,必须表明承运人或船长的身份。代理人代表承运人或船长签字或证实时,也必须表明所代表的委托人的名称或身份,及注明代理人是代表承运人或船长签字或证实的。

(23)提单背书,提单应按照信用证的具体要求进行背书。一般信用证要求提单进行空白背书("bill of lading… endorsed in blank."或"bill of lading… blank endorsed.")的比较多见。对于空白背书,只需要背书人签章并注明背书的日期即可。例如:

ABC Co.(签章)
December 11, 2020

当然有时信用证也要求提单做记名背书,此时则应先写上被背书人的名称,然后再由背书人签署并加盖公章,同时注明背书的日期。例如:

Endorsed to:DFF Co. 或 Delivered to DEF Co.

ABC Co.(签章)

December 11, 2021

2. 制单练习(附信用证原文)

信用证原文

BASIC HEADER　　　　　　　　　F014 HSBCCNSHAXXX0423 586151
APPLICANTION HEADER Q700 1205 040510 BBMEJOAMXXXX 2514 685324108 N
　　　　　　　　　　　　　　　　　+BRITISH BANK OF THE MIDDLE EAST
　　　　　　　　　　　　　　　　　+JEBEL HUSSEIN, AMMAN, JORDAN.
USER HEADER　　　　SERVICE CODE 103
　　　　　　　　BANK.　PRIORITY 113:
　　　　　　　　MESG USER REF.108:
BBMEJOAM042P123548
　　　　　　　　　　INFO. FORM CI 115:
FORM OF DOC. CREDIT　　40A:IRREVOCABLE
DOC. CREDIT NUMBER　　　20:DCFJOM970603
DATE OF ISSUE　　　　　31C:210520
EXPIRY　　　　　　　　31D:210730 PLACE TIANJIN CHINA

APPLICANT	50 :	INTERNATIONAL TRADING AND RE-EXPORT CO. (ZERKA FREE ZONE). P. O. BOX 1147. AMMAN-JOR-DAN. , FAX:623267,TEL:630353.
BENEFICIARY	59 :	GOOD FRIEND ARTS AND CRAFTS IMP. & EXP. CO. 301 SAN TIAOXIANG, CHAOZHOU, GUANGDONG, CHINA
AMOUNT	32B :	CURRENCY USD AMOUNT 26160. 00
AVAILABLE WITH/BY	41D :	ANY BANK BY NEGOTIATION
DRAFTS AT	42C :	SIGHT
DRAWEE	42A :	BRITISH BANK OF THE MIDDLE EAST JEBEL HUSSEIN, AMMAN, JORDAN
PARTIAL SHIPMENTS	43P :	ALLOWED
TRANSSHIPMENT	43T :	ALLOWED
LOADING IN CHARGE	44A :	CHINA
FOR TRANSPORT TO	44B :	AQABA, JORDAN IN TRANSIT TO ZE RKA FREE ZONE, JORDAN
LATEST DATE OF SHIP.	44C :	210715

DESCRIPTION OF GOODS: 45A :

24000 PAIRS "EVA" SLIPPER MODEL DO27 SIZE 36 - 40

24000 PAIRS "EVA" SLIPPER MODEL DO02 SIZE 30 - 35

ALL IN 4 ASSORTED COLORS, LIGHT BLUE, RED, PINK AND VIOLET

AS PER S/C 97 ACX417 DATED 17. 4. 2021

PRICE TERM:CFR AQABA, JORDAN

DOCUMENTS REQUIRED 46A:

1. SIGNED COMMERCIAL INVOICE IN TRIPLICATE.

2. FULL SET OF CLEAN (ON BOARD) LONG FORM OCEAN BILLS OF LADINGMADE OUT TO THE SHIPPER'S ORDER, ENDORSED IN BLANK AND MARKED FREIGHT PREPAID, AND NOTIFY THE APPLICANT USING HIS FULL ADDRESS, MENTIONING THIS DC NO., NAME, ADDRESS AND TELEPHONE NUMBER OF SHIPPING CO. AGENT IN JORDAN SHOULD BE SPECIFIED ON THE BILL OF LADING.

3. PACKING LIST/WEIGHT MEMORANDUM IN TRIPLICATE.

4. CERTIFICATE OF QUALITY SIGNED BY SELLER.

5. CERTIFICATE OF ORIGIN SIGNED BY SELLER.

ADDITIONAL COND. 47A :

+ALL DOCUMENTS REQUIRED UNDER THIS DOCUMENTARY CREDIT MUST MENTION THIS DC NUMBER AND THE ISSUING BANK NAME.

+BILL OF LADING MUST SHOW THAT GOODS ARE SHIPPED FROM CHINA TO AQABA PORT.

+THIS L/C'S AMOUNT IS MAX CREDIT AMOUNT AND NOT EXCEEDING.

DETAILS OF CHARGES 71B :

ALL BANKING CHARGES OUTSIDE THE OPENING BANK ARE FOR BENEFICIARY'S ACCOUNT.

PRESENTATION PERIOD　　48：15 DAYS
CONFIRMATION　　　　　 49：WITHOUT
INSTRUCTION　　　　　　78：

ALL DOCUMENTS ARE TO BE PRESENTED TO US IN ONE LOT BY 1ST AVALLABLE AIRMAIL THROUGH HONGKONG AND SHANGHAI BANKING CORP., SHANGHAI, CHINA. THIS CREDIT IS SUBJECT TO THE UNIFORM CUSTOMS AND PRACTICE FOR DOCUMENTARY CREDITS 1993 REVISION I.C.C. PUBLICATION NO. 600. WE HEREBY UNDERTAKE THAT ALL DRAFTS DRAWN UNDER AND COMPLIANCE WITH THE TERMS OF THIS L/C WILL BE DULY HONORED ON PRESENTATION.

ADVISE THROUGH　　　 57D：BANK OF CHINA,
　　　　　　　　　　　　　GUANGDONG BRANCH,
　　　　　　　　　　　　　GUANGZHOU, CHINA

根据上述信用证核对本单据,即港对港海运提单,可知：

B/L No.：(10)

Shipper (1)		中国对外贸易运输总公司 CHINA NATIONAL FOREIGN TRADETRANSPORTATION CORP.
Consignee or order (2)		**直运或转船提单** BILL OF LADING DIRECT OR WITH TRANSHIPMENT SHIPPED on board in apparent good order and condition (unless otherwise indicated) the goods or packages specified herein and to be discharged at the mentioned port of discharge or as near thereto as the vessel may safely get and be always afloat. The weight, measure, marks and numbers, quality, contents and value. Being particulars furnished by the shipper, are not checked by the carrier on loading. The shipper, consignee and the holder of this bill of lading hereby expressly accept and agree to all printed, written or stamped provisions. Exceptions and conditions of this Bill of Lading including those on the back hereof. Whereof the number of original Bills of Lading stated below have been signed, one of which being accomplished, the other to be void.
Notify address (3)		
Pre-carriage by (单式无)	Place of receipt (单式无) (4)	
Vessel & Voyage (5)(6)	Port of loading (7)	
Port of discharge (8)	Final destination (9)	
Container seal No. or marks and No. (11)	Number and kind of packages (12) Description of goods (13)	Gross weight(kg) (14)	Measurement (m^3) (15)

REGARDING TRANSHIPMENT INFORMATION PLEASE CONTACT (2)		Freight and charges (16)	
TOTAL NUMBER OF CONTAINERS OR PACKAGES (IN WORDS) (17)		LOADING ON BOARD THE VESSEL Date and By (19)(20)	
Ex. rate	Prepaid at	Freight payable at	Place and date of issue (21)
	Total prepaid	Number of original Bs/L (18)	Signed for or on behalf of the Master as Agent (22)

实训模块二 案例分析

【案例】

某国际贸易公司与欧洲某进口商订立出口某商品 500 公吨的合同,规定采用信用证支付,允许交货数量有 5% 的增减。买方银行开来的信用证规定:"分 4 批装运,1 月 100 公吨,2 月 150 公吨,3 月 150 公吨,4 月 100 公吨,每月内不得分批。"贸易公司审查信用证后认为可以接受,遂于 1 月、2 月分别按信用证要求装运两批货物并顺利收回货款。等到 3 月装运第三批时,因货源不足,经协商船公司同意于 3 月 15 日由该船先在青岛装货 70 公吨,接着于 3 月 20 日到烟台再装货 75 公吨,然后驶往目的港。贸易公司持分别于青岛和烟台签发的两套提单前去银行议付,议付行议付后将单据交到开证行索偿。开证行认为单证不符,拒绝偿付。理由是:

(1) 信用证规定每月内不得分批,出口方却在青岛和烟台两地分批装运;

(2) 3 月份要求装运 150 公吨,出口方只装运了 145 公吨,数量不足。

请问:开证行的拒付有无道理? 为什么?

【分析】

开证行的拒付是没有道理的。

首先,按照 UCP600 的规定,同一船只、同一航次中的多次装运货物,即使提单表示不同的装运日期或不同的装货港口,也不作为分批装运。在本案例中,在青岛装完 70 公吨后同一艘船又在烟台装运了 75 公吨,145 公吨货物同时抵达目的港,符合 UCP600 的规定,不算分批,没有违反有关信用证中每个月不得分批的规定。

其次,合同中的溢短装条款规定允许交货数量有 5% 的增减,150 公吨的 5% 是 7.5 公吨,3 月交货的数量是 145 公吨,比 150 公吨只少了 5 公吨,是在溢短装条款规定的幅度范围之内的,因此卖方交货的数量符合合同和有关信用证的规定。

因为卖方提交的单据符合信用证的规定,所以开证行的拒付理由不充分,应当按照规定支付货款。

◆ **本章回顾**

海洋运输是国际货物运输中运用最广泛的一种运输方式，其经营方式有班轮运输和租船运输两种。班轮运费由基本运费和附加运费两部分构成。租船运输主要有定程租船、定期租船和光船租船三大类。国际贸易中常用的运输方式还有国际铁路运输、国际航空运输、国际多式联合运输以及公路、内河、邮政、管道和大陆桥运输。

运输单据是承运人收到承运货物签发给出口商的证明文件，是交接货物、处理索赔和理赔以及与银行结算货款时进行议付的重要单据。运输单据根据运输方式的不同而不同，主要有海运提单、海运单、铁路运单、航空运单、多式联运单据等。海运提单是代表货物所有权，且承运人据以交付货物的单据，在海洋运输中具有重要作用。

在国际货物买卖合同中，买卖双方必须就装运期、装运港和目的港、能否分批装运和转船、转运等问题在合同中作出明确规定，与美国贸易时，还可以采用OCP运输条款。

◆ **赛点指导**

根据全国高校商业精英挑战赛国际贸易竞赛评分细则，商贸配对贸易谈判环节涉及运费的计算、运输方式的选择。由于价格核算以及贸易术语的价格换算都涉及运费的计算，因此计算件杂货物和集装箱货物的运费是必备的技能。

根据本章专业知识，竞赛谈判中应注意以下要点：

1. 学会查询中国主要港口到世界主要港口的航线

北美洲主要是美加线。美加线由美国线和加拿大线组成，其中美国线分美东线和美西线。美东线基本港有纽约、巴尔的摩、费城、迈阿密等，美西线基本港有洛杉矶、长滩、奥克兰、旧金山等。加拿大线基本港有温哥华、多伦多、蒙特利尔等。

南美洲主要分东线和西线。东线基本港有阿根廷的布宜诺斯艾利斯，巴西的桑托斯、里约热内卢、里奥格兰德，等等。西线基本港有智利的瓦尔帕莱索、阿里卡，巴拿马的科隆自由贸易港、巴拿马城，等等。

大洋洲走得最多的是澳新线，基本港有澳大利亚的悉尼、墨尔本、布里斯班、阿德莱德，新西兰的奥克兰、惠灵顿，等等。

非洲线很丰富，分为四条线，分别为东非线、西非线、南非线、北非线。南非线基本港有德班、开普敦、约翰内斯堡等。北非线基本港有阿尔及利亚的阿尔及尔等。西非线基本港有尼日利亚的拉各斯、加纳的特马、贝宁的科托努、多哥的洛美等。东非线基本港有坦桑尼亚的达累斯萨拉姆、肯尼亚的蒙巴萨、莫桑比克的贝拉等。

中南美加勒比海线基本港有墨西哥的曼萨尼约、墨西哥城，委内瑞拉的拉瓜伊拉，危地马拉的圣何塞、危地马拉城，厄瓜多尔的瓜亚基尔，秘鲁的卡亚俄，等等。

地中海线分为东地中海线和西地中海线。西地中海线基本港有意大利的热那亚、那不勒斯，西班牙的巴塞罗那，法国的马赛，摩洛哥的卡萨布兰卡，突尼斯的突尼斯港，等等。东地中海线基本港有土耳其的伊斯坦布尔、梅尔辛、伊兹密尔，希腊的比雷埃夫斯、塞萨洛尼基,塞浦路斯的利马索尔,埃及的亚历山大,黎巴嫩的贝鲁特,叙利亚的拉塔基亚,等等。

黑海线基本港有乌克兰的敖德萨、伊利乔夫斯克,罗马尼亚的康斯坦察,保加利亚的瓦尔纳,等等。

2. 学会查询运费率

第一步:确认我们要运输的起始港和目的港。若遇到不了解的目的港,可以通过查询目的港国家,了解有关国家的所有港口,进而在众多航线中挑选性价比高的航线进行运输。

第二步:对查询到的所有航线进行比对,筛选港口。根据我们想要运送到的仓库来筛选港口。要注意的是除了基本运费之外,还有备注的附加运费也要算进去。除此之外,要注意具体的船期,最终对比每条航线的船期、运费、附加费等。

需要注意的是,运费不是固定不变的,每个季度每个月份都可能有涨有跌。因此,进行贸易谈判时,可以说明运费这一特点,给自己留有余地。

3. 熟练掌握运费的计算

在赛前准备工作中,将各大航线、各大港口的运费提前计算出来很有必要。在价格换算的过程中,需要根据不同贸易术语来增加或者减少运费进行报价。例如,当评委问到CFR价格的时候,可以直接在FOB价格的基础上加上运费,或者可以直接查询自己事前准备好的不同贸易术语以及不同目的港的报价单。

还需要注意的是,在计算运费的准备工作中,要了解所装货物是用集装箱整箱装运,还是散装,因为这涉及运费的计算方式。比较简便的做法是,直接计算所售货物装一个标准集装箱的运费价格,然后计算出单个货物的运费价格。在商务谈判环节,可以引导对方订满一个集装箱,以节约运费。

4. 学会制定合同中的装运条款

在国际贸易竞赛准备阶段,可以事先准备好一份国际货物销售合同或者销售确认书。其中,装运期、装运港、目的港、分批装运和转运等有关装运条款的内容,可以在双方谈好后再填入。

总之,本章所学习的国际货物运输,在全国国际贸易竞赛中,除了与装运条款有关以外,运费的计算还与谈判的价格紧密相关。因此,一定要准确掌握相关知识和技能,并在竞赛中灵活运用。

◇ **课堂思政**

在本章的运输方式学习中,了解我国"一带一路"倡议和中欧班列开通情况,树立共建共赢共享的发展理念。熟悉中国集装箱港口建设的现状,增强基于中国基建伟大成就的民族自豪感和中国特色社会主义道路自信。对中国集装箱港口机械化、自动化、数字化和智能化建设成就的介绍,有利于鼓励学生突破原创,激发新思想和新探索。

熟悉托运定舱流程以及国际多式联运流程,培养学生按流程、按规矩处理业务,遵循规章制度、求真务实的职业态度。熟悉运费的计算以及运输单据的缮制,培养学生细致严谨和灵活变通的职业素养。对提单种类的介绍中,通过案例分析"倒签提单"和"预借提单",引导学生做到不造假不欺骗、诚信经商的品质。通过对国际多式联运这种运输方式优点的理解,培育学生在实际工作中敏于发现问题、善于采取创新手段解决问题的胆识。

◆ 练习题

一、单项选择题

1. 班轮提单的签发日期是指　　　　　　　　　　　　　　　　　　　　（　　）
   A. 装船开始的日期　　　　　　　　B. 装船完毕的日期
   C. 船舶起航的日期　　　　　　　　D. 船舶靠岸的日期

2. 国际多式联运经营人对运输的责任　　　　　　　　　　　　　　　　（　　）
   A. 仅限于第一程运输　　　　　　　B. 任选一程负责
   C. 全程运输　　　　　　　　　　　D. 第二程运输

3. 航空运输货物时,其收货人提货的凭证是　　　　　　　　　　　　　（　　）
   A. 航空运单　　　　　　　　　　　B. 提货通知单
   C. 承运货物收据　　　　　　　　　D. 联运通知单

4. 空白抬头提单在转让时,其背书人是　　　　　　　　　　　　　　　（　　）
   A. 收货人　　　　　　　　　　　　B. 发货人
   C. 承运人　　　　　　　　　　　　D. 通知人

5. 班轮运费　　　　　　　　　　　　　　　　　　　　　　　　　　　（　　）
   A. 包括装卸费,计算滞期费和速遣费
   B. 包括装卸费,不计算滞期费和速遣费
   C. 不包括装卸费,仅计算滞期费和速遣费
   D. 不包括滞期费,仅计算速遣费

6. 班轮从价运费的计算是按货物的　　　　　　　　　　　　　　　　　（　　）
   A. CIF 价　　　　　　　　　　　　 B. CFR 价
   C. FOB 价　　　　　　　　　　　　 D. CFR 价

7. 某公司出口电扇 100 台,纸箱装,装船时有 4 台包装破裂,风罩变形,不能出口,根据 UCP600 的规定,发货人　　　　　　　　　　　　　　　　　　　　　　（　　）
   A. 装运 96 台　　　　　　　　　　 B. 装运 95 台
   C. 只能装运 100 台　　　　　　　　D. 装运 94 台

8. 承运人在提单上加注"货物用二手麻袋包装"字样,提单属于　　　　　（　　）
   A. 不清洁提单
   B. 清洁提单
   C. 由出口方出具保函后仍作为清洁提单
   D. 问题提单

9. 海运提单是货物所有权的凭证,铁路运单 (   )
   A. 也是货物所有权的凭证
   B. 不是货物所有权的凭证
   C. 是否为货物所有权的凭证,须视具体情况而定
   D. 是工作联系凭证

10. 签发联运提单的承运人的责任是 (   )
    A. 只对第一程运输负责   B. 必须对全程运输负责
    C. 只对第二程运输负责   D. 仅供提货

二、多项选择题

1. 装运期的规定方法很多,其中比较明确合理的规定方法是 (   )
   A. 某年某月装运   B. 某年某月以前装运
   C. 收到信用证后若干天内装运 D. 近期装运

2. 海洋运输按照船舶经营方式的不同,可分为 (   )
   A. 班轮运输   B. 急件传送
   C. 集装箱运输   D. 租船运输

3. 租船运输的方式可分为 (   )
   A. 不定期租船   B. 定期租船
   C. 定程租船   D. 光船租船

4. 造成分批装运的原因有 (   )
   A. 运输工具限制   B. 市场需求
   C. 目的地无合适的船   D. 货源紧张

5. 在进出口业务中,出口商完成装运后,凭_____向船公司换取正式提单。(   )
   A. 发货单   B. 场站收据
   C. 大副收据   D. 商业发票

三、判断题

1. 海运提单、铁路提单、航空运单都是物权凭证,可通过背书转让。 (   )
2. 海运提单的签发日期是指货物开始装船的日期。 (   )
3. 如合同中规定装运条款为2021年8/9月装运,那么,我方公司必须将货物于8月、9月两个月内,每月各装一批。 (   )
4. 我方出口某大宗商品,如按CIF班轮条件成交,我方必须用班轮装运货物。 (   )
5. 装在同一航次及同一条船上的货物,即使装运时间与地点不同,也不视为分批装运。 (   )
6. 空白抬头、空白背书的提单是指既不填写收货人,又不要背书的提单。 (   )
7. 为避免货物中途转船耽误时间,增加费用开支和造成货损货差,在按FOB条件进口时,最好在合同中订立"不准转船"的条款。 (   )

8. 正本提单和正本航空运单都可有一份随货同行,交予收货人。　　　　(　　)
9. 航空运单的抬头分为三种,即记名、指示和不记名抬头。　　　　　　(　　)
10. 多式联运单据是国际多式联运方式下,由第一承运人签发给托运人的运输单据。
　　　　　　　　　　　　　　　　　　　　　　　　　　　　　　(　　)

四、名词解释题

1. 班轮运输
2. 租船运输
3. 滞期费
4. 速遣费
5. 海运提单
6. 清洁提单

五、简答题

1. 班轮运输的特点是什么?
2. 同一包装、同一票货物和同一提单内出现混装情况,班轮公司如何计收运费?
3. 提单的性质和作用是什么?
4. 海洋运输、国际铁路运输、国际航空运输和国际多式联运各凭什么货运单据向银行办理议付?
5. 在集装箱货物交接方式中,如下英文缩写 FCL/FCL、FCL/LCL、LCL/LCL、LCL/FCL 分别是什么含义?

六、计算题

1. 某商品纸箱装,每箱毛重30千克,体积0.05立方米,原报价每箱30美元FOB上海,现客户要求改报 CFR××港。问:在不减少收汇额的条件下,我方应报价多少?(该商品计费标准为 W/M,每运费吨基本费率为200美元,到××港回收港口附加费10%)

2. 出口某商品100公吨,报价每公吨1 950美元FOB上海,客户要求改报 CFR 伦敦价,已知该货物为5级货,计费标准为 W/M,每运费吨运费70美元。若要保持外汇收入不变,应如何报价? 若还需征收燃油附加费10%、货币贬值附加费10%,应如何计算?

3. 出口某商品10公吨,箱装,每箱毛重30千克,净重25千克,体积20厘米×30厘米×40厘米,单价CFR马赛每箱55美元,查表知该货为8级货,计费标准为 W/M,每运费吨运费80美元,另征收转船附加费20%、燃油附加费10%。该商品的总运费为多少?

七、案例分析题

1. 我国对日本按CFR合同出口一批货物,合同规定3—4月装运,国外来证也是如此,无其他字样。但我方在租船定舱时发生困难,因出口量大一时租不到足够的舱位,须分三批装运。

问：在这样的情况下，是否需要国外修改信用证的装运条款？

2. 我国某外贸公司以 FOB 青岛与香港 L 公司成交铁矿砂一批，港商即转手以 CIF 价格条件转手给德国某公司，港商信用证规定价格条件为 FOB 青岛，目的港为汉堡，但提出在提单上标明"运费已付"。

问：港商为何这样做？我们如何处理才能使我方的利益不受损害？

八、操作题

我国龙江贸易公司向日本大成贸易公司出口东北大豆 100 公吨，2020 年产。每公吨 210 美元 CIF 大阪，单层麻袋装，每袋净重 100 公斤。运输标志为：

J. D. A

Osaka　Japan

CT-2021-321

Nos. 1000

货物于 3 月 15 日在大连装"长江"号轮船运往日本大阪。请根据上列条件填制一份"已装船，清洁，空白抬头提单"，并注明"运费已付"。

提　　单

BILL OF LADING

DIRECT OR WITH TRANSHIPMENT

_____

托运人(1)

Shipper

_____

收货人(2)

Consignee

_____

通知(3)

Notify

_____

船名(4)　　　航次　　　装货单号　　　　提单号

Vessel Voy. 315　S/O No. 866　B/L No. 678

装货港：中国大连　　　　　卸货港：日本大阪

Port of Loading　　　　　　Port of Discharge

运费在　　　　中国大连　　　　支付

Freight Payable at

托运人所提供的详细情况

Particulars Furnished by the Shipper

标志和号数 Marks and Numbers	件数 No. of Packages	货名 Description of Goods	毛重 Gross Weight	尺码 Measurement
(5)	(6)	东北大豆	100 公吨	
合计件数(大写) Total Packages (in words)				

运费和其他费用:(7)

Freight and Charges

签单日期(8)   在   大连
   Dated _____ at _____

船长

For the Master

江海洋

◇ **参考文献**

[1] 黎孝先,石玉川,王健. 国际贸易实务[M]. 7 版. 北京:对外经济贸易大学出版社,2020.

[2] 毕甫清,李冰,朱玉赢. 国际贸易实务与案例[M]. 3 版. 北京:清华大学出版社,2018.

[3] 陈平. 国际贸易实务[M]. 3 版. 北京:中国人民大学出版社,2020.

第四章 04

国际货物运输保险

◎ 学习目标：

知识目标：了解保险的基本原则，理解海运货物保险的承保范围，理解国际货物运输保险承保的责任起讫，熟悉中国海洋货物运输保险主要险别的承保风险与除外责任，理解英国伦敦保险协会的《协会货物保险条款》及其特点，了解陆运、空运货物与邮包运输保险。

能力目标：能够判断货物损失的种类，能够确定保险利益，能够选择合适的险种为国际货物运输投保，能够计算保险金额和保险费，能够填写保险单证，能够制定合同中的保险条款。

素质目标：认识国际货运风险常见类型，强化居安思危、有备无患的风险防范意识，理解保险利益的内涵，掌握保险索赔的程序，熟悉保险责任范围，培育遵纪守法、重合同守信用的职业道德和严谨务实的业务素养。

第一节 保险概述

一、保险的概念

1. 含义

按国家标准《保险术语》(GB/T 36687—2018)的解释,保险是指投保人根据合同约定,向保险人支付保险费,保险人对于合同约定的可能发生的事故因其发生所造成的财产损失承担赔偿保险金责任,或者当被保险人死亡、伤残、疾病或者达到合同约定的年龄、期限等条件时承担给付保险金责任的商业保险行为。

保险是一种经济补偿手段,包括财产保险、责任保险、保证保险和人身保险。国际货物运输保险属于财产保险范畴。

2. 性质

(1) 从经济的角度看,保险是一种经济行为、一种商业活动和一种金融行为。

(2) 从法律的角度看,保险是一种合同行为。

(3) 从社会功能的角度看,保险是个人或组织转移自身所面临风险的一种方法。

二、保险的基本原则

1. 可保利益原则

可保利益是指投保人或被保险人对保险标的具有的法律上承认的利益。可保利益是保险合同生效的先决条件,也是向保险公司索赔的必备条件。

可保利益原则的必备条件如下:

(1) 可保利益必须是合法的利益,而不应是违反法律规定或通过不正当的手段获得的利益。

(2) 可保利益必须是一种确定的、可实现的利益,而不是仅凭主观臆断、推断可能获得的利益。

(3) 可保利益必须是可以用货币计算的经济利益,而不是恢复原样或物质补偿。

就货物保险而言,可保利益是反映在运输货物上的利益,主要是货物本身的价值,但也包括与此相关联的费用(运费、保险费、关税、预期利润等)。但它不像其他保险那样在投保时就要求对保险标的具备可保利益,只要求在保险标的发生损失时必须具有保险利益。

2. 最大诚信原则

保险合同双方当事人在订立和履行合同时,必须本着绝对诚意办事,恪守信用,将据以订立合同的主要情况和条件诚实地、无保留地告知对方。最大诚信原则主要涉及以下三方面的内容:

(1) 告知(Disclosure),是指在投保时被保险人把其所知道的有关保险标的的重要事项告诉保险人。若投保时被保险人对重要事项故意隐瞒,即构成不告知(Nondisclosure)。不告知要承担相应的法律后果。

(2) 陈述(Representation),是指在磋商保险合同时或在合同订立前被保险人就其所知道的有关保险标的的情况向保险人所作的说明。如果所作的陈述不真实,即为错误陈述(Misrepresentation)。

(3) 保证(Warranty),也称"担保",一般是指在保险合同中,被保险人所作的要做或不做某件事情的保证,或保证某种情况的存在或不存在,或保证履行某项条件,等等。对于保险合同中的保证条件,不论其重要性如何,被保险人均须严格遵守,如有违反,保险人可以自保证被违反之日起解除合同;而且,被保险人即使在损失发生之前已对违反的保证作出了弥补,也不能以此为由为其违反保证的事实提出辩护,保险人仍可按违反保证处理。

3. 补偿原则

保险的补偿原则(Principle of Indemnity)是指当保险标的发生保险责任范围内的损失时,保险人应按照合同条款的规定履行赔偿责任。

保险人履行补偿原则必须掌握三个限度,即以实际损失为限、以保险金额为限和以保险利益为限,以保证被保险人既能恢复失去的经济利益,又不会因保险赔款而额外受益。

4. 代位追偿原则

代位追偿(Subrogation)是指在保险标的发生了保险责任范围内的由第三方责任造成的损失,保险人向被保险人履行了损失赔偿责任后,保险人在其已赔付的金额限度内,有权取得被保险人在该项损失中向第三责任方索赔的权利,保险人取得该权利后,即可站在被保险人的地位向责任方进行追偿。

代位追偿原则的构成条件如下:

(1) 损失必须是第三方因疏忽或过失产生的侵权行为或违法行为所造成的,而且根据法律的规定或双方在合同中的约定,第三方对这种损失负有赔偿责任。

(2) 第三方的这种损害或违约行为是保险合同中订明的保险责任。如果第三方的损害或违约行为与保险无关,就构不成保险上的代位追偿。

(3) 保险人向第三方行使代位权所获得的补偿不能超过其赔付给被保险人的损失金额。

5. 重复保险分摊原则

重复保险(Double Insurance)亦称"双重保险",是指被保险人以同一保险标的向两家或两家以上的保险公司投保了相同的保险,在保险期限相同的情况下,其保险金额的总额超过了该保险标的的价值。

重复保险分摊主要可分为以下三种:

(1) 比例责任分摊。按保险金额占各保险人承保金额总和之比再乘实际损失。《中华人民共和国保险法》采用该原则。

(2) 限额责任分摊。各保险人按无他保时实际承担的责任占各保险人在无他保时实际承担责任之和的比例承担保险赔偿责任。

(3) 顺序责任分摊。按各保险人开具保险单的先后顺序分摊责任,先出保险单的保险人先承担损失赔偿,后出保险单的保险人只有在承保标的损失超过前一保险人的承保金额时才依次承担超出部分。

6. 近因原则

所谓近因(Proximate Cause)是指造成损失的最根本、可追溯并对损失的发生起主导作用或支配作用的原因,而不一定是时间或空间上与损失最接近的原因。近因原则是指保险人仅对以保险事故为近因造成的损失承担保险责任。

在实际业务中,造成保险标的损失的原因有很多,有单独一个原因,也有两个或两个以上的原因,有同时发生的,也有连续发生的。

(1) 只有一个单独的损失原因。在这种情况下,这个单独的损失原因若属于保险单承保的风险,保险人对损失应予以赔偿。

(2) 多种损失原因组成了因果链。如果先前发生的原因是保险责任范围内的,随后发生的原因是保险责任范围外的,但随后发生的原因是先前的原因导致的结果,则先前的原因是近因,保险人应予以赔偿。如果该近因不属于保险责任范围,则保险人无须赔偿。

(3) 多种独立的原因共同存在的情况。在这种情况下,多种原因似乎都对损失有作用,它们之间不存在明显的因果关系,此时,寻找近因的关键仍然要从这些原因对损失的影响入手,那些在效果上对损失起主导及支配作用的原因就是近因。

第二节 海运货物运输保险的承保范围

国际货物运输一般距离长、风险大,在长途运输过程中又容易遭受各种损失。投保人为了转嫁运输途中的风险,在货物受损后能得到经济补偿,故需办理货物运输保险。海上货物运输保险人主要承保海上货物运输风险、海上损失及海上费用。

一、海上货物运输风险

海上货物运输风险的分类如图 4-1 所示。

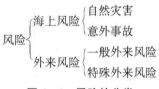

图 4-1 风险的分类

1. 海上风险(Perils of Sea/Maritime Perils)

海上风险又称"海难",包括海上发生的自然灾害和意外事故。但海上风险并不仅局限于海上航运过程中发生的风险,还包括与海上航运相关联的内陆、内河、内湖运输过程中发生的一些自然灾害和意外事故。

(1) 自然灾害(Natural Calamities),指不以人的意志为转移的自然力量所引起的灾害。在我国海运保险中,自然灾害仅指恶劣气候、雷电、海啸、地震、洪水、火山爆发等人力不可抗拒的力量所造成的灾害。

(2) 意外事故(Fortuitous Accidents),指由偶然的、难以预料的原因造成的事故。在我国海运保险中,意外事故仅指运输工具搁浅、触礁、沉没、与流冰或其他物体碰撞、互撞、失火、爆炸等造成的货物损失。

2. 外来风险(Extraneous Risks)

外来风险是指除海上风险以外的其他外来原因所造成的风险,可以分为一般外来风险和特殊外来风险。

(1) 一般外来风险,指货物在运输途中由偷窃、雨淋、短量、渗漏、破碎、受潮、受热、霉变、串味、玷污、钩损、生锈、碰损等外来因素造成的风险。

(2) 特殊外来风险,指运输过程中由军事、政治、国家政策法令及行政措施等外来原因造成的风险与损失。这些特殊原因包括战争、罢工、交货不到、进口关税、黄曲霉素、舱面的货物损失、拒收等。

[例 4-1] 买方提货不着索赔案

我方按 CIF 条件向中东某国出口一批货物,根据合同投保了水渍险,附加提货不着险,但在海运途中,因战争轮船被扣押,之后进口商因提货不着向保险公司进行索赔。问:结果会如何?

分析:提货不着险,指保险有效期内,被保险货物被偷走或窃走,以及货物运抵目的地以后,货物的全部或整件未交的损失,由保险公司负责赔偿。从本例来看,显然不属于这种情况。本例的提货不着是由战争(特殊外来风险)造成的,所以保险公司将不予赔偿。

[例 4-2] 由罢工造成的冷藏食物变质索赔案

我方按 CIF 出口冷冻食品一批,合同规定投保平安险加战争险、罢工险。货到目的港后适逢码头工人罢工,港口无人作业,货物无法卸载。不久货轮因无法补充燃料,冷冻设备停机,等到罢工结束,该批冷冻食品已变质。问:这种由罢工引起的损失,保险公司是否负责赔偿?

分析:保险公司只对因罢工造成的直接损失负责赔偿,对于间接损失则不负责任。本例货物的损失是由冷冻设备因无法补充燃料而停机造成的,虽然无法补充燃料是罢工的后果,但此损失是罢工的间接损失,所以保险公司对此不予赔偿。

[例 4-3] 由罢工造成的大豆损失索赔案

我方按 CIF 条件出口大豆 1 000 公吨,计 10 000 包,合同规定投保一切险加战争险、罢工险,货卸目的港码头后,当地码头工人便开始罢工。在工人与政府的武装力量对抗中,该批大豆有的被撒在地面上,有的被当作掩体,有的丢失,总损失近半。问:对于这种损失保险公司是否负责赔偿?

分析:本例属罢工过程造成的直接损失,保险公司应负责赔偿。

二、海上货物运输损失

海上货物运输损失的分类如图4-2所示。

图4-2 损失的分类

1. 全部损失(Total Loss)

全部损失又称"全损",指整批或不可分割的一批被保险货物在运输途中全部遭受损失,根据情况不同,又可以分为实际全损和推定全损。

(1) 实际全损(Actual Total Loss),指保险标的物已经完全灭失或受到严重破坏,已经完全失去原有的形体、效用,或不再有任何使用价值和商业价值(如茶叶被水泡),或船舶失踪损失已经无法挽回(如发生海盗行为)。

(2) 推定全损(Constructive Total Loss),指被保险货物在运输途中受损后,实际全损已经不可避免,或为避免实际全损所需要支付的费用与继续将货物运抵目的地的费用之和超过保险价值。被保险货物发生推定全损时,被保险人可以要求保险公司按部分损失赔偿,也可以经保险公司审核同意后进行委付。委付指被保险人将保险标的的一切权利与义务转让给保险公司,保险公司按全部损失赔偿。

[例4-4] 有一台价值10万美元的精密仪器,在海运途中受损,经专家检测,若要修理,修理费用达11万美元,若把其零件拆下,可以卖2万美元,这时就可以向保险公司申请委付,保险公司核定事故在保险承保范围内,给予全损的赔偿,同时保险公司取得该台仪器的所有权。

2. 部分损失(Partial Loss)

按损失的性质不同,海上货物运输损失可以分为共同海损与单独海损。

(1) 共同海损(General Average),指载货的船舶在海运途中遭到自然灾害或意外事故时,船长为解除船货的共同风险或使航行能够继续,有意地、合理地、人为地作出牺牲,或采取其他救难措施所带来的损失和额外的费用。例如,暴风雨把部分货物卷入海中,使船身发生严重倾斜,如果不及时采取措施,船货会全部沉入大海,这时船长下令扔掉部分货物以维持船身平衡,这部分牺牲就属于共同海损。

构成共同海损,必须具备四个条件:第一,危险是共同的,并且是真实存在的或其发生不可避免;第二,是人为的、有意的、合理的措施造成的牺牲和费用;第三,损失是属于非常情况下的,费用是额外的;第四,牺牲和费用是有效的,避免了全损的发生。根据惯例,共同海损的牺牲和费用应由受益方,即船方、货方、运费方三方最后按获救价值的比例进行分摊。所以必须有获救方,才能实现共同海损分摊(General Average Contribution)。

[例 4-5] 共同海损分摊案

船在航行中触礁,船身出现裂口,海水自裂口处侵入,货方甲价值 3 万美元的货物因此受损。为了船货共同安全,船长下令租用拖轮将船拖到岸边修补,然后为了船身上浮抛掉了货方乙的部分笨重货物,这些损失和费用共计 8 万美元。这 8 万美元的共同海损应如何分摊?已知开航时各方的价值为:船方 100 万美元、货方甲 30 万美元、货方乙 50 万美元、货方丙 8 万美元、待收运费 2 万美元。

分析:共同海损分摊情况如表 4-1 所示。

表 4-1 共同海损分摊情况

受益方	获救价值/万美元	分摊比例/%	分摊金额/万美元
船方	100	52.63	52.63%×8=4.210
货方甲	30	15.79	15.79%×8=1.263
货方乙	50	26.32	26.32%×8=2.106
货方丙	8	4.21	4.21%×8=0.337
运费方	2	1.05	1.05%×8=0.084
合计	190	100	8.00

[例 4-6] 共同海损判定案

某货轮从天津新港驶往新加坡,在航行途中船舶货舱起火,大火蔓延到机舱,船长为了船货的共同安全,决定采取紧急措施,往舱中灌水灭火。火虽被扑灭,但由于主机受损,无法继续航行,于是船长决定雇用拖轮将货船拖回新港修理,检修后重新驶往新加坡。事后调查,这次事件造成的损失有:① 1000 箱货物被火烧毁;② 600 箱货物由于灌水灭火而受到损失;③ 主机和部分甲板被烧坏;④ 拖轮费用;⑤ 额外增加的燃料和船长、船员工资。从上述各项损失的性质看,哪些属于共同海损?

分析:本案例中②④⑤是为维护船货共同安全进行灌水灭火而造成的损失和产生的费用,属于共同海损。

(2) 单独海损(Particular Average),指涉及船舶或货物所有人单方面的利益的损失。

3. 单独海损与共同海损的区别

(1) 造成海损的原因不同,单独海损是承保风险所直接导致的船、货损失;共同海损是为了解除船货共同风险而人为采取的合理措施所造成的损失。

(2) 海损的承担者不一样,单独海损由受损方自行承担,共同海损由受益各方按获救价值比例共同分摊。

[例 4-7] 某公司出口核桃仁 100 公吨,在海运途中遭受暴风雨,海水进入舱内,核桃仁遭受水泡而变质,这种损失只是该公司一家的损失,与其他货主和船方都没有关系。

[例 4-8] 单独海损判定案

有一货轮在航行中与流冰相撞,船身一侧出现裂口,海水涌进,舱内部分货物遭浸泡。船长不得不将船驶上浅滩,进行排水,修补裂口,而后为了浮起,又将部分笨重货物抛入海中。问:这一连串的损失都是单独海损吗?

分析:不全是单独海损。在上述损失中,只有船体撞裂造成的浸泡损失是单独海损。而将船只驶向浅滩后的一系列损失和费用属于共同海损。

三、海上费用

海上费用是指由海上风险造成的保险人承保的费用损失,包括施救费用和救助费用。

1. 施救费用(Sue and Labor Charges)

施救费用又称"单独海损费用",是指被保险货物遭受保险责任范围内的自然灾害和意外事故时,被保险人或其他代理人、雇用人员和受让人等为抢救被保险货物,防止损失继续扩大而采取措施所支付的费用。这种费用由保险公司负责赔偿。

2. 救助费用(Salvage Charges)

救助费用指保险标的在运输途中遇到承保范围内的灾害事故时,有保险人和被保险人以外的无契约关系的第三者采取救助措施而向第三者支付的报酬。保险人负责赔偿救助费用,但是要求救助成功。

3. 施救费用与救助费用的区别

(1) 采取行为的主体不同。施救是由被保险人及其代理人等采取的行为,而救助是由保险人和被保险人以外的第三者进行的。

(2) 给付报酬的原则不同。施救费用是施救不论有无效果,都予以赔偿;而救助则有可能是"无效果、无报酬"。

(3) 保险人的赔偿责任不同。施救费用可在被保险货物本身的保额以外再赔付一个保额,而保险人对救助费用的赔偿责任是以不超过获救财产的价值为限,即救助费用与被保险货物本身损失的赔偿金额相加,不得超过货物的保额,而且是按保险金额占获救保险标的的价值比例承担责任。

第三节 中国海洋运输货物保险的险别

为了适应对外贸易的发展,各国都设有国际运输货物保险机构,并制定了相应的保险条款。中国人民财产保险股份有限公司根据我国保险工作的实际情况,并参照国际保险市场的习惯做法,分别制订了海洋、陆上、航空及邮包运输方式的货物运输保险条款,以及适用于以上四种运输方式货物保险的附加条款,总称为"中国保险条款"(China Insurance Clauses,简称"CIC 条款")。中国人民财产保险股份有限公司制定的《海洋运输货物保险条款》(2018版)主要包括赔偿的责任范围,除外责任,责任起讫,保险人义务,投保人、被保险人义务,赔偿处理及索赔期限等内容。有冷藏等特殊要求的商品运输保险按照各专项保险条款办理。

保险险别是保险人对风险和损失的承保责任范围。它是保险人承保责任大小、被保险人缴付保险费多少的依据。我国海洋运输货物保险的险别,按照是否能单独投保分为基本险和附加险两类。

基本险,又称为"主险",是可以单独投保的保险产品,不必依附于其他险别项下。海洋运输货物保险承保的主要是自然灾害和意外事故所造成的货物损失或费用。附加险是附加于主险或基本险的保险产品的,承保的是其他外来风险所造成的损失和费用。中国保险条款中有关海洋运输货物保险的险别如图 4-3 所示:

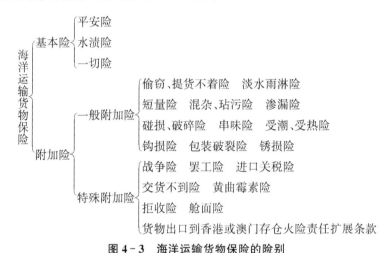

图 4-3 海洋运输货物保险的险别

一、承保的责任范围

(一) 基本险

基本险有三类:平安险、水渍险、一切险。

1. 平安险(Free from Particular Average,FPA)

平安险的承保范围:

① 在海运途中,运输工具遇到自然灾害造成的被保险货物的全部损失;

② 在海运途中,运输工具遭到意外事故造成的被保险货物的全部损失或部分损失;

③ 在运输工具已经发生意外事故的情况下,货物在此后又在海上遭受自然灾害所造成的部分损失;

④ 在装卸或转运时一件或数件甚至整批货物落海所造成的全部或部分损失;

⑤ 被保险人对遭受承保责任内危险的货物采取抢救、防止或减少货损的措施所支付的合理费用,但以不超过该批被毁货物的保险金额为限;

⑥ 运输工具遭遇海难后,在避难港由卸货引起的损失以及在中途港或避难港由于卸货、存舱和运送货物所产生的特殊费用;

⑦ 共同海损的牺牲、分摊和救助费;

⑧ 运输契约中订有"船舶互撞条款",按规定,应由货方偿还船方的损失。

2. 水渍险(With Average/With Particular Average,WA/WPA)

水渍险的承保范围除包括平安险的各项责任以外,还负责由恶劣气候、雷电、海啸、地震、洪水等自然灾害所造成的被保险货物的部分损失。

[例4-9] 船上水管漏水货物受损索赔案

我方对澳大利亚出口坯布100包,按合同规定加一成投保水渍险。运输途中船舱内食用水水管漏水,致使该批坯布中的30包浸有水渍。问:此损失应该向保险公司索赔还是向船公司索赔?

分析:该损失不在水渍险的范围之内,因为水渍险的责任范围是由自然灾害和意外事故造成的承保货物的损失,而本例的损失是由船上食用水水管漏水造成的,船上食用水水管漏水属淡水雨淋,属一般外来风险,所以不在水渍险的承保范围之内,保险公司不予赔偿,可凭清洁提单向船公司交涉。

3. 一切险(All Risks)

一切险的承保范围除了包括平安险和水渍险的所有责任外,还负责在运输途中由一般外来风险造成的被保险货物的全部或部分损失。

(二) 附加险

在海运保险业务中,进出口商除了投保货物的上述基本险外,还可以根据货物的特点和实际需要,酌情再选择若干适当的附加险别。附加险不能单独投保,必须依附于基本险。附加险可以分为一般附加险和特殊附加险。

1. 一般附加险

一般附加险包括偷窃提货不着险,淡水雨淋险,短量险,混杂、玷污险,渗漏险,碰损、破碎险,串味险,钩损险,受潮、受热险,包装破裂险,锈损险等11种险别。

(1) 偷窃、提货不着险(Theft, Pilferage and Non-delivery)。在保险有效期内,本保险对被保险货物因偷窃行为所遭受的损失及整件提货不着所遭受的损失,按保险价值负责赔偿。

(2) 淡水雨淋险(Fresh Water and/or Rain Damage)。本保险对由雨淋或淡水所造成的被保险货物的损失负责赔偿。

(3) 短量险(Risk of Shortage)。本保险对被保险货物在运输过程中因外包装破裂或散装货物发生数量散失和实际重量短缺所遭受的损失负责赔偿。

(4) 混杂、玷污险(Risk of Inter Mixture and Contamination)。本保险对被保险货物在

运输过程中因混杂、玷污所遭受的损失负责赔偿。

（5）渗漏险(Risk of Leakage)。本保险对运输过程中由容器损坏引起的被保险货物的渗漏损失，或用液体储藏的货物因液体的渗漏而遭受的货物腐败等损失负责赔偿。

（6）碰损、破碎险(Risk of Clash and Breakage)。本保险对被保险货物在运输过程中因震动、碰撞、受压所遭受的破碎和碰撞损失负责赔偿。

（7）串味险(Risk of Odour)。本保险对被保险食品、中药材、化妆品原料等货物在运输过程中因受其他物品的影响而遭受的串味损失负责赔偿。

（8）钩损险(Hook Damage)。本保险对被保险货物在装卸过程中因钩损而遭受的损失，以及对包装进行修补或调换所支付的费用均负责赔偿。

（9）受潮、受热险(Damage Caused by Sweating and Heating)。本保险对被保险货物在运输过程中因气温突然变化或船上通风设备失灵致使船舱内水汽凝结、发潮或发热所遭受的损失负责赔偿。

（10）包装破裂险(Breakage of Packing)。本保险对被保险货物在运输过程中因搬运或装卸不慎而导致包装破裂所遭受的损失以及为继续安全运输需要对包装进行修补或调换所支付的费用均负责赔偿。

（11）锈损险(Risk of Rust)。本保险对被保险货物在运输过程中发生的锈损负责赔偿。

2. 特殊附加险

特殊附加险包括战争险、罢工险、舱面险、进口关税险、拒收险、黄曲霉素险、交货不到险、货物出口到香港或澳门存仓火险责任扩展条款等8种。

（1）战争险(War Risk)。本保险的承保责任范围包括由战争、类似战争行为和敌对行为、武装冲突或海盗行为以及由此而引起的捕获、拘留、禁止、扣押所造成的损失，或者由各种常规武器(包括水雷、鱼雷、炸弹)所造成的损失，以及上述原因所引起的共同海损的牺牲、分摊和救助费用。但对原子弹、氢弹等核弹所造成的损失，保险公司不予赔偿。

（2）罢工险(Strike Risk)。本保险承保由罢工者、被迫停工工人或参加工潮、暴动和民变的人员采取行动所造成的被保险货物的直接损失。对于任何人的恶意行为所造成的损失，保险公司也予以赔偿。

（3）舱面险(On Deck Risk)。本保险除承保存放在舱面的货物按保险单所载条款负责的损失外，还负责货物被抛弃或被风浪冲击落水造成的损失。

（4）进口关税险(Import Duty Risk)。如果被保险货物虽然遭受了本保险单责任范围以内的损失，但到达目的港后被保险人仍需按完好货物完税，保险公司对该项货物损失部分的进口关税负赔偿责任。

（5）拒收险(Rejection Risk)。本保险承保被保险货物在目的港被进口国的政府或有关当局拒绝进口或没收所造成的损失。

（6）黄曲霉素险(Aflatoxin Risk)。在承保本险之后，如果被保险货物在保险责任有效期内，在进口港或进口地经当地卫生当局检验，因黄曲霉素的含量超过了进口国对该毒素的限制标准,必须拒绝进口、没收或强制改变用途,保险公司负责赔偿损失。

(7) 交货不到险(Failure to Deliver Risk)。在承保本险之后,自被保险货物装上船舶时开始,不论由于何种原因,如货物不能在预定抵达目的地的日期起六个月以内交讫,保险公司同意按全损予以赔付,但该货物的全部权益应转移给保险公司。被保险人保证已获得一切许可证。所有运输险及战争险项下应予负责的损失,概不包括在本条款责任范围之内。

(8) 货物出口到香港或澳门存仓火险责任扩展条款(Fire Risk Extension Clause for Storage of Cargo at Destination Hong Kong or Macao)。本保险承保被保险货物直接存放于保险单载明的过户银行所指定的仓库所遭受的存仓火险责任,直至银行收回押款解除货物的权益为止或运输责任终止后期满30天为止。

二、基本险的除外责任

基本险的除外责任包括:

(1) 被保险人的故意行为或过失所造成的损失;

(2) 属于发货人的责任所引起的损失;

(3) 在保险责任开始承担前,被保险货物已存在的品质不良或数量短差所造成的损失;

(4) 被保险货物的自然损耗、本质缺陷、特性以及市价跌落、运输延迟所引起的损失或费用;

(5) 战争险条款和罢工险条款所规定的责任范围和除外责任。

[例 4-10] 货物变质索赔案

我方向海湾某国出口花生糖一批,投保的是一切险。由于货轮陈旧,速度慢,加上该轮沿途到处揽载,结果航行 3 个月才到达目的港,卸货后,花生糖因受热时间过长已全部潮解软化,无法销售。问:对于这种情况保险公司可否拒赔?

分析:根据 CIC 条款,下列情况属"除外责任":被保险货物的自然损耗、本质缺陷、特性以及市价跌落、运输延迟所引起的损失或费用。本例的花生糖变质是由运输延迟造成的,属除外责任,所以保险公司不予赔偿。

[例 4-11] 我方某外贸公司与荷兰进口商签订了一份皮手套出口合同,价格为 CIF 鹿特丹,向中国人民财产保险股份有限公司投保一切险。生产厂家在生产的最后一道工序将手套的温度降低到了最低温度,然后用牛皮纸包好装入双层瓦楞纸箱,再装入 20 英尺集装箱。货物到达鹿特丹后,检验结果表明全部货物湿、霉、玷污、变色,损失价值达 8 万美元。据分析,该批货物的出口地不异常热,进口地鹿特丹不异常冷,运输途中无异常,完全属于正常运输。试问:

(1) 保险公司对该批货物损失应否赔偿?为什么?

(2) 进口商对受损货物应否支付货款?为什么?

(3) 你认为出口商应如何处理此事?

分析:(1) 保险公司不应赔偿。因为商品本身的内在缺陷属于除外责任,保险人对此不负责。

（2）进口商应支付货款。因为 CIF 条件是凭单付款，本案的进口商付款后可凭检验证书向出口商提出索赔。

（3）出口商应对此负赔偿责任。

三、保险期限与索赔时效

保险期限（Duration of Insurance）又叫"承保责任起讫"，是指保险公司承担标的风险责任的起止时间的界限。在这个规定的期限之外，无论保险标的遭受了什么样和多大程度的风险损失，保险公司都将不予赔偿。

（一）基本险的责任起讫

我国海运货物保险基本险的责任起讫以运输过程为限，在保险实务中通常被称为"仓至仓"原则，即基本险适用"仓至仓"条款（Warehouse to Warehouse Clause, W/W）。

"仓至仓"条款的责任起讫主要包括以下几层含义：

（1）自被保险货物运离保险单所载明的启运地仓库或储存处所开始运输时生效，包括正常运输过程中的海上、陆上、内河和驳船运输在内，直至该项货物到达保险单所载明目的地收货人的最后仓库或储存处所或被保险人用于分配、分派或非正常运输的其他储存处所为止。

（2）如未抵达上述仓库或储存处所，则以被保险货物在最后卸货港全部卸离海轮后满 60 天为止。

（3）如在上述 60 天内被保险货物需转运到非保险单所载明的目的地，则以该项货物开始转运时终止。

"仓至仓"条款的适用条件如下：

（1）保险公司与索赔人之间必须存在合法有效的合同关系。由保险公司签发的保险单与被保险人填写的投保单合在一起构成保险人与被保险人之间的合同。

（2）向保险公司行使索赔权利的人，必须对保险标的享有保险利益。所谓保险利益，是指投保人或被保险人对保险标的所具有的法律上承认的利益。投保人或被保险人因保险事故的发生致使保险标的不安全而受损，或因保险事故不发生而受益，这种利害关系即保险利益。保险利益是保险法律关系的基本要素。

（3）在被保险人或受让人索赔时，该项损失必须属于保险单承保的范围。

此外，罢工险的责任起讫也适用"仓至仓"条款。

海洋运输冷藏货物保险责任起讫基本遵循"仓至仓"条款，但货物到达保险单载明的目的港，如在 30 天内卸离海轮，并将货物存入岸上冷藏仓库后，保险责任继续有效，以货物全部卸离海轮时起算满 10 天为限。如在上述期限内，货物一经移出冷藏仓库，保险责任即告终止。

[例 4-12] FOB 条件下,"仓至仓"条款是否适用案

有一份 FOB 合同,买方已经向保险公司投保了包含"仓至仓"条款的一切险,货物在从卖方仓库运到码头途中遭遇保险事故,发生了保险范围内的风险损失,事后卖方以保险单含有"仓至仓"条款为由,要求保险公司赔偿,遭到拒绝,后来卖方又请求以买方的名义向保险公司索赔,同样遭到拒绝。保险公司是否应负责赔偿?

分析:在 FOB 条件下,买方自己买保险,只保其应该负责的风险,风险转移是在装运港船上。此案例中,风险尚未发生转移,买方不负责,由买方投保的保险公司当然也不负责赔偿。卖方损失发生时,虽具有可保利益,但他不是保险单的被保险人或合法受让人,无权向保险公司索赔。买方在损失发生时对货物不具有保险利益,所以保险公司拒绝赔偿。

(二) 战争险的责任起讫

战争险仅限于"水上危险"或运输工具上的危险。战争险的责任起讫如下:

(1) 从货物装上保险单所载明的启运港的海轮或驳船开始,到卸离保险单所载明的目的港的海轮或驳船为止;

(2) 如果不卸离海轮或驳船,保险责任从海轮到达目的港当天午夜起算满 15 天为止;

(3) 如果货物中途需要转船,卸离海轮也不得超过 15 天,只有在此期限内装上续运海轮,保险责任才继续有效。

[例 4-13] 战争险的责任起讫案例

某公司出口一批货物,已投保一切险和战争险,该船抵达目的港开始卸货时,当地突然发生武装冲突,部分船上货物及部分已卸到岸上的货物被毁。问:保险公司应如何赔偿?

分析:此损失是由战争造成的,应遵守战争险的责任起讫期限。战争险的责任只限于运输工具上的责任。所以本例中保险公司只负责赔偿尚在船上未卸货物的损失,至于已卸到岸上的货物,保险公司不予赔偿。

(三) 索赔时效

索赔时效又称"索赔期限",是在被保险货物发生保险责任范围内的风险与损失时,被保险人向保险人提出索赔的有效期限。相关保险条款规定,被保险人提出保险索赔的时效为两年,从保险事故发生之日起算。如果逾期,被保险人就丧失了向保险人提出保险索赔的实体权利。

四、被保险人的义务

若被保险人未履行下面的义务,保险人对有关损失或无法核实的损失不负赔偿责任:

(1) 当被保险货物运抵保险单所载明的目的港(地)以后,被保险人应及时提货。如发现货损应即向保险单上所载明的检验、理赔代理人申请检验,如发现货物整件短少或有明显残损痕迹,应即向承运人、受托人或有关当局(海关、港务当局等)索取货损货差证明。如果货损货差是由承运人、受托人或其他有关方面造成的,则应以书面方式向他们索赔。

（2）对遭受承保责任范围内危险的货物，被保险人和保险人都可迅速采取合理的抢救措施，防止或减少货物的损失。

（3）如遇航程变更或发现保险单所载明的货物、船名或航程有遗漏或错误，被保险人应在获悉后立即通知保险人并在必要时加交保险费，本保险才继续有效。

（4）在向保险人索赔时，必须提供下列单证：保险单正本、提单、发票、装箱单、磅码单、货损货差证明、检验报告及索赔清单。如涉及第三者责任，还需提供向责任方追偿的有关函电及其他必要单证或文件。

（5）在获悉有关运输合同中"船舶互撞责任"条款的实际责任后，应及时通知保险人。

第四节　英国伦敦保险协会海洋运输货物保险条款

一、保险条款种类

在国际海运保险业务中，较常用的是伦敦保险协会制定的海洋运输货物保险条款《协会货物保险条款》(Institute Cargo Clauses，ICC)，该条款最早制定于1912年，后来又经过修订。ICC新条款一共有六个部分：

（1）协会货物保险条款(A)[Institute Cargo Clauses (A)，ICC(A)]

（2）协会货物保险条款(B)[Institute Cargo Clauses (B)，ICC(B)]

（3）协会货物保险条款(C)[Institute Cargo Clauses (C)，ICC(C)]

（4）协会战争险条款(货物)[Institute War Clauses (Cargo)]

（5）协会罢工险条款(货物)[Institute Strikes Clauses (Cargo)]

（6）恶意损害险条款[Malicious Damage Clauses]

上述六个部分分别对应六种险别：ICC(A)险、ICC(B)险、ICC(C)险、战争险、罢工险、恶意损害险。ICC(A)险、ICC(B)险、ICC(C)险都可以单独投保，属于主险。如征得保险公司的同意，必要时战争险、罢工险也可以作为独立的险别投保。恶意损害险则是一个附加险，它属于ICC(A)险的承保范围，在ICC(B)险和ICC(C)险条款中却被列为一般除外责任。因此，在投保ICC(B)险或ICC(C)险时可以加保此险。

二、承保风险与除外责任

（一）ICC(A)险的承保风险与除外责任

ICC(A)险大体相当于中国人民财产保险股份有限公司所规定的一切险，其责任范围最广，故《协会货物保险条款》采用承保"除外责任"之外的一切风险的概括式规定办法，即除了"其他责任"项下所列风险保险人不予负责外，其他风险均予负责。

ICC(A)险的除外责任包括下列几个方面：

1. 一般除外责任

一般除外责任包括:归因于被保险人故意的不法行为造成的损失或费用;自然渗漏、重量或容量的自然损耗或自然磨损;包装或准备不足或不当所造成的损失或费用;保险标的的内在缺陷或特性所造成的损失或费用;直接由迟延所引起的损失或费用;船舶所有人、经理人、租船人或经营破产或不履行债务造成的损失或费用;使用任何原子或热核武器所造成的损失或费用。

2. 不适航和不适货除外责任

这是指在装船时,如被保险人或其受雇人已经知道船舶不适航,以及船舶、装运工具、集装箱等不适货;如违反适航、适货的默示保证为被保险人或其受雇人所知道。

3. 战争除外责任

这是指战争、内战、敌对行为等造成的损失或费用;捕获、拘留、扣留等(海盗除外)造成的损失或费用;漂流水雷、鱼雷等造成的损失或费用。

4. 罢工除外责任

这是指罢工者、被迫停工工人等造成的损失或费用;任何恐怖主义者或出于政治动机而行动的人所造成的损失或费用。

ICC(A)险的除外责任不包括"海盗行为"和"恶意损害条款",即 ICC(A)险对海盗行为和恶意损害造成的损失负保险责任。

(二) ICC(B)险的承保风险与除外责任

ICC(B)险大体相当于中国人民财产保险股份有限公司所规定的水渍险,水渍险比 ICC(A)险的责任范围小,故 ICC(B)险采用承保"除外责任"之外列明风险的办法,即将其承保的风险一一列举出来。这种规定办法,既便于投保人选择适当的险别投保,又便于保险人处理损害赔偿。ICC(B)险具体承保的风险包括:

(1) 灭失或损害合理归因于下列原因者:火灾、爆炸;船舶或驳船触礁、搁浅、沉没或倾覆;陆上运输工具倾覆或出轨;船舶、驳船或运输工具同水以外的外界物体碰撞;在避难港卸货;地震、火山爆发、雷电。

(2) 灭失或损害由下列原因造成者:共同海损牺牲;抛货;浪击落海;海水、湖水或河水进入船舶、驳船、运输工具、集装箱、大型海运箱或贮存处所;货物在装卸时落海或摔落造成整件的全损。

在除外责任方面,ICC(B)险对海盗行为和恶意损害不负保险责任,其余均与 ICC(A)险的除外责任相同。

(三) ICC(C)险的承保风险与除外责任

ICC(C)险的承保风险较 ICC(A)险和 ICC(B)险都小得多,它仅承保"重大意外事故"的风险,而不承保自然灾害及非重大意外事故的风险。

ICC(C)险具体承保风险如下:

（1）灭失或损害合理归因于下列原因者：火灾、爆炸；船舶或驳船触礁、搁浅、沉没或倾覆；陆上运输工具倾覆或出轨；在避难港卸货。

（2）灭失或损害由下列原因造成者：共同海损牺牲；抛货。

ICC(C)险的除外责任与ICC(B)险完全相同。

为了便于比较和查阅，现将ICC(A)险、ICC(B)险和ICC(C)险三种险别条款中保险人承保的风险列表说明如下：

表4-2　ICC(A)险、ICC(B)险和ICC(C)险承保风险对比

类别	风险	(A)	(B)	(C)
责任范围	1. 火灾、爆炸	✓	✓	✓
	2. 船舶、驳船的触礁、搁浅、沉没、倾覆	✓	✓	✓
	3. 陆上运输工具的倾覆或出轨	✓	✓	✓
	4. 船舶、驳船或运输工具同除水以外的任何外界物体碰撞	✓	✓	✓
	5. 在避难港卸货	✓	✓	✓
	6. 地震、火山爆发或雷电	✓	✓	✗
	7. 共同海损牺牲	✓	✓	✓
	8. 抛货	✓	✓	✓
	9. 浪击落海	✓	✓	✗
	10. 海水、湖水或河水进入船舶、驳船、运输工具、集装箱、大型海运箱或贮存处所	✓	✓	✗
	11. 货物在船舶或驳船装卸时落海或跌落，造成任何整件的全损	✓	✓	✗
	12. 被保险人以外的其他人（如船长、船员等）的故意违法行为所造成的损失或费用	✓	✗	✗
	13. 海盗行为	✓	✗	✗
	14. 下列"除外责任"范围以外的一切风险	✓	✗	✗
除外责任	1. 被保险人的故意违法行为所造成的损失和费用	✗	✗	✗
	2. 自然泄漏，重量或容量的自然损耗或自然磨损	✗	✗	✗
	3. 包装或准备不足或不当造成的损失或费用	✗	✗	✗
	4. 保险标的内在缺陷或特性造成的损失或费用	✗	✗	✗
	5. 直接由迟延引起的损失或费用	✗	✗	✗
	6. 船舶所有人、经理人、租船人或经营人破产或不履行债务所造成的损失和费用	✗	✗	✗
	7. 使用任何原子武器或核裂变等造成的损失和费用	✗	✗	✗
	8. 船舶不适航，船舶、装运工具、集装箱等不适货	✗	✗	✗
	9. 战争险	✗	✗	✗
	10. 罢工险	✗	✗	✗

说明："✓"代表承保风险；"✗"代表免责风险或不承保风险。

(四)战争险的承保风险与除外责任

战争险主要承保由下列原因造成的标的物的损失:

(1)战争、内战、革命、叛乱、造反或由此引起的内乱,或交战国或针对交战国的任何敌对行为。

(2)捕获、拘留、扣留、禁制或扣押,以及这些行动的后果或这方面的企图。

(3)遗弃的水雷、鱼雷、炸弹或其他遗弃的战争武器。

战争险的除外责任与ICC(A)险的"一般除外责任"及"不适航和不适货除外责任"大致相同。

(五)罢工险的承保风险与除外责任

罢工险主要承保保险标的物的下列损失:

(1)罢工者、被迫停工工人或参与工潮、暴动或民变人员造成的损失和费用。

(2)罢工、被迫停工、工潮、暴动或民变造成的损失和费用。

(3)任何恐怖主义者或任何人出于政治目的采取的行动所造成的损失和费用。

罢工险除外责任也与ICC(A)险中的"一般除外责任"及"不适航和不适货除外责任"大致相同。

(六)恶意损害险

恶意损害险所承保的是被保险人以外的其他人(如船长、船员等)的故意破坏行动导致的被保险货物的灭失或损害。这种险别不能单独投保。这种风险仅在ICC(A)险中被列为承保范畴,而在ICC(B)险和ICC(C)险中均列为"除外责任"。因此,如被保险人需要对此风险取得保险保障,在投保ICC(B)险或ICC(C)险时,就需另行加保恶意损害险。

三、保险期限

《协会货物保险条款》对保险期限的规定,与中国《海洋运输货物保险条款》对保险期限的规定大体相同,均采用"仓至仓"条款,但作了以下补充性规定:

(1)货物在运抵保险单载明的目的地交付收货人之前,被保险人如果要求将货物存储于其他地点,则该地视为最后目的地,保险责任在货物运抵该地点时即告终止。

(2)一批货物如需运往若干目的地,且货物在卸货港卸货之后需先运往某一地点进行分配或分派,除非被保险人与保险人事先另有协议,货物在运抵分配或分派地点时,保险责任即告终止,货物在分配或分派期间及其后的风险均不在保险人承保责任范围之内。

(3)如果被保险货物在卸离海轮60天以内需转运到非保险单所载明的目的地,则保险责任在该项货物开始转运时终止。

以上都受被保险货物卸离海轮60天的限制。

第五节 陆运、空运货物与邮包运输保险

陆运、空运货物与邮包运输保险是在海运货物保险的基础上发展起来的,由于运输风险的种类不同,它们又有自己的特点。

一、陆运货物保险

货物在陆运途中,可能遭受的常见风险有三类:第一类是自然灾害,如雷电、洪水、地震、火山爆发、暴风雨以及霜雪冰雹等;第二类是意外事故,如车辆碰撞、倾覆和出轨,路基塌方,桥梁折断,道路损坏,以及火灾和爆炸等;第三类是外来原因,如战争、罢工、偷窃、货物残损、短少、渗漏等。这些风险造成的货物损失可以在相应的陆运货物保险中获得赔偿。

(一)基本险别

根据中国人民财产保险股份有限公司制定的《陆上运输货物保险条款(火车、汽车)》的规定,陆运货物保险的基本险别有陆运险(Overland Transportation Risks)和陆运一切险(Overland Transportation All Risks)。此外,还有《陆上运输冷藏货物保险条款》,陆上运输冷藏货物险也具有基本险性质。附加险有一般附加险和战争险等特殊附加险。

1. 陆运险的责任范围

(1) 被保险货物在运输途中遭受暴风、雷电、洪水、地震等自然灾害,或由于运输工具遭受碰撞、倾覆、出轨,或在驳运过程中因驳运工具遭受搁浅、触礁、沉没、碰撞,或由于遭受隧道坍塌、崖崩或失火、爆炸等意外事故所遭受的全部或部分损失。

(2) 被保险人对遭受承保责任范围内危险的货物采取抢救,防止或减少货损的措施而支付的合理费用,但以不超过该批被救货物的保险金额为限。

2. 陆运一切险

除包括上列陆运险的责任外,陆运一切险还负责被保险货物在运输途中由于外来原因所致的全部或部分损失。

以上责任范围均适用于火车和汽车运输,并以此为限。

(二)除外责任

保险公司规定,对于下列风险引起的损失不予承保:

(1) 被保险人的故意行为或过失。
(2) 属于发货人的责任。
(3) 货物承保以前已经存在品质不良或数量短少现象。
(4) 货物的自然损耗、本质缺陷、特性以及市价跌落、运输迟延。
(5) 《陆上运输货物战争险条款》和《货物运输罢工险条款》规定的责任范围和除外责任。

(三) 保险责任起讫期限

陆上运输货物保险的责任起讫原则上遵循"仓至仓"条款。保险人负责自被保险货物运离保险单所载明的启运地仓库或储存所开始,到该项货物运达保险单所载目的地收货人的最后仓库或储存处所或被保险人用作分配、分派的其他储存处所为止。如未运抵上述仓库或储存处所,则以被保险货物运抵最后卸载的车站满60天为止。如果中途转车,不论货物在当地卸车与否,保险责任从火车到达中途站的当天午夜起满10天为止。

陆运战争险目前仅限于火车运输,承保责任起讫与海运战争险相似,以货物置于运输工具时为限。

陆运进口货物可以按中国人民财产保险股份有限公司的预约保险制度办理投保,与海运相似。

陆运货损的索赔时效是:自被保险货物在最后一目的地车站全部卸离车辆后起算,最多不超过两年。

二、空运货物保险

货物在空运过程中,可能遇到的常见风险有:雷电,火灾,爆炸,飞机遭受碰撞、倾覆、坠落、失踪、战争破坏以及被保险货物由于飞机遇到恶劣气候或其他危难事故而被抛弃等。这些风险造成的损失可以在相应的空运货物保险险别中获得补偿。

(一) 基本险别

根据中国人民财产保险股份有限公司修订的《航空运输货物保险条款》的规定,空运货物保险的基本险别有空运险(Air Transportation Risks)和空运一切险(Air Transportation All Risks)。这两种基本险都可单独投保,附加险有一般附加险和航空运输货物战争险等特殊的附加险。

1. 空运险的责任范围

(1) 被保险货物在运输途中遭受雷电、火灾、爆炸或飞机遭受恶劣气候或其他危难事故而被抛弃,或飞机遭受碰撞、倾覆、坠落或失踪等意外事故所造成的全部或部分损失。

(2) 被保险人对遭受承保责任范围内危险的货物采取抢救,防止或减少货损的措施而支付的合理费用,但以不超过该批被救货物的保险金额为限。

2. 空运一切险

除包括上述航空运输险的各项责任外,本保险还负责被保险货物在运输途中由外来原因所致的全部或部分损失。

(二) 除外责任

空运险与空运一切险的除外责任与《陆上运输货物保险条款(火车、汽车)》的除外责任基本相同。

(三) 保险责任起讫期限

空运险与空运一切险的责任起讫也采用"仓至仓"条款。与海运"仓至仓"条款的区别：如果未运抵保险单所载明的仓库或储存处所，则以被保险货物在最后卸载地卸离飞机后满30天为止。如果在上述30天内被保险货物需转运到非保险单所载明的目的地，则从该项货物开始转运时终止。航空运输战争险的责任期限，自被保险货物装上保险单所载明的启运地的飞机开始，到卸离保险单所载明的目的地飞机时为止。

三、邮包运输保险

邮包运输通常须经海、陆、空辗转运送以实现"门到门"服务，在长途运送中可能遭受各种自然灾害、意外事故以及外来风险。这些风险造成的损失可以在相应的邮包运输保险中得到补偿。

(一) 基本险别

根据中国人民财产保险股份有限公司修订的《邮包险条款》的规定，我国邮包运输保险有邮包险和邮包一切险两种基本险别。附加险有一般附加险和邮包战争险等特殊附加险。

1. 邮包险的责任范围

（1）被保险邮包在运输途中由恶劣气候、雷电、海啸、地震、洪水等自然灾害或运输工具遭受搁浅、触礁、沉没、碰撞、倾覆、出轨、坠落、失踪，或失火、爆炸等意外事故所造成的全部或部分损失。

（2）被保险人对遭受承保责任范围内危险的货物采取抢救，防止或减少货损的措施而支付的合理费用，但以不超过该批被救货物的保险金额为限。

2. 邮包一切险

除包括上述邮包险的各项责任外，本保险还负责被保险邮包在运输途中由外来原因所致的全部或部分损失。

(二) 除外责任

邮包险和邮包一切险的除外责任与《陆上运输货物保险条款(火车、汽车)》的除外责任基本相同。

(三) 保险责任起讫期限

邮包险与邮包一切险的责任自被保险邮包离开保险单所载启运地点寄件人的处所运往邮局时开始产生，直至该项邮包运达本保险单所载目的地邮局，自邮局签发到货通知书当日午夜起算满15天终止。但是在此期限内，邮包一经交至收件人的处所，保险责任即行终止。

邮包战争险承保责任起讫：自被保险邮包经邮政机构收讫后自储存处所开始运送时生效，至该项邮包运达保险单所载明的目的地邮政机构送交收件人为止。

在办理国际邮包运输时,应根据实际情况选用邮包的保价和保险。寄往办理保价业务的国家的邮包,可予保价。而有些国家和地区不予保价,或对保价邮包损失赔偿限制过严,或保价限额低于邮包实际价值,则可采取保险。根据中国人民财产保险股份有限公司的规定,凡进行保价的邮包,可享受保险费减半的优待。在我国,通过邮包运输进口货物,投保手续按预约保险合同制度办理。

第六节 国际货物运输保险程序

一、投保手续

目前,在进出口贸易中,若出口采用 CIF 条件,进口采用 FOB 和 CFR 条件成交,通常都按中国人民财产保险股份有限公司的《海洋运输货物保险条款》办理,但在实际出口业务中,如果国外客户要求采用《协会货物保险条款》,我方出口公司也可酌情接受。

凡按 CIF 或 CIP 条件成交的出口货物,由出口企业向当地保险公司办理投保手续。在办理投保手续时,应根据出口合同或信用证的规定,在备妥货物并确定装运日期和运输工具后,按规定格式逐笔填制保险单。投保人要具体列明被保险人名称,保险货物项目、数量、包装及标志,保险金额,起止地点,运输工具名称,航程或路线,起止日期和投保险别,送保险公司投保,缴纳保险费,并向保险公司领取保险单证。

在向进口商交单时(或通过银行交单时),出口商要在保险单的背面做必要的背书,以便将保险单项下的保险利益,即在货物发生承保风险造成损失时获得保险公司赔偿的权利,转让给进口商。这样,一旦货物在运输途中发生了承保风险造成的损失,进口商就可以向保险单上列明的保险代理索赔。

此外,由于在 CIF、FOB 和 CFR 三个术语下,买卖双方的风险划分是以装运港船上为界的,也就是说,货物装上船后的一切风险均要由买方来承担,因此投保人一般要在装运前向保险公司投保,相应地,作为保险凭证的保险单据的出单日期也应不迟于装运日期(一般为提单日期)。特别是以 CFR 条件成交的,装船与投保由不同的两个当事人操作,投保衔接工作尤显重要,故卖方在装运时,应及时通知买方投保。否则,卖方未尽到及时通知义务导致买方迟延投保而遭受风险或损害的,应由卖方承担由此造成的损失。

投保手续的注意要点:
(1) 投保申报情况必须属实;
(2) 投保险别、币种与其他条件必须和信用证上所列保险条件的要求一致;
(3) 投保险别和条件要与买卖合同上所列保险条件相符;
(4) 投保后发现投保项目有错漏,要及时向保险公司申请批改,如保险目的地变动、船名错误以及保险金额增减等。

二、保险利益的确定

按照国际保险业的惯例,保险公司只对拥有保险利益的人承担赔偿责任。就货物运输保险而言,反映在运输货物上的利益,主要是货物本身的价值,也包括与此相关的运费、保险费、关税、预期利润等。

在国际货物运输保险业务中,保险公司并不是对所有的保险合同都承担"仓至仓"责任。例如,按 FOB 或 CFR 术语成交,由于货物的风险是在装运港装上船后才由卖方转移给买方,也就是说货物装上船后买方才对该货物具有可保利益,所以保险公司在此承担的责任不是"仓至仓",而是"船至仓"。

三、保险险别的选择

在国际货物运输保险业务中,买卖双方可根据货物本身的特点和运输途中的风险情况对保险险别加以选择。

按《2020 年国际贸易术语解释通则》的规定,卖方有义务给买方办理保险的只有两个贸易术语 CIF 和 CIP。按 CIF 或 CIP 术语成交,货物在运输途中的风险由买方承担,但由于货价的构成中包含了货运保险费,所以办理货运保险手续、支付保险费是卖方的义务。买卖双方约定的险别通常为平安险、水渍险、一切险三种基本险别中的一种,还可在此基础上加保一种或若干种附加险。

需要特别注意的是《2020 通则》中 CIP 术语下为买方投保,要投最高险别[如 CIC 一切险和 ICC(A)险],而 CIF 术语下投保险别要求保持不变,投最低险别即可。

四、保险金额的确定和保险费的计算

保险金额(Insured Amount),也可以称为"投保金额",是指被保险人向保险公司投保的金额,也是保险公司承担的最高赔偿金额,还是计算保险费的基础。保险金额一般应由买卖双方经过协商确定。按 CIF 或 CIP 术语成交,买卖双方应该在合同中约定保险金额,如未约定,按惯例,保险金额通常按 CIF 或 CIP 总值加成 10% 计算。加成的 10% 是作为买方的经营管理费用和预期利润。

按 CIF 或 CIP 术语成交时,保险金额的计算公式如下:

$$保险金额 = CIF(或 CIP)总值 \times (1 + 投保加成率)$$

保险费是保险公司经营业务的基本收入,是保险合同生效的前提条件。保险费的计算公式如下:

$$保险费 = 保险金额 \times 保险费率$$

保险费率是按照不同货物、不同目的地、不同运输工具和不同保险险别由保险公司根据货物损失率和赔付率,并在此基础上参照国际保险费水平,结合我国情况制定的。

[例 4-14] 某外贸企业按 CIF 条件出口一批货物,CIF 总值为 5 000 美元,按发票金额加成 10%投保一切险、战争险,应付多少保险费?(一切险费率为 0.3%,战争险费率为 0.04%)

解:保险金额=CIF 总值×(1+10%)
　　　　　=5 000×110%
　　　　　=5 500(美元)
　　保险费=保险金额×保险费率
　　　　　=5 500×(0.3%+0.04%)
　　　　　=18.7(美元)
答:应付保险费 18.7 美元。

五、保险单据

(一) 保险单据的种类

保险单据既是保险公司对被保险人的承保证明,也是保险公司和被保险人之间的保险契约。它具体规定了保险公司和被保险人的权利和义务。在被保险货物遭受损失时,保险单据既是被保险人索赔的依据,也是保险公司理赔的主要依据。在国际贸易中,保险单据是可以转让的。常用的保险单据有保险单、保险凭证、联合凭证和预约保险单。

1. 保险单(Insurance Policy)

保险单又称"大保单",是投保人与保险公司订立的正式的保险合同。它除了正面载明证明双方当事人建立保险关系的文字、被保险货物的情况、承保险别、理赔地点以及保险公司关于所保货物如遇险可凭本保险单及有关证件给付赔款的声明等内容外,在背面还对保险人和被保险人的权利和义务作了规定。

2. 保险凭证(Insurance Certificate)

保险凭证俗称"小保单",是一种简化了的保险合同,与正式的保险单具有同样的效力。保险凭证只有正面的内容,无背面条款,但其一般标明按照正式保险单上所载保险条款办理。

3. 联合凭证(Combined Certificate)

联合凭证又可称为"联合发票",是一种将发票和保险单相结合的比保险凭证更为简化的保险单证。这种单证只有我国采用,并且仅适用于对港、澳地区的出口业务。

4. 预约保险单(Open Policy)

预约保险单又称为"开口保险单",是经常有相同类型货物需要陆续分批装运时所采用的一种保险单。在买方自办保险的贸易条款下,因买方与保险公司签订有预约保险合同即预约保险单,卖方一旦装运货物,便可按买方事先的指示,将相关货物装运的详细资料及预约保险单上的保险号码一起书面通知该保险公司,以此作为正式投保。这种由买方或卖方在承保货物装运以后发送给保险公司的书面装运通知就叫"保险通知书"。

在预约保险单项下,保险合同一般包括先后两份文件:(1)预约保险单本身;(2)买方或者卖方随后发给保险公司的"装运通知"。由于进出口双方在国际贸易中常常频繁投保,手续繁杂,为简化投保手续,进出口双方往往在正式投保前先与保险人签订一个长期性的预约保险单,但预约保险单没有货物实际装运细节,因此它不是一个独立的文件,不可作为独立的保险单据使用。

严格地讲,预约保险单是一种没有总保险金额限制的预约保险总合同,是保险人对被保险人将要装运的属于约定范围内的一切货物负自动承保责任的总合同。在我国,预约保险单常用于进口业务中。

(二)注意要点

(1) UCP600 第 28 条对信用证项下保险单据及保险范围作出了规定。a 款规定:保险单据,例如保险单或预约保险单项下的保险证明或者声明,必须看似由保险公司或承保人或其代理人或代表出具并签署;d 款规定:可以接受保险单代替预约保险单项下的保险证明或者声明。

(2) 保险单或预约保险单项下的保险证明或者声明均为可接受的保险单据,保险单优先于保险证明。即使信用证规定单据为保险证明,提交保险单也可以被接受。

(3) 保险单与保险证明的数据内容和审核标准完全一致。

六、合同中的保险条款

在国际货物买卖合同中,货运保险条款是一个重要的内容,如何订立,应取决于买卖双方在合同中所采用的贸易术语。

[例 4-15] 以 FOB、CFR 或 FCA、CPT 术语成交,合同中的保险条款可订为:

"保险由买方办理"。

"Insurance is to be covered by Buyers".

[例 4-16] 以 CIF 或 CIP 术语成交,条款内容要明确由卖方办理保险,保险险别是什么,保险金额是多少,受何种保险条款的约束以及保险条款的生效日期等。如合同中的保险条款可定为:

"由卖方按发票金额的 110% 投保一切险和战争险,按 2018 年中国人民财产保险股份有限公司《海洋运输货物保险条款》负责"。

"Insurance is to be covered by the Sellers for 110% of the Invoice Value against All Risks and War Risk as per Ocean Marine Cargo Insurance Clauses of PICC P&C dated 2018".

七、保险索赔

（一）保险索赔的条件

保险索赔是当被保险人的货物遭受承保责任范围内的风险损失时，被保险人向保险人提出的索赔要求。具体条件有以下三个：

（1）被保险人要求赔偿的损失，必须是承保责任范围内的风险造成的损失；

（2）被保险人是保险单的合法持有人；

（3）被保险人必须拥有可保利益。

（二）保险索赔注意事项

索赔时，被保险人应注意以下几点：

1. 分清责任

被保险人在发现被保险的货物遭受损失后，首先应分清责任，并向有关责任方提出索赔。比如，被保险人或其代理人在提货时发现货物包装有明显的受损痕迹，或整件短少，或散舱货物已经残损，除向保险公司报损外，还应立即向承运人、海关、港务当局等索取货损货差证明，及时向有关责任方提出索赔，并保留追偿的权利，必要时还要申请延长索赔时效。

2. 及时通知保险公司

当被保险人获悉被保险货物已遭受损失，并确定属于保险公司的承保责任范围，应立即通知保险公司，以便保险公司在接到损失通知后采取相应的措施。

3. 采取合理的施救措施

被保险货物受损后，被保险人应对受损的货物采取相应的施救、整理措施，以防止损失扩大，由此产生的施救费用，由保险公司负责赔偿，但以不超过该批被救货物的保险金额为限。

4. 备妥索赔的依据

被保险人在办理保险索赔时，一定要备妥索赔的依据，否则会使索赔的过程复杂化。索赔时通常需提交的单证有：

（1）保险单或保险凭证正本；

（2）运输单据；

（3）发票；

（4）装箱单、重量单；

（5）第三责任方请求赔偿的函电或其他凭证；

（6）检验报告；

（7）海事报告摘录；

（8）货损、货差证明；

（9）索赔清单。

第七节　技能实训

【目的要求】

掌握保险单项目的填写。

【背景资料】

买卖合同的主要条款包括：合同号码 25KG63；卖方：辽宁纺织进出口公司；买方：J. & Brown. Co. 175 Queen's Way, Hongkong；商品名称及数量：羊毛衫，S105 型 50 打，M107 型 60 打，L109 型 70 打；单价：S105 型每打 120 美元 CIF 香港，M107 型每打 150 美元 CIF 香港，L109 型每打 180 美元 CIF 香港；金额 27 600 美元；装运期：2022 年 11 月，不允许分批装运，可转运；付款条件：不可撤销的见单后 90 天付款的信用证，有效期和到期地点为装运后 15 天在中国议付；保险：根据中国人民财产保险股份有限公司的《海洋运输货物保险条款》，按发票金额的 110% 投保一切险和战争险。

【操作指南】

保险单上有以下重点栏目。

(1) 被保险人(Insured)。被保险人一般为信用证的受益人。在 CIF 术语下，卖方是为了买方的利益投保的，保险单的背书转让十分重要，应视信用证的要求进行背书。

(2) 唛头(Marks & Nos)。应与发票、提单上的唛头一致。如信用证无要求，可简单填"As per invoice No. …"。

(3) 包装及数量(Packing and Quantity)。应与商业发票一致。以包装件数计价的，可只填件数；以净重计价的，可填件数及净重；以毛作净的，可填件数及毛重；散装货物，可填"In Bulk"，然后再填重量。

(4) 保险货物项目(Description of Goods)。若名称繁多，可用统称，但应与提单、产地证书等单据一致，并不得与信用证相抵触。

(5) 保险金额(Amount Insured)。除非信用证另有规定，保险单据必须使用与信用证相同的货币。

(6) 总保险金额(Total Amount Insured)。即保险金额的大写，其数额和币种应与小写的保险金额和币种保持一致。

(7) 保费和费率(Premium and Rate)。一般填"As arranged"。但如果信用证要求具体列出保费和费率，应明确填上。

(8) 装载运输工具(Per Conveyance S. S.)。如为海运，且为直达船，则在栏内直接填上船名、航次；如为中途转船，则应在填上第一程船名后，再加填第二程船名；如为其他运输方式，如陆运则填"By Railway"或"By Train, Wagon No. …"等。

(9) 开行时间(Slg. on or Abt.)。按运输单据的日期填制，海运且运输单据为提单时可填"As per B/L"。

(10) 运输起讫地(from … to …)。按运输单据填制。如中途转船,须填上"With Transhipment…"。

(11) 承保险别(Conditions)。按照信用证的规定办理,通常包括险别及所依据的保险条款。

(12) 赔款偿付地点(Claim Payable at)。按信用证的规定填制。如信用证未规定,则填目的港名称。有的信用证要求注明偿付货币名称,应照办,如"At London in USD"。

(13) 保险勘察办理人(Insurance Survey Agent)。由保险公司选定,地址必须详细。

(14) 签发地点和日期(Place and Date of Issue)。签发地点应为受益人所在地,一般在保险单上已印制好。签发日期应早于或等于运输单据的签发日期。除非信用证另有规定,银行对载有签发日期迟于运输单据注明的装船或发运或接受监管日期的保险单将不予接受。

(15) 签署(Authorized Signature)。保险单从表面上看,必须经保险公司(Insurance Co.)或承保人(Underwriters)或他们的代理人签署才有效。除非信用证特别授权,银行将不接受由保险经纪人(Broker)签发的暂保单(Cover Notes)。

根据以上规定,填制一张保险单如下:

海洋货物运输保险单 Marine Cargo Transportation Insurance Policy 第一正本 The First Original 发票号 INVOICE NO. BP2000/05-010	中国人民财产保险有限公司 The People's Insurance (Property) Company of China, ltd. 地址:中国•北京宣武门东河沿大街69号 邮编:100052 Add:No. 69, DONG HE YAN STREET, XUAN WU MEN DISTRICT, BEIJING, CHINA 电话(TEL):(010)63034803 传真(FAX):63034806 保险单号:CK7140247 POLICY NO:PC01037650

中国人民财产保险有限公司(以下简称本公司),根据辽宁纺织品进出口公司(以下简称"被保险人")的要求,由被保险人向本公司缴付约定的保险费,按照本保险单承保险别和背面所载条款与下列特款承保下述货物运输保险,特立本保险单。
THIS POLICY OF INSURANCE WITNFSSFS THAT THE PEOPLE'S INSURANCE (PROPERTY) COMPANY OF CHINA. LTD. (HEREINAFTER CALLED "THE COMPANY"), AT THE REQUEST OF LIAONING TEXTILES IMPORT & EXPORT CORP(HEREINAFIER CALLED THE "INSURED") AND IN CONSIDERATION OF THE AGREED PREMIUM BEING PAID FOR THE COMPANY BY THE INSURED, UNDERTAKES TO INSURE THE UNDERMENTIONED GOODS IN TRANSPORTATION SUBJECT TO THE CONDITIONS OF THIS POLICY AS PER THE CLAUSES PRINTED OVERLEAF AND OTHER SPECIAL CLAUSES ATTACHED HEREON.

续表

标记 MARKS & NOS	包装及数量 QUANTITY	保险货物项目 DESCRIPTION OF GOODS	保险金额 AMOUNT INSURED
AS PER INVOICE NO.	180 DOZ.	WOOLEN SWEATER	USD 27600.00

总保险金额：
TOTAL AMOUNT INSURED: SAY UNITED STATES DOLLARS TWENTY-SEVEN THOUSAND SIX HUNDRED ONLY

保费　　　　　　　　　费率　　　　　　　　装载运输工具
PREMIUM: AS ARRANGED　RATE: AS ARRANGED　PER CONVEYANCE S. S. CHANGQING

开航日期　　　　　　　　　自　　　　　　　　　至
SLG. ON OR ABT　AS PER B/L　FROM　DALIAN, CHINA　TO　HONGKONG

承保险期
CONDITIONS

投保一切险和战争险,按照中国人民保险公司 2018 年生效的有关海洋货物运输保险条款为准。所保货物,如发生保险单项下可能引起索赔的损失或损坏,应立即通知本公司下述代理人查勘,如有索赔,应向本公司提交保险单正本(本保险单共有三份正本),及有关文件,如一份正本已用于索赔,其余正本自动失效。
ALL RISKS AND WAR RISK AS PER AND SUBJECT TO THE RELEVANT OCEAN MARINE CARGO CLAUSES OF THE PEOPLES INSURANCE COMPANY OF CHINA DATED 2018. IN THE EVENT OF LOSS OR DAMAGE WHICH MAY RESULT IN A CLAIM UNDER THIS POLICY, IMMEDIATE NOTICE MUST BE GIVEN TO THE COMPANY'S AGENT AS MENTIONED HEREUNDER, CLAIMS, IF ANY, ONE OF THE ORIGINAL POLICY WHICH HAS BEEN ISSUED IN 3 ORIGINAL(S) TOGETHER WITH THE RELEVENT DOCUMENTS SHALL BE SURRENDERED TO THE COMPANY. IF ONE OF THE ORIGINAL POLICY HAS BEEN ACCOMPLISHED, THE OTHERS TO BE VOID.

中国人民财产保险有限公司大连市分公司
The People's Insurance(Property) Company of China Ltd.
Dalian Branch.

赔款偿付地点
CLAIM PAYABLE AT　HONGKONG
日期　　　　　　　　大连
DATE　11/8, 2022　DALIAN

AUTHORIZED SIGNATURE

地址:大连市中山区人民路 21 号
No. 21, Renmin Road, Zhongshan District, Dalian, China
经办:　　　　复核:　　　　邮编(P. O. B):116001
电话(TEL):(0411)2630872　传真(FAX):(0411)2804558　2816102

◇ 本章回顾

在国际贸易货物运输中,办理国际货物运输保险后,被保险人可以在货物遭到承保范围内的损失时,从有关保险公司得到经济上的补偿。海运货物保险所承保的范围包括海上货物运输风险、海上损失及海上费用。海上风险包括自然灾害和意外事故,外来风险包括一般外来风险和特殊外来风险。海上损失按照损失的程度可以分为全部损失和部分损失,部分损失按照损失的原因又分为共同海损和单独海损。海上费用分为施救费用和救助费用。

中国人民财产保险股份有限公司制定的《海洋运输货物保险条款》主要包括赔偿的责任范围,除外责任,责任起讫,保险人义务,投保人、被保险人义务,赔偿处理及索赔期限等内容。我国海洋运输货物保险的险别,按照是否能单独投保分为基本险和附加险两类。基本险包括平安险、水渍险和一切险。附加险包括一般附加险和特殊附加险。我国海运货物保险基本险的责任起讫适用"仓至仓"条款,战争险的责任起讫仅限于"水上危险"或运输工具上的危险。

伦敦保险协会海运货物保险条款主要包括六种:协会货物保险条款(A)、协会货物保险条款(B)、协会货物保险条款(C)、协会战争险条款(货物)、协会罢工险条款(货物)和恶意损害险条款。除恶意损害险之外,其他险别均可单独投保。

按 CIF 或 CIP 术语成交,买卖双方应该在合同中约定保险金额,如未约定,按惯例,保险金额通常按 CIF 或 CIP 总值加成 10% 计算。《2020 通则》中 CIP 术语下要求投最高险别,而 CIF 术语下投保险别要求保持不变,投最低险别即可。

保险单据既是被保险人索赔的依据,也是保险公司理赔的主要依据。在国际贸易中,保险单据是可以转让的。常用的保险单据有保险单、保险凭证、联合凭证和预约保险单。

保险索赔的条件包括:被保险人要求赔偿的损失,必须是承保责任范围内的风险造成的损失;被保险人是保险单的合法持有人;被保险人必须拥有可保利益。

◇ 赛点指导

根据全国高校商业精英挑战赛国际贸易竞赛评分细则,商贸配对贸易谈判环节涉及保险费的计算、险别的选择。由于价格核算以及贸易术语的换算都涉及保险费的计算,因此选择合适的险别并学会计算保险金额和保险费是必备的技能。根据本章专业知识,竞赛谈判中应注意以下要点:

1. 学会选择合适的险别

若出口采用 CIF 术语,进口采用 FOB 和 CFR 术语成交,通常都按中国人民财产保险股份有限公司的《海洋运输货物保险条款》办理,但在实际出口业务中,如果客户要求采用伦敦保险协会《协会货物保险条款》,我方也可酌情接受。

买卖双方约定的险别通常为平安险、水渍险、一切险三种基本险别中的一种,还可在此基础上加保一种或若干种附加险。一般而言,需要根据货物的特征以及可能面临的风险,本着"安全+节省"的原则进行投保。需要特别注意的是《2020 通则》中 CIP 术语下为买方投保,要投最高险别[如 CIC 一切险和 ICC(A)险],而 CIF 术语下投保险别要求保持不变,投最低险别即可。

2. 熟练掌握保险金额和保险费的计算

在赛前准备工作中,学生需要提前计算好保险金额和保险费。例如,可以查询中国人民财产保险股份有限公司的《海洋运输货物保险条款》中平安险、水渍险和一切险的保险费率,然后以一个集装箱为基准,按照发票金额的 110% 计算投保平安险、水渍险以及一切险的保险费。同理,可以查询伦敦保险协会《协会货物保险条款》的 ICC(A)险、ICC(B)险、ICC(C)险的保险费率,按照发票金额的 110% 计算投保 ICC(A)险、ICC(B)险、ICC(C)险的保险费。

这样将主险的保险费计算出来以后,CIF 报价是按照最低险别要求,即按照平安险或 ICC(C)险投保,在 CFR 报价的基础上加入保险费。而以 CIP 条件报价时按照最高险别要求,即按照一切险或 ICC(A)险,在 CPT 报价的基础上加上保险费。

3. 学会制定合同中的保险条款

需要注意的是,使用不同的贸易术语,对合同中的保险条款要求是不同的。例如,当采用 FOB、CFR 或 FCA、CPT 术语成交,合同中的保险条款可直接定为"保险由买方办理"。这是因为买方是为自己的利益投保,可以根据自己的需求投保。同理,当采用 DAP、DPU、DDP 等到达组贸易术语时,合同中的保险条款可以直接定为"保险由卖方办理"。在这样的贸易术语条件下,合同是不需要对采用何种保险条款、何种保险险别以及投保金额作出详细规定的。

但是,以 CIF 或 CIP 术语成交,是卖方为买方的利益购买保险,保险条款内容要明确由卖方办理保险,保险险别是什么,保险金额是多少,受何种保险条款的约束以及保险条款的生效日期等。如合同中的保险条款可定为:"由卖方按发票金额的 110% 投保一切险和战争险,按中国人民财产保险股份有限公司《海洋运输货物保险条款》负责"。

总之,本章所学习的国际货物运输保险,在全国国际贸易竞赛中,除了跟保险条款有关以外,保险费和保险金额的计算还与谈判的价格紧密相关。因此,一定要准确掌握相关知识和技能,并在竞赛中灵活运用。

◇ 课堂思政

通过了解国际货运保险的起源与发展,认识国际货运风险常见类型,熟悉海运货物保险所承保的范围,帮助学生树立"行险途者畏而慎"的风险意识,培育学生不怕风险的创新胆识与防范风险的创新思维。同时,强化居安思危、有备无患的风险防范素质和诚实守信的职业道德素养。

通过对中国《海洋运输货物保险条款》的学习,熟悉我国保险公司不同险别的保险责任范围,除外责任,责任起讫,保险人义务,投保人、被保险人义务,赔偿处理及索赔期限等内容,熟悉英国保险协会《协会货物保险条款》,比较英国保险协会货物保险条款和中国保险条款的异同,培养学生多思考、善于发现问题的意识。

理解保险利益的内涵,掌握保险投保的程序、保险险别的选择、保险费和保险金额的计算、保险单据的填写、保险条款的制定以及保险索赔的程序,培育学生严谨务实的业务素养,以及遵纪守法、重合同守信用的职业道德。

◇ 练习题

一、单选题

1. 恶劣气候、雷电、海啸或地震等灾害属于 （　　）
   A. 自然灾害　　　　　　　　　B. 意外事故
   C. 一般外来风险　　　　　　　D. 特殊外来风险

2. 船舶搁浅时,为了使船舶脱险,雇用拖轮强行脱浅的费用属于 （　　）
   A. 实际全损　　　　　　　　　B. 共同海损
   C. 推定全损　　　　　　　　　D. 单独海损

3. 被保险货物在运输途中由于偷窃、短量、雨淋等外来原因所遭受的风险属于 （　　）
   A. 特殊外来风险　　　　　　　B. 自然灾害
   C. 意外事故　　　　　　　　　D. 一般外来风险

4. 根据中国的保险条款,不能单独投保的险别是 （　　）
   A. 平安险　　　　　　　　　　B. 水渍险
   C. 附加险　　　　　　　　　　D. 一切险

5. 当货物从目的港卸离海轮后_____,不论保险货物有没有进收货人的仓库,保险责任均告终止。 （　　）
   A. 30 天　　　　　　　　　　　B. 45 天
   C. 60 天　　　　　　　　　　　D. 50 天

二、多项选择题

1. 海上运输货物保险的承保范围包括 （　　）
   A. 海上风险　　　　B. 海上损失　　　　C. 海运货物
   D. 海上费用　　　　E. 陆上风险

2. 在海运保险业务中,下列属于意外事故的是 （　　）
   A. 搁浅　　　　　　B. 触礁　　　　　　C. 沉没
   D. 船舶失火　　　　E. 地震

3. 在海运保险业务中,下列属于一般外来风险的是 （　　）
   A. 偷窃　　　　　　B. 破碎　　　　　　C. 碰撞
   D. 锈损　　　　　　E. 玷污

4. 根据我国现行《海洋运输货物保险条款》的规定,能够独立投保的险别有 （　　）
   A. 水渍险　　　　　B. 战争险　　　　　C. 罢工险
   D. 一切险　　　　　E. 平安险

5. 在海运保险业务中,构成共同海损的条件是 （ ）
   A. 共同海损的危险必须是实际存在的
   B. 必须属于非正常性质的损失
   C. 消除船货共同危险而采取的措施是有意合理的
   D. 费用支出是额外的
   E. 必须是承保风险直接导致的船、货损失

三、判断题

1. 船舶抵押借款起源说是公认的海上保险的原始形式。 （ ）
2. 货物运输保险最早出现在美国。 （ ）
3. 中国境内的第一家保险公司是中国企业家创办的。 （ ）
4. 海上风险包括运输中的自然灾害和意外事故。 （ ）
5. 按损失的性质不同,可分为共同海损和全部损失。 （ ）

四、名词解释题

1. CTL
2. General Average
3. FPA

五、简答题

1. 构成共同海损应具备的条件是什么?
2. 伦敦保险协会的《协会货物保险条款》与中国《海洋运输货物保险条款》有何异同?
3. 被保险人在索赔时应注意哪些事项?

六、计算题

1. 湖南某贸易公司向日本出口一批水果,发票总金额为20 000美元,加一成投保了平安险加战争险,费率分别为0.7%和0.3%。请计算:投保金额和保险费。
2. 我方一批出口货物CFR价格为1980美元,现客户来电要求按CIF价格加成20%投保海上一切险,我方照办。请计算:若一切险的保险费率为1%,我方应向客户补收多少保险费?

七、案例分析题

1. 有一批运输途中的货物已按发票金额的110%向保险公司投保了平安险,载货的船舶于3月5日遇到暴风雨的袭击,使一部分货物遭到水渍损失;该船在继续航行中,又于3月11日与另一船舶发生了碰撞事故,又使该批货物遭受了部分损失。
   分析:保险公司对上述两种损失均负赔偿责任吗?
2. 有一批已购买保险的货物,装载该批货物的货轮在航运途中发生了火灾,经船长下令施救后,火被扑灭,事后查明该批货物损失如下:(1) 500箱遭受严重水渍损失,无其他损失;(2) 500箱既遭受了热烤、火熏损失,又遭受了水渍损失,但未发现火烧的痕迹;(3) 300箱已烧毁;(4) 100箱在忙乱中不慎坠海。

分析：上述 4 种情况下海损的性质。

◇ **参考文献**

[1] 黎孝先,石玉川. 国际贸易实务[M]. 7 版. 北京:对外经济贸易大学出版社,2020.

[2] 毕甫清,李冰,朱玉赢. 国际贸易实务与案例[M]. 3 版. 北京:清华大学出版社,2019.

[3] 陈平. 国际贸易实务[M]. 3 版. 北京:中国人民大学出版社,2020.

[4] 吴百福,徐小薇,聂清. 进出口贸易实务教程[M]. 8 版. 上海:上海人民出版社,2020.

[5] 龙卫洋,唐志刚,米双红. 保险学[M]. 上海:复旦大学出版社,2005.

第五章 05

进出口货物价格

◎ **学习目标：**

知识目标：了解进出口货物价格的构成，理解对外作价原则和相关影响因素，掌握进出口货物价格的换算方法，理解佣金和折扣的含义及计算方法。

能力目标：能够根据相关资料进行出口价格核算；能够制定外贸合同中的价格条款。

素质目标：养成严谨、细致、诚信的职业素质和市场风险防范意识；强化灵活处理出口报价的技能。

进出口货物价格条款是外贸合同中的核心条款,直接关系到进出口双方的经济利益,也和合同中其他条款有密不可分的关系。加强进出口货物成本、费用和利润的核算,掌握外贸核算的原则和方法,灵活订立价格条款,具有十分重要的意义。

第一节 进出口货物价格核算

在对外开展进出口贸易之前,必须加强国际市场调研,掌握国际市场行情,对国际市场价格的变动趋势作出准确的预测,把握成交的时机,避免对外报价的盲目性。对外报价需要加强成本、费用的核算,订立合理的预期利润目标,综合考虑影响价格的各种因素,确定合适的价格。

一、出口货物价格的构成

不管是国内贸易还是国际贸易,任何商品的价格构成均包含三个部分:成本(生产成本、加工成本、采购成本或进货成本)、费用和利润。相对于国内贸易,出口货物价格的成本和费用要复杂得多。出口业务有自营出口和代理出口两种形式。不管是自营还是代理出口业务,出口商对外报价前,都必须根据出口成本、国际市场价格水平和企业经营意图综合盘算,对各种可能发生的费用和已经发生的费用进行尽可能准确的估算。

1. 成本

在出口价格中,成本所占比例最大,根据不同情况,主要有生产成本、加工成本、采购成本(或进货成本)、实际成本几个概念。

(1) 生产成本(Production Cost/Manufacturing Cost):制造商生产产品本身所耗费的原材料、劳动力、固定资产折旧等所需要的成本。

(2) 加工成本(Processing Cost):加工商对半成品或成品进行加工所需要的成本。

(3) 采购成本(Purchasing Cost/Procurement Cost):贸易商向制造商采购商品的价格,也称为"进货成本"。

(4) 实际成本(Actual Cost):为了增强本国商品在国际市场上的价格竞争力,很多国家都对出口货物采取出口退税的政策,用以降低出口企业的出口成本。因此,采购成本扣除出口退税额后,反映出的才是出口实际成本。我国的出口退税额是按照不含增值税的进货价格核算的,而出口商品的国内采购价通常又包含了增值税,因此在计算出口退税时,必须先扣除增值税。

$$出口退税额 = 进货成本/(1+增值税税率) \times 出口退税率$$
$$实际成本 = 进货成本 - 退税金额$$

[例 5-1] 某公司出口陶瓷茶杯,每套进货成本为人民币 90 元(包括 13% 的增值税),出口退税率为 8%,计算实际成本。

解:出口退税收入 $= 90 \div (1+13\%) \times 8\% = 6.37$(元)

实际成本＝进货成本－退税金额
＝90－6.37
＝83.63(元/套)

2. 费用

出口商品的费用可分为国内费用和国外费用两部分。按 FOB、CFR 和 CIF 术语出口的商品,国内费用包括将货物装上船之前的一切费用,一般有以下项目:

(1) 国内运输费:出口货物在装运前所发生的境内运输费,通常有卡车运输费、内河运输费、路桥费、过境费及装卸费等。

(2) 包装费:包装费通常包括在采购成本之中,但如果客户对货物的包装有特殊的要求,由此产生的费用就要作为包装费另加。

(3) 仓储费:需要提前采购或另外存仓的货物往往会发生仓储费。

(4) 认证费:出口商办理出口许可、配额、产地证明及其他证明所支付的费用。

(5) 港杂费:出口货物在装运前在港区码头所需支付的各种费用。

(6) 商检费:出口商品检验机构根据国家的有关规定或出口商的请求对货物进行检验所发生的费用。

(7) 捐税:国家对出口商品征收、代收的有关税费,通常有出口关税、增值税等。

(8) 贷款利息:出口商由向国内供应商购进货物至从国外买方收到货款期间由资金的占用造成的利息损失,也包括出口商给予买方延期付款的利息损失。

(9) 业务费用:出口商在经营中发生的有关费用,如通信费、交通费、交际费、广告费等,又称"经营管理费"。

(10) 银行费用:出口商委托银行向国外客户收取货款、进行资信调查等所支出的费用。

实际业务中,计算出口商品的国内费用时,一般采取两种方式:

(1) 定额费用率。出口商对一些业务费用并不实际计算,而是根据往年的情况估算出业务费用占采购成本的百分比。

(2) 国内包干费。委托货运代理办理运输时,货运代理一次收取的国内运费、港杂费、商检费、报关费、单证费等。

国外费用,主要包括国外运费、国外货运保险费和佣金等。

3. 预期利润

出口商的预期利润由出口商自行决定,根据行业平均利润率和自身经营情况合理确定。可以按采购成本的一个百分比计算,也可以按照出口报价的百分比计算。

二、出口货物的成本核算与报价

1. 出口盈亏率的核算

出口盈亏率具体反映出口货物的盈亏程度,是进行出口营销决策的重要指标。计算公式：

出口盈亏率＝出口外汇净收入(折算成本币)－出口总成本(本币)/出口总成本×100％

其中：

出口外汇净收入(折算成本币)＝FOB出口外汇净收入×银行外汇买入价

出口外汇净收入指FOB外汇净收入，如出口货物采用CFR或CIF外汇价格，要分别扣除国际运费、保险费、银行费用及佣金等费用。

出口盈亏率的计算结果是正数，则为盈利率；结果是负数，则为亏损率。

2. 换汇成本核算

换汇成本指某出口货物每换回一单位外汇需用的人民币，即用多少人民币的出口成本可换回一单位外汇。以人民币外汇牌价为参照，比较出口经济效益水平，反映出口货物的换汇能力。计算公式：

换汇成本＝出口总成本(人民币)/出口外汇净收入(外币)

从公式中可以看出，出口换汇成本与出口总成本成正比，与出口外汇净收入成反比。出口换汇成本与外汇牌价进行比较，能直接反映出出口是否盈利。如低于外汇牌价，说明该笔商品出口的换汇成本较低，有盈利；如高于外汇牌价，说明该笔商品出口的换汇成本较高，有亏损。

另外，比较同类出口商品不同时期的换汇成本，可以了解企业经营效益的变化，比较各类出口商品相同时期的出口换汇成本以便调整出口商品的结构。

[例5-2] 某公司出口商品CIF蒙特利尔每公吨500美元，国外海运费每公吨80美元，保险费共3 000美元，该商品共500公吨。该商品的实际采购成本每公吨2 000元人民币，国内直接和间接费用为实际采购价的15％。计算该商品的出口换汇成本。若当期银行外汇牌价为1美元折合7.24元人民币(买入价)，计算每公吨的出口盈亏额和出口盈亏率(计算结果保留两位小数)。

解：(1) 计算出口换汇成本：

每公吨出口成本：2 000×(1＋15％)＝2 300(元)

每公吨外汇净收入：500－80－3 000÷500＝414(美元)

出口换汇成本：2 300÷414＝5.56

(2) 计算每公吨的出口盈亏额：

出口盈亏额＝出口人民币净收入－出口总成本＝414×7.24－2 300＝697.36(元)

(3) 计算出口盈亏率：

出口盈亏率＝出口盈亏额/出口总成本＝697.36÷2 300＝30.32％

3. 出口创汇率

出口创汇率指出口加工业的加工成品出口的外汇净收入与原料外汇成本的比率。如果原材料是国内产品，其外汇成本可按原材料的FOB出口价计算，如果原材料是进口的，则按原料的CIF价格计算。通过出口产品外汇净收入同原材料外汇成本的对比，可确定出口加

工业务,特别是进料加工出口业务的经济效益状况,在进行出口加工时,核算出口创汇率更是十分必要。计算公式:

出口创汇率＝(成品出口外汇净收入－原料外汇成本)/原料外汇成本×100％

[例5-3] 出口创汇率计算

福建石狮市一家出口服装加工厂进料加工一批服装出口,进口面料花费5万美元,加工的服装出口后获得外汇净收入12万美元。计算这批服装的出口创汇率。

解:出口创汇率＝(成品出口外汇净收入－原料外汇成本)/原料外汇成本×100％
＝(12－5)÷5×100％
＝140％

4. 出口报价(Export Quotation)

出口企业在对国际市场营销进行调研与预测,并进行成本核算的基础上,制定同外商磋商价格的方案。拟订报价单是磋商合同价格条款的基础性工作。在同外商正式洽谈价格条件之前,出口商应依据出口交易成本、经营费用,结合国际市场行情和变动趋势,根据客户对商品规格、数量、包装、交货条件等的要求确定如何报价,在保证经营效益的前提下,可随机作出适当的调整,力争经济效益最大化。报价的计算公式:

FOB报价＝实际购货成本＋国内费用＋预期利润

CFR报价＝实际购货成本＋国内费用＋海运费＋预期利润

CIF报价＝实际购货成本＋国内费用＋海运费＋海运保险费＋预期利润

三、进口货物的成本核算与报价

1. 进口货物的成本核算

进口货物的成本核算既要考虑各种能确定的因素,又要考虑各种不确定的因素及可能发生的风险。计算公式:

进口货物成本＝国外进价＋进口经营费用＋进口税＋风险费用

其中:

国外进价＝CIF单价×对外付款日外汇牌价

进口税＝关税＋消费税＋增值税

关税＝关税完税价格×关税税率

消费税＝[(关税完税价格＋关税)/(1－消费税税率)]×消费税税率

增值税＝(关税完税价格＋关税＋消费税)×增值税税率

2. 进口报价(Import Quotation)

进口商对外报价时要坚持"货比三家"的原则,在进行进口货物成本核算的基础上,尽可能防范经营风险,适当加上国际价格与国内价格的差价利润,择优选购。

四、对外作价原则及影响对外作价的因素

1. 正确贯彻对外作价原则

在对外作价时,必须遵循三项原则:

1) 按照国际市场价格水平作价

掌握国际市场价格水平,可以参照以下四种情况:

① 以输出国(地区)为中心的国际商品集散地的销售价格为依据,例如,纽约商品交易所的棉花价格,芝加哥商品交易所的小麦、谷物价格,沙特阿拉伯的出口原油价格等。

② 以进口国(地区)为中心的商品集散地的销售价格为依据,例如,伦敦金属交易所的有色金属材料价格等。

③ 以输往国(地区)当地的市场价格为参照,如我国出口的轻纺产品、农副土特产品、手工艺品等都以输往国(地区)当地的国际贸易价格为依据。

④ 以我国进出口商品交易会(即广交会)成交的价格为参照。我国每年在春、秋两季举办广交会,广交会上商品成交的价格,参考了国际市场价格,可作为平时出口销售价格的参考。

2) 结合国别(地区)政策作价

我国的对外贸易工作是国家外交关系的一个重要方面,必须体现我国对外经济政策。在制定出口商品外销价格时,必须符合对外经济政策的要求,对不同的国家和地区,在不同的时期要区别对待。

3) 结合企业的购销意图作价

在确定进出口商品价格时,在符合国际市场价格水平的前提下,还要结合企业的购销意图,如有利于长期发展战略的需要,扩大市场占有率,保持稳定的经济效益等。例如,当某种商品国际市场竞争十分激烈,本企业又有大量库存的情况下,可采取竞争性价格策略,以稳定和扩大市场占有率;对于珍贵的商品,我国独有的土特产品、稀有矿产品、中药材等,在价格上必须始终保持适当的高价位。

2. 影响对外作价的各种具体因素

(1) 货物的质量与档次。在国际市场上商品自由竞争是基本法则。商品价格竞争实质是质量的竞争,按质论价,优质高价,次质低价,劣质卖不起价。

(2) 要考虑运输距离、运输方式、交货地点、交货条件和运货成本等。交货地点和交货条件不同,买卖双方承担的责任、风险和费用价格有区别,进而影响到进出口商品的价格。例如,CIP 术语下,出口商要承担将货物运到进口商所在国家的内陆的费用,价格就要高于 CIF 价格。同一运输距离内成交的同一商品,D 组术语承担的风险高于 CIF 术语,其价格也应当不同。

(3) 要考虑成交数量。按国际贸易的习惯做法,成交量的多少对价格有较大的影响。

卖方为扩大销量,实现规模效益,往往对购货量大的客户给予一定的价格折扣。

(4) 要考虑季节性需求的变化。在国际市场上,某些时令性较强的商品如能赶在节令前供应市场,抢先应市就能卖上好价钱。我们要充分抓住旺市之机,力争按有利的价格成交。

(5) 要考虑货款支付等交易条件和汇率波动及其他商业信用风险因素。作为卖方,在对外作价时,要充分考虑到,当采用的支付方式、使用的计价货币要承担的风险较大时,应适当地提高售货价格,以避免和减少经济损失。

(6) 要考虑其他因素。除上述因素外,交货期的长短、市场贸易习惯、消费者的爱好、与客户的关系等,也会影响对外报价。

第二节 价格换算与作价方法

一、价格的换算

在国际贸易中,买卖双方采用什么贸易术语成交,成为磋商交易的一个核心问题。因为不同的贸易术语其价格构成因素不同,即所包含的费用和风险大不相同。以装运港船上交货的三个贸易术语为例,一方若采用 FOB 条件报价,另一方往往会要求改用 CFR 或 CIF 报价,这就涉及价格换算问题。了解贸易术语的价格构成和换算方法,是外贸业务人员所必须掌握的基本技能。现将最常用的 FOB、CFR、CIF 三种术语的价格换算方法及计算公式介绍如下:

1. FOB 价换算为其他价

(1) CFR 价 = FOB 价 + 运费

(2) CIF 价 = (FOB 价 + 运费)/[1 − (1 + 投保加成率) × 保险费率]

2. CIF 价换算为其他价

(1) CFR 价 = CIF 价 × [1 − (1 + 投保加成率) × 保险费率]

(2) FOB 价 = CIF 价 × [1 − (1 + 投保加成率) × 保险费率] − 运费

[例 5 - 4] 我方某公司对外报价牛肉罐头 2.2 美元/听 CIF 迪拜,按发票金额加成 10% 投保一切险,保险费率为 0.3%,运费率为 10%,客户要求改报 FOB 上海价,如我方某公司接受的话,应如何报价?

解:FOB 上海价 = CIF 价 × [1 − (1 + 投保加成率) × 保险费率] − 运费
$\qquad$ = 2.2 × (1 − 110% × 0.3%) − 2.2 × 10%
$\qquad$ = 2.193 − 0.22
$\qquad$ = 1.973(美元/听)

二、作价方法

1. 固定作价

在买卖双方磋商价格时,大多数是在协商一致的基础上,明确规定具体的成交价格,这也是国际贸易中常用的作价方法。

按照各国法律和国际贸易惯例的规定,合同中的价格一经确定,就必须严格执行,除非合同另有规定或经双方一致同意,否则任何一方不得擅自更改。合同中采用固定价格,价格就具有确定性,便于核算,利于合同的执行。

但是,也要考虑固定价格下因市场行情变动给买卖双方带来的风险。对于行情变化较快,价格涨落不定的商品,固定作价的做法可能会影响合同的顺利执行。信誉不良的商人可能会寻找各种借口逃避合同的执行,以避免损失。因此,对于行情变动较大、远期交货、大量成交的商品,不能轻易采用固定作价的做法。

2. 灵活作价

国际市场行情多变,有时还会出现大的动荡,价格涨跌难以判断,为了防范固定价格造成的经济损失,买卖双方可采取灵活变通的作价方法。

1)待定价格

① 在价格条款中明确规定定价时间和方法。

例如,在装船月份前 20 天,参照当地及国际市场价格水平,协商议定正式价格或以提单日期的国际市场价格为基础议定价格。

② 在合同中只规定议价时间。

例如,由双方在×年×月×日协商确定价格。

由于买卖双方采用"待定价格"的方法,合同未有效成立,存在着一方借故随时撤销合同的风险,实际业务中要慎重使用。

2)暂定价格

买卖双方商定一个初步价格,作为开立信用证和初步付款的依据,当双方确定最后价格后再进行清算,多退少补。

例如,暂定价格为每包 2000 港元 CIF 香港,于装船月份 15 天前由双方协商确定价格。(HK $ 2000 per bale CIF Hong Kong, the above is a provisional price which shall be determined through negotiation between the Buyer and Seller 15 days before the month of shipment.)

由于订有"暂定价格"的条款,合同仍有较大的不稳定性,在实际业务中采用这种做法,应以双方关系密切、信誉可靠的客户为限。

3)部分固定价格,部分非固定价格

这种作价方法适用于大宗商品交易、分期分批交货的方式。即期交货的商品采取固定价格,远期交货的商品采取非固定价格,以前期交货的价格为基础,又依市场行情的变化,在交货前一定期限内由双方商定价格。

非固定价格是一种变通做法,在行情变动剧烈或双方未能就全部货物的价格取得一致意见时,有助于暂时解决双方在价格方面的分歧,先就其他条款达成协议,解除客户对价格风险的顾虑,推进合同的签订。但是也应注意,非固定价格具有极大的不稳定性,存在着后期双方对价格不能取得一致意见而导致合同无法执行的风险。

3. 价格调整条款(Price Adjustment Clause)

当前,在国际贸易实践中,买卖双方越来越多地采用价格调整条款,能有效地调整双方的利益关系。例如,如卖方给予其他客户的成交价格或市场价格波动幅度高于或低于合同价的3%,对本合同未执行的数量,双方可协商适当调整价格。这种做法有利于把价格变动风险限定在一定范围内,以利于提高客户的经营信心,促成合同的订立。

在国际市场上由于资本主义国家通货膨胀的加剧,在一些大宗商品的交易,特别是加工生产周期较长的机器设备的交易中,交易合同期限较长,为防范价格波动带来的经济损失,双方在订立合同时先规定初步价格(Initial Price),同时又规定如果原材料价格、工资水平等发生变化,在履行合同时价格可灵活调整。通常使用下面的计算公式:

$$P=P_0(A+B \cdot M/M_0 +C \cdot W/W_0)$$

式中:P——商品交货时最后确定的价格;

P_0——签订合同时的初定价格;

M——计算最后价格时引用的有关原材料的平均价格或指数;

M_0——签订合同时引用的有关原材料的平均价格或指数;

W——计算最后价格的工资平均数或指数;

W_0——签订合同时引用的工资平均数或指数;

A——经营管理费用和利润在价格中所占比重;

B——原材料在价格中所占比重;

C——工资在价格中所占比重。

A、B、C所分别代表的比重在签约时确定后固定不变。

买卖双方可在合同中规定,如果按上述公式计算出来的最后价格与约定的初定价格相比,差额不超过约定的范围,则按合同确定的价格执行。

价格调整条款这种做法已被欧洲委员会纳入它所制定的一些"标准合同"之中,而且其应用范围已从机械设备交易扩展到一些初级产品的交易,因而具有一定的普遍性。

第三节 佣金和折扣的运用

一、佣金

1. 佣金(Commission)的含义

在国际贸易中有许多交易是通过中间商代理进行的。买卖双方或一方向中间商提出交易的服务,并支付一定的酬金,该酬金就叫佣金。在货价中包含佣金在内的叫含佣价。凡是在合同价格条款中明确标示佣金的叫"明佣";货价中包含佣金,但不标示出来,甚至连"佣金"字样也不标示出来的做法叫"暗佣"。

2. 佣金的规定方法

(1) 采用佣金率表示。在价格中表示包含一定百分比的佣金在内。例如,每公吨100美元CIF纽约含2%的佣金(USD100 per T CIF New York including 2% commission),也可以采用缩写形式"USD100 per T CIFC 2% New York"。

(2) 用绝对数字表示。在价格条款中明确规定付给中间商若干金额的佣金。例如,每公吨付佣金3美元,付佣金总额1 000美元等。

佣金的比例应合理,一般控制在1%～5%之间,不宜偏高。

3. 佣金的计算与支付方法

在我国进出口贸易中,计算佣金时,有的按成交金额约定的百分比计算,有的按成交的商品数量计算。在按成交金额计算时,有的将发票总金额作为基数计算佣金,有的则以FOB总值为基数计算佣金。如果价格条款是以CIFC条件成交,则要进行价格换算,先求出FOB值,再求佣金额。计算佣金的公式:

$$单位货物佣金额 = 含佣价 \times 佣金率$$

$$净价 = 含佣价 - 单位货物佣金额$$

上述公式可写成:

$$净价 = 含佣价 \times (1 - 佣金率)$$

若已知净价,则含佣价的计算公式为:

$$含佣价 = 净价 / (1 - 佣金率)$$

如果我们同外商磋商价格时,我方报价每公吨1 000美元,对方要求改报加3%的含佣价,我方若接受,则将3%的佣金率代入上述公式,经计算含佣价为每公吨1 030.93美元,就能保证实收每吨1 000美元。

佣金的支付一般有两种方法:一是买方在支付货款时,直接从货款中扣除佣金;另一种是卖方收取货款后,按事先约定的期限和佣金率,另行付给中间商。在支付佣金时要注意防止发生错付、漏付和重付等事故。

按照国际惯例,一般在独家代理的情况下,如委托人同约定地区的其他客户直接达成交易,未经独家代理过手,也得按约定的比例向独家代理支付佣金。

二、折扣

1. 折扣(Discount)的含义

折扣指卖方按原价给予买方一定百分比的减让,即在价格上给予适当的优惠。国际贸易中使用的折扣名目很多,除一般折扣外,还有为扩大销量而使用的数量折扣,为实现某种特殊目的给予客户的特别折扣,以及年终折扣等。凡在价格条款中明确规定折扣率的叫"明扣";价格中打了折扣,但折扣率不明示的叫"暗扣"。暗扣属于不公平竞争行为,公职人员或资方雇佣人员拿暗扣属于贪污受贿行为。

2. 折扣的规定方法

折扣通常在价格条款中用文字明确表示出来,在贸易术语后面加上包含一定百分比的折扣短语。

例如,每公吨 200 美元 CIF 伦敦,折扣 3%(USD200 per T CIF London including 3% discount),也可表示为"每公吨 200 美元 CIF 伦敦减让 3%的折扣",(USD200 per T CIF London less 3% discount)。

折扣也可用绝对数字表示,例如,每吨折扣 3 美元。

3. 折扣的计算与支付方法

折扣通常以成交额或发票金额为基础来计算,也有的以 FOB 价为基础进行计算,这就要先进行价格换算,求出 FOB 价之后再计算折扣。

折扣的计算公式:

$$单位货物折扣额 = 原价 \times 折扣率$$

折扣价的计算公式:

$$折扣价 = 原价 - 单位货物折扣额$$

计算公式也可写成:

$$折扣价 = 原价 \times (1 - 折扣率)$$

折扣的支付一般在买方支付货款时预先扣除折扣额,将卖方的实际收入付给卖方。也有的折扣额不直接从货款中扣除,而卖方按暗扣协议另行支付折扣金给买方有关当事人,这种做法通常叫拿"回扣"。

第四节 计价货币的选择与合同中的价格条款

一、计价货币的选择

1. 计价货币(Money of Account)

计价货币指合同中规定的用来计算货物价格的货币。例如,买卖双方当事人在合同中约定合同价格用美元表示,则美元就是计价货币。根据国际贸易的特点,计价货币可以是出口国家货币,也可以是进口国家货币或双方商定的第三国货币。

世界各国和地区都有自己的货币,种类繁多,大体可分为三类:一类属自由兑换货币,是指对国际上经常往来的付款资金转移不施加限制,不施行歧视性货币措施或多种货币汇率,在另一国和地区要求下,随时有义务换回对方在经常往来中所结存的本国和地区货币。目前世界上已有 60 多个国家和地区的货币为自由兑换货币,如美元、英镑、日元等。自由兑换货币使用十分方便,被广泛选为计价货币。第二类属于有限度自由兑换货币,有些国家对本国货币在国际经常往来付款和资金转移施加各种限制,通常有多种汇率,对外汇交易也有所限制,在实际业务中不要使用这种货币。第三类属不能自由兑换货币,在国际市场上该种货币不能自由流通和兑换,在实际业务中一般不使用。

2. 计价货币的选择

买卖双方一般在合同的价格条款中采用国际通用的可自由兑换的货币或双方同意的支付手段进行计价和支付。由于各国普遍都实行浮动的汇率制度,在具体到某一笔业务上,必须深入调查研究,尽可能争取使用发展趋势对我方有利的货币为计价货币。

对于出口方来说,采用"硬币"(Hard Currency)计价比较有利。所谓"硬币"是指币值坚挺的,从成交到收汇期间汇价比较稳定且上浮的货币,从而使出口商能增加收益。进口商则应坚持选择"软币"(Weak Currency)。所谓"软币"是指从成交到付汇这段时间该货币汇价比较疲软且呈下跌趋势的货币,买方在履行付汇义务时,可以较少的本币兑换到合同中规定的计价货币的金额,从而可节省开支。

在实际业务中,买卖双方为防范外汇风险,会采取各种规避措施。例如,当双方议定的计价货币为硬币时,买方会坚持以软币为支付货币;当计价货币为软币时,卖方可要求适当提高商品价格以抵消可能发生的损失;还可以采取在合同中加列外汇保值条款(Exchange Clause),即双方在合同中加列采取某种方式分摊未来汇价风险造成的经济损失的条款。

二、合同中的价格条款

1. 价格条款的基本内容

货物的价格是国际货物买卖的主要的、必不可缺的合同条款。价格条款的基本内容包括商品的单价和总值两项:

(1) 单价条款的四项内容。商品的单价包括计价货币、单位价格金额、计量单位和贸易术语四项内容,例如,每公斤 20 港元 FOB 上海(HKD20 per kg FOB Shanghai)。

(2) 含佣价条款的五项内容。例如,每公吨 1 500 美元 CIF 新加坡含 4% 佣金在内(USD1 500 per T CIF Singapore including 4% commission/USD1 500 per T CIFC 4% Singapore)。

(3) 折扣价的五项内容。例如,每件 10 美元 CIP 芝加哥折让 2%(USD10 per set CIP Chicago less 2% discount/USD10 per set CIPD 2% Chicago)。

(4) 货物总值。货物总值在合同书中设置有"总值"一栏,计算出货物的单价乘成交的数量的积即为货物总值,将该总值填入此栏。

2. 规定价格条款应注意的事项

(1) 合理确定商品单价,防止作价偏高或偏低;

（2）根据实际经营情况、市场条件和经营意图，权衡利弊，选择适当的贸易术语；

（3）争取选用有利的计价货币，以避免汇率变动带来的风险，如采用了不利的计价货币时，应采取必要的保值措施；

（4）当对市场行情摸不准时，为避免价格变动的风险，应运用灵活作价的方法或价格调整条款；

（5）如对交货品质和数量约定有机动幅度时，则对机动部分的作价方法一并明确作出规定；

（6）如包装材料和包装费用另行计价时，对其作价方法也应具体作出规定；

（7）参照国际贸易习惯做法，注意合理运用佣金和折扣；

（8）单价中涉及的计量单位、计价货币、装卸地名称等，必须书写规范、清楚、准确，以利于合同的履行。

第五节　技能实训

实训模块一　进出口货物的成本核算与报价

【目的要求】

掌握进出口货物价格的构成，进出口货物成本核算的计算方法，对外作价的原则及影响报价的因素。

【背景材料】

进出口商在对外报价之前，必须进行国际市场动态调查，掌握价格构成的主要因素，进行成本核算。成本核算的主要内容有出口盈亏率、出口换汇成本、出口创汇率和进口货物的成本核算方法，以作为确定对外报价的基础。

1. 出口盈亏率核算

甲公司出口货物 10 公吨，400 箱装，每箱毛重 30 公斤，体积为 20 厘米×30 厘米×40 厘米，单价 CFR 巴黎每箱 55 美元。查运费表得知该货为 8 级，计费标准为 W/M，每运费吨运费 80 美元，另征收转船附加费 20%，燃油附加费 10%。该货物的出口总成本为 11 万元人民币，外汇牌价为 100 美元/724 元人民币。请核算出口盈亏率。（保留两位小数）

【操作指南】

第一步，确定运费的计收方法，再计算出运费；第二步，双方以 CFR 术语成交，CFR 价减去运费，求出 FOB 条件下出口人民币净收入；第三步，按出口盈亏率计算公式，求得出口盈亏率。

解：(1) 计算运费

体积＝0.2×0.3×0.4＝0.024（立方米）

毛重＝30 公斤＝0.03（公吨）

因为 0.03>0.024,即毛重>体积,应按毛重计收运费。

海运费=80×0.03×400×(1+20%+10%)=1 248(美元)

(2) 计算出口净收入 FOB 价

出口净收入 FOB 价=出口净收入 CFR 价－海运费=55×400－1248=20 752(美元)

折合成人民币:20 752×7.24=150 244.48(元人民币)

(3) 计算出口盈亏率

出口盈亏率=(出口人民币净收入－出口人民币总成本)/出口人民币总成本×100%
=(150 244.48－110 000)/110 000×100%
=36.59%

2. 出口换汇成本核算

甲公司出口货物总价为 10 万美元 CIF 新加坡,其中从上海港至新加坡的海运运费为 3 800 美元,保险按 CIF 总值的 110%投保一切险,保险费率 1%,该批货物的出口总成本为 70 万元人民币,收汇当日外汇买入价为 100 美元/724 人民币。核算该批货物的换汇成本。(保留两位小数)

【操作指南】

买卖双方以 CIF 条件成交,先要算出运费和保险费,再算出 FOB 价出口外汇净收入,最后根据出口换汇成本公式,计算出口换汇成本。

解:出口外汇净收入(FOB)=CIF 价－F－I
=100 000－3 800－100 000×110%×1%
=95 100(美元)

出口换汇成本=出口总成本(人民币)/出口外汇净收入(外币)
=700 000/95 100
=7.36(元/美元)

这批出口货物换汇成本是每获得 1 美元外汇收入需花费人民币 7.36 元人民币,与收汇当日外汇买入价 100 美元/724 人民币相比,出口换汇成本较高,经济效益不佳。

3. 出口还价成本核算

我国某公司出口陶瓷餐具,进货成本为 150 元/套(含 13%增值税,退税率 9%)。20 英尺货柜需发生的费用:运杂费 900 元,商检、报关费 200 元,港区杂费 700 元,公司业务费 1 300 元,其他费用 950 元,大连至温哥华 20 英尺货柜包箱费 2 250 美元。设利润为报价的 10%,美元对人民币汇率 1:7.24。货物外箱体积为 0.40 米×0.32 米×0.38 米。我方对外报价每套 27.5 美元 CFR 温哥华,客户还价每套 24.5 美元 CFR 温哥华。我方能否接受对方的还价?

【操作指南】

依照客户的还价,核算我方的盈亏情况:

外箱体积=0.40×0.32×0.38=0.048 6(立方米)

交货数量:20 英尺货柜按 25 立方米计算,每箱装一套,总箱数=25/0.0486≈514(箱)

销售收入:7.24×24.5=177.38(元/套)

退税金额=进货成本/(1+增值税率)×退税率

实际成本=进货成本-退税金额=150-150/(1+13%)×9%=138.053(元/套)

国内费用总额=运杂费+商检、报关费+港区杂费+公司业务费+其他费用
$$=900+200+700+1\ 300+950=4\ 050(元)$$

平均每套国内费用=4 050/514=7.879(元)

平均每套海运费=2 250/514×7.24=31.693(元/套)

销售利润=销售收入-实际成本-国内费用-海运费
$$=177.38-138.053-7.879-31.693=-0.245(元/套)$$

如果接受客户的还价,利润为负数,每套亏损 0.245 元,因此不能接受客户的还价。

实训模块二　价格换算、佣金与折扣的运用

【目的要求】

掌握价格换算方法,佣金和折扣的计算方法。

【背景材料】

1. 在进出口贸易中,买卖双方选用什么贸易术语成交,关系到价格构成因素,所要承担的责任、风险和费用,并直接关系到双方的经济利益。贸易术语是买卖双方争夺的一个敏感点,准确而迅速地进行价格换算是外贸从业人员的基本功。外贸从业人员应能熟练地进行价格换算,即将 FOB 价、CFR 价、CIF 价换算为其他价格。

2. 若买卖双方约定了含佣价,含佣价等价格应按如下公式计算:

$$单位货物佣金额=含佣价×佣金率$$

$$净价=含佣价×(1-佣金率)$$

$$含佣价=\frac{净价}{1-佣金率}$$

买卖双方约定了折扣的,折扣额和折扣价应按如下公式计算:

$$单位货物折扣额=原价×折扣率$$

$$折扣价=原价×(1-折扣率)=原价-单位货物折扣额$$

【操作指南】

(1) 深圳某出口公司向德国汉堡某商人出售一批货物,中方原报价为 CIF 汉堡每公吨 960 美元,后德商要求改报含佣价 CIF5%。试问:中方报价应改为多少?

解:含佣价=净价/(1-佣金率)=960/(1-5%)=1 010.53(美元/公吨)

(2) 我方对外报价为每公吨 1 000 美元 CIF 新加坡,而外商还盘为每公吨 902 美元 FOB 中国口岸,经查该货由中国港口运至新加坡每吨运费为 88 美元,投保加成率为 10%,保险费率合计为 0.95%。试问:仅从价格角度讲,我方可否接受该项还盘?

解:将我方报价 CIF 新加坡换算成 FOB 中国口岸价格:

FOB 中国口岸价=CIF 价-运费-CIF×(1+投保加成率)×保险费率=1 000-88-1 000×(1+10％)×0.95％=901.55(美元/公吨)

而外商还盘为 FOB 中国口岸价 902 美元,两者相差无几,可以接受外商还盘。

(3) 我方某出口商品对外报价为每公吨 1200 英镑 FOB 黄埔,对方来电要求改报 CIFC 5％伦敦,我方只同意以 FOB 价为基础付 5％的佣金,试求:CIFC 5％伦敦价为多少?FOBC 5％价为多少?(已知保险费率为 1.68％,每公吨运费合计为 9.68 英镑)

解:CIF 价 = $\dfrac{\text{FOB 价}+\text{运费}}{1-(1+\text{投保加成率})\times\text{保险费率}}$ = $\dfrac{1\,200+9.68}{1-110\%\times1.68\%}$ = 1 232.46(英镑/公吨)

CIFC 5％伦敦价 = $\dfrac{\text{CIF 价}}{1-\text{佣金率}}$ = $\dfrac{1\,232.46}{1-5\%}$ = 1 297.32(英镑/公吨)

FOBC 5％价 = $\dfrac{\text{净价}}{1-\text{佣金率}}$ = $\dfrac{1\,200}{1-5\%}$ = 1 263.16(英镑/公吨)

(4) 我方某公司出口某商品对外报价为 480 美元/公吨 FOB 湛江,现外商要求改报 CIFC 3％旧金山,试求:我方的报价应为多少才能使 FOB 净值不变?(设运费是 FOB 价的 3％,保险费为 FOB 价的 0.8％)

解:CIF 价=FOB 价+运费+保险费=480+480×3％+480×0.8％=498.24(美元/公吨)

CIFC 3％旧金山价=CIF/(1-3％)=498.24/(1-3％)=513.65(美元/公吨)

(5) 某出口商对外报价为 FOB 上海价每打 50 美元,含 3％的折扣,如出口该商品 1 000打,试计算其折扣额和实收外汇各为多少。

解:折扣额=含折扣总金额×折扣率=1 000×50×3％=1 500(美元)

折扣售价=原价×(1-折扣率)=50×(1-3％)=48.5(美元)

实收外汇=48.5×1 000=48 500(美元)

◇ **本章回顾**

进出口货物价格条款是外贸合同中的核心条款,出口价格偏高不利于成交,价格偏低影响经济效益。价格条款又与合同中商品的品质、成交数量、贸易术语、交货期、运输、保险及其他买卖双方的责任等条款均有密切联系。因此,做好国际市场行情调研,正确制定合同中的价格条款极其重要。

进出口货物价格由成本、费用和预期利润三部分构成。对外作价时,要熟悉生产成本、采购成本、实际进货成本等概念,了解进出口业务产生的各种费用,合理确定预期利润。在此基础上,遵循对外作价的基本原则,权衡各方面的因素,综合考虑,合理定价。作价方法主要有固定作价、灵活作价及部分固定价格、部分非固定价格三种方式,每种方式均有其利弊,应根据实际情况灵活采用。在对外交易磋商中,我方使用一种贸易术语报价后,外商有时提出要求使用另一种贸易术语报价,此时需要掌握不同贸易术语之间的价格换算,以保证外汇收入和预期利润不变。外贸业务中也会给中间商支付佣金,以鼓励中间商帮助促进交易的达成。佣金包括明佣和暗佣两种,需要掌握含佣价和净价之间的转换。折扣是卖方按原价给予买方一定百分比的减让,主要包括数量折扣、特别折扣等。正确利用折扣,有利于调动采购商的积极性,扩大销路,是加强对外经销的一种手段,在外贸业务中要灵活采用。

◇ **赛点指导**

根据全国高校商业精英挑战赛国际贸易竞赛评分细则,商贸配对贸易谈判环节涉及本章的价格谈判。价格谈判与贸易术语、数量、品质、支付方式、运输、保险等方面密切相关,也是竞赛中的重点内容,对参赛选手专业知识、推销和谈判能力有极高的要求。竞赛选手需要具备扎实的外贸实务专业知识、灵活应变的职业素质。在和客户进行谈判时,应全面把握各种贸易术语下出口价格的构成,熟悉运费和保险费的计算,全盘考虑价格与其他交易条件的关系,灵活使用折扣。根据本章专业知识学习,竞赛谈判中应把握以下要点:

1. 报价技巧

1) 先报 FOB 参考价

谈判中,如果客户要求我方报价,切忌盲目报价。在不了解客户的具体要求之前,可先报 FOB 参考价。因为不清楚客户来自哪里,意愿订货量是多少,是否要求定制或者是否有其他特殊要求,客户是否有自己的货运代理,是否由客户办理运输、保险等,在这些问题没有弄清楚之前,一般先按照 FOB 术语进行报价,并且说明最小订货量,或者说明此报价是按照一个货柜的数量进行核算的。报价一定要完整、规范、专业,FOB 贸易术语后要说明装运港,要有计量单位、所使用的报价货币等。

例如:FOB Shenzhen Port USD4.58/PC

MOQ(Minimum Order Quantity):3000PCS

2) 熟悉各种贸易术语的报价之间的转换

谈判中,有时候客户会要求我方办理运输,此时要清楚需要把国外海运费加入报价中,也就是把 FOB 价转换为 CFR 价。如果客户要求运输和保险均由我方办理,则需要将 FOB 价转换为 CIF 价。因此,需要事先做好全球主要目的港口的海运费查询和整理工作,搜集主要险别的保险费率,以便进行报价核算。在核算前,先询问客户目的港在哪里,对投保险别有何要求。如果客户要求其他贸易术语报价,如 EXW 价、DDP 价等,也要熟悉其他贸易术语的价格构成,弄清楚各个贸易术语下双方的义务和承担的费用。有关贸易术语报价之间的联系和区别,参见第一章的内容,贸易术语报价之间的转换公式和具体计算方法,本章已经详述,运费和保险费的计算详见第三章和第四章的内容,在此不再赘述。

3) 事先做好报价单

一份专业的报价单,不仅可以给评委留下准备充分的良好印象,也可以帮助参赛选手克服紧张情绪,避免竞赛中报错价等失误。

① 报价单的头部(Head)主要包括卖家的基本资料,例如:工厂标志(Factory Logo)、公司名称(Company)、详细地址(Detailed Address)、邮政编码(Post Code)、联系人名

(Contact)、职位名称(Job Title)、电话号码(Telephone No.)、传真号码(Fax No.)、手机号码(Mobile No.)、邮箱地址(E-mail Address)、聊天方式(Messenger Online)、公司网址(Website Address)等信息。报价单的抬头主要包括：报价单标题(Quotation/Quotation Form/Price List)、参考编号(Reference No.)、报价日期(Date)、有效日期(Valid date)等。

② 产品基本资料(Product's Basic Information)包括：序号(No.)、货号(Item No.)、型号(Type)、产品名称(Product's Name)、产品图片(Photo)、产品描述(Description)、原材料(Materials)、规格(Specification)、尺寸(Size)、长度(Length)、宽度(Width)、高度(Height)、厚度(Thickness)、管径(Tube's Diameter)、口径(Caliber)、形状(Shape)、外观颜色(Colors)等。

③ 产品技术参数(Product's Technical Parameters)信息。

④ 价格条款(Price Terms)主要包括：贸易方式(如 EXW、FOB、CFR、CIF 等)、装运港和目的港(Loading Port, Destination Port)、货币种类和汇率(Currency, Exchange Rate)、单位价格和货币单位(Unit Price, Currency Unit)等。

⑤ 数量条款(Quantity Terms)：按整柜(20′,40′,40HC,45HC)提供报价、按最小订单量(MOQ, Minimum Order Quantity)提供报价。

⑥ 支付条款(Payment Terms)：一般在开始投入生产前通过电汇方式预付 30%，余款在装运前付清。（30% paid for deposit by T/T before production arranged, the balance to be paid before shipment.）

⑦ 交货期条款(Delivery Time Terms)：一般在收到预付款后或订单确认后或生产前样品确定后多少天之内交货。例如：

Delivery time: 30 days after receipt of deposit.

Delivery time: 30 days after the confirmation of the order.

Delivery time: 30 days after the confirmation of pre-production samples.

⑧ 品牌条款(Brand's Terms)：可以提供贴牌加工，使用客户自己的品牌或由客户指定的其他品牌，或者使用工厂自己的品牌。例如：

OEM, Use the brand appointed by the customer.

Use the factory's own brand.

下面是一张简明报价单范本，供参考(表 5-1)。

表 5-1 简明报价单

Price List			
DATE：			
Supplier		Address	
Contact		Approvals	
Tel		Fax	

续表 5-1

Mobile				Messenger	MSN, QQ, Skype：	
Established				OEM		
Employees				R&D Staff		
E-mail				Website		
Item No.	Description	Product's Photo	Specification	FOB Zhongshan	QTY/CTN	CTN's Measure	N.W. (kg)	G.W. (kg)
	Materials, approvals, technical parameters and etc.		L×W×H, Dia.	USD	PCS	L×W×H (cm)		
Remarks：						
1. Payment terms：	
2. Single package's type, materials and size	
3. Inner package's type, materials and size	
4. QTY/Inner Package	
5. CTNs/20′, QTY/20′	
6. CTNs/40′, QTY/40′	
7. Delivery time	
8. Others	

2. 还价应对技巧

谈判中,客户(评委)经常提出和其他供应商提供的报价相比,我方报价偏高,此时考察的是参赛选手交易磋商和商品推介的综合能力。如何应对客户的还价,谈判中需要把握以下几点：

1) 认真倾听,考虑客户利益

谈判中,要认真倾听客户的表达,记下客户的考虑、实际利益、习惯做法、政治文化背景；详细了解买家的现有需求和表面需求,如客户关注的是价格、品质、技术还是服务；挖掘买家对物流方案、设计能力、配套、服务能力等方面的潜在需求；了解买家的兴趣所在,如热销产品、款式新颖产品、低价产品、性价比高的产品、投资回报率高的产品,希望长期开展贸易合作,等等。总之,谈判中要以客户利益为导向,要突出我们能给客户带来什么利益,而不是一味强调自己的产品有多好。

2) 有效沟通，突出我方实力

价格谈判中，经常遇到的就是客户提出我方报价偏高，一再要求降价。如果遇到这种谈判风格强硬的客户，一定要有理有据、沉着冷静。避免一味强调我方产品与其他供应商相比品质高、原材料好、技术强等空洞的表述，要给出实际例证，突出我方实力。例如，可以展示实际的作业流程、设备实力、专利技术、工厂规模、生产规模、专业技术参数和工艺、专业图纸和相关说明、公司取得的国际认证或其他荣誉、其他客户的良好评价等。

谈判中可以通过对比，来突出我方的实力。第一，从原材料入手，说明虽然外观一样，其他供应商的价格便宜是因为他们采用的材料不同，其他供应商采用的材料有什么弊端，而我们采用的材料在使用寿命、安全性、舒适性、牢固性等方面有哪些优点，可以通过数据、图片、视频等进行比较说明。第二，从工艺入手，对比加工环节所采用的工艺的差别，说明我方产品的品质。例如通过采取淬火工艺，提高工具、轴承等的硬度和耐磨性，提高弹簧的弹性极限，提高轴类零件的综合机械性能等；通过回火工艺减少内应力和降低脆性，使金相组织趋于稳定，以保证在以后的使用过程中不再发生变形；通过氮化工艺使制品具有优异的耐磨、耐疲劳、耐腐蚀及耐高温等特性。第三，从服务入手，说明我方可提供哪些免费服务，针对不同的客户，还可自定义一些增值服务提供给客户。

3) 小步退让，结合其他条件

价格谈判中要把握妥协退让的技巧，既要避免绝不让步的强硬，也不能为了达成交易直接同意对方的还价。比如对方提出要8%的折扣，或者要求我方报价从USD20降到USD10等，可以同意给出3%的折扣，或者将报价降到USD18，但同时提出请对方提高采购量，比如从1 000 PCS提高到1 500 PCS，并且采购量越大，折扣会越多，也就是阶梯式报价。此外，还可以将付款方式、交货期限、售后服务等其他条件作为谈判筹码，例如，对方若能在发货前预付50%的货款，我方可给予5%的折扣；如果对方同意我方报价，可以优先安排生产，缩短交货期限，或者延长3个月的售后服务等。

◇ **课堂思政**

通过本章内容学习，结合外贸业务核算案例，培养学生认真、细致、严谨、灵活变通、诚实守信、合作共赢的职业素养。进出口货物价格构成比较复杂，涉及各项费用的核算，为避免出现核算遗漏和错误，需要认真、细致和严谨的态度。对外作价时，要综合考虑国际市场行情、销售意图、国别(地区)政策、贸易术语、成交数量、支付方式、运输距离、通关要求、交货时间、汇率变动、佣金等多种因素，根据不同情况，在固定作价、部分固定价格、部分不固定价格、灵活作价等多种报价方法之中灵活选用，具备变通思维。在向客户报价时，要根据实际情况，质量好、档次高、款式新颖、技术先进、工艺独特的商品，报价自然要高，反之，就要低。一分价钱一分货，报价要实事求是，不能虚高。同时，也不能为争取客户或打压竞争对手，一味压低价格，干扰市场秩序，还极易引起国外反倾销调查。考虑到市场行情变动、汇率涨跌等风险的存在，进出口双方在商订价格条款时，通过价格调整条款、外汇保值条款等，合理分摊风险，达到合作共赢。

◇ 练习题

一、单选题

1. 商品出口总成本与出口所得的外汇净收入之比是 （ ）
   A. 出口商品盈亏额　　　　　　　B. 出口商品盈亏率
   C. 出口换汇成本　　　　　　　　D. 出口创汇率

2. 某商品出口总成本为 14 000 元人民币,出口外汇净收入为 2 000 美元,如果中国银行的外汇牌价为 100 美元换 724 元人民币,则该商品出口盈亏率为 （ ）
   A. 3.43%　　　　　　　　　　　B. 3.40%
   C. 3.41%　　　　　　　　　　　D. 3.45%

3. 某买卖合同规定:"如果卖方国内原材料价格指数上升 1%,对本合同未执行的数量,双方协商调整价格。"这是 （ ）
   A. 固定价格　　　　　　　　　　B. 非固定价格
   C. 暂定价格　　　　　　　　　　D. 价格调整条款

4. 某合同价格条款规定为"每公吨 CIF 大阪 100 美元",这种价格是 （ ）
   A. 净价　　　　　　　　　　　　B. 含佣价
   C. 出口价　　　　　　　　　　　D. 成本价

5. 某公司对外报价为 CIF 价 150 美元,外商要求改报 CIFC 5% 价,我方应报含佣价为 （ ）
   A. 157 美元　　B. 157.4 美元　　C. 157.8 美元　　D. 157.9 美元

二、多项选择题

1. 出口货物 FOB 成本费用包括 （ ）
   A. 国内采购成本　　B. 国际海运费　　C. 货物包装、仓储、杂费
   D. 报检、报关、认证手续费　　E. 外贸公司业务费

2. 出口货物成本核算的主要指标有 （ ）
   A. 出口盈亏率　　B. 换汇成本　　C. 出口创汇率
   D. 出口总成本　　E. 出口外汇净收入

3. 按国际市场价格水平作价的主要参照依据 （ ）
   A. 以输出国(地区)为中心的国际商品集散地中心的销售价
   B. 输往国(地区)当地的市场价格
   C. 以进口国(地区)为中心的商品集散地中心的销售价
   D. 我国广交会上成交的价格
   E. 生产企业的出厂价格

4. 影响对外作价的主要因素有 （ ）
   A. 货物的质量、档次　　　　　　B. 考虑运输方式、运输距离、交货地点
   C. 考虑交易条件、承担的风险和责任　　D. 考虑货物成交的数量

E. 考虑季节性市场需求的变化
5. 对外作价常用的方法 （　　）
   A. 固定作价　　　B. 具体价格待定　　　C. 暂定价格
   D. 部分固定，部分不固定　　E. 采用价格调整条款

三、判断下列写法是否正确

1. USD1 500 FOB Singapore （　　）
2. Per case 32 CIF London （　　）
3. CIFc Hamburg EUR33 （　　）
4. 100per doz. DDP （　　）
5. USD 15 PER SET CFR USA （　　）

四、名词解释题

1. 出口总成本
2. 出口盈亏率
3. 换汇成本

五、简答题

1. 合同中货物的价格条款中主要有哪些内容？
2. 在选择计价货币时，如何防范因汇率变动带来的风险？

六、计算题（以下各题均按"USD100＝RMB724"的汇率计算）

1. 某外贸公司出口一批货物，国内进货价共10 000元人民币，加工费1 500元，国内商品流通费1 000元，税金100元，该批货物出口销售外汇净收入5 000美元。核算这批出口货物的盈亏率是多少，换汇成本是多少。
2. 某公司出口1000箱货物，对外报价为每箱22美元FOB广州，外商要求改报CIFC 3%汉堡价。已知平均运费为每箱1美元，投保加成率10%，保险费率为CIF价的0.8‰。请问：要保持出口销售外汇净收入不低于原报价，改报CIFC 3%的含佣价是多少？已知进货成本平均每箱160元人民币，每箱平均国内流通费为进货成本的3%，出口退税为30元/箱，该货物的出口销售盈亏率是多少？换汇成本是多少？
3. 在一笔交易中，我方向外商报价每公吨780欧元CFR汉堡，减让2%的折扣，这笔交易的数量为2 000公吨。请问：我们的销售外汇净收入总额是多少？

七、案例分析题

1. 我国某出口公司拟出口化妆品到中东某国，正好该国某中间商主动来函与我公司联系，表示愿意为推销化妆品提供服务，并要求按每笔交易的成交额给予5%的佣金。经该中间商与当地进口商达成CIFC 5%价格、总金额为5万美元的交易，装运期为订约后2个月内从中国港口装运，并签订了销售合同。合同签订后中间商立即来电要求我方立即支付佣金2 500美元。我出口公司复电称，佣金需待货物装运并收到全部货款后才能支付，对方不允，双方发生争议。

试分析:这起争议产生的原因是什么？我国出口公司应从中接受什么教训？你认为这场争议应如何处理？

2. 我方某进出口公司同欧洲某客商磋商一笔交易，因当时国际市场价格动荡不定，双方都怕承担价格变动可能带来的风险，又急于达成这笔交易，在拟定价格条款时，采取了灵活作价方法，合同规定"装运前 30 天参照当地及国际市场价格水平协商定价"。当我方备好货物，准备组织装运时，去函要求与对方协商定价，而对方一直不予理睬，致使我方无法按期将货物装船发运。突然一天我方收到对方来电称："你方未按规定期限装运货物，属严重违约，我方保留损害赔偿权利。"我方立即与对方交涉，进行辩解，但未达成协议，后提交仲裁处理。

你认为仲裁组织会怎样裁决？我方应从中吸取什么教训？

◇ 参考文献

[1] 黎孝先,石玉川.国际贸易实务[M].7版.北京:对外经济贸易大学出版社,2020.
[2] 吴百福,徐薇,聂清.进出口贸易实务教程[M].8版.上海:格致出版社,2020.
[3] 陈岩.国际贸易理论与实务[M].5版.北京:清华大学出版社,2021.

第六章 06

国际货款收付

◎ **学习目标：**

知识目标：理解汇票、本票和支票三种支付工具的含义、主要内容和种类；掌握汇付、托收和信用证的含义、特点、种类和业务流程。

能力目标：能够根据外贸合同填制汇票；能够对照外贸合同审核信用证的条款；能够制定外贸合同中的支付条款。

素质目标：养成严谨、细致、诚信的职业素质和货款结算风险防范意识；强化在国际贸易中灵活选用货款结算支付工具的技能，培养创新精神。

在国际贸易中,货款的收付直接影响双方的资金周转和融通,以及各种金融风险和费用的负担,关系到买卖双方的利益和损失。因此,买卖双方在磋商交易时,都力争对自己有利的支付条件。

我国对外贸易货款的收付,一般是通过外汇来结算的。货款的结算主要涉及支付工具、付款时间、付款地点及支付方式等,买卖双方必须对此达成一致意见,并在合同中作出明确的规定。

第一节 支付工具

在国际贸易中,卖方交货与买方付款互为条件。但贸易双方距离遥远,要实现一手交钱一手交货,存在重重困难,且不利于国际贸易的发展。随着国际贸易范围扩大,国际贸易货款的收付中,采用现金结算的较少,大多使用非现金结算,即使用代替现金作为流通手段和支付手段的信用工具来结算。

金融票据是国际上通行的结算和信贷工具,是可以流通转让的债权凭证。这种结算方式最大的特点是银行信用参与到国际贸易结算中来,银行信用在国际贸易中发挥着重要作用,为进出口双方顺利完成贸易提供了便利。国际贸易中使用的金融票据主要有汇票(Bill of Exchange/Draft)、本票(Promissory Note)和支票(Cheque/Check),其中以汇票为主。

一、汇票

(一)汇票(Bill of Exchange/Draft)的含义和基本内容

《中华人民共和国票据法》第十九条规定:汇票是出票人签发的,委托付款人在见票时或者在指定日期无条件支付确定的金额给收款人或持票人的票据。

按照各国广泛引用或参照的《英国票据法》第三条的规定,汇票是一个人向另一个人签发的,要求受票人见票时或在将来的固定时间或可以确定的时间,向某人或其指定的人或持票人支付一定金额的无条件的书面支付命令。

日内瓦《统一汇票本票法》第一条规定,有效的汇票必须包括下列内容:

① "汇票"字样。
② 无条件支付命令。
③ 一定金额的货币。
④ 付款期限和地点。
⑤ 受票人(Drawee),又称"付款人"(Payer),即接受支付命令并付款的人。在进出口业务中,通常是进口人(采取托收或汇付支付方式时)或其指定的银行(采取信用证支付方式时,一般为开证行)。
⑥ 受款人(Payee),又称"收款人",即受领汇票所规定金额的人。在进出口业务中,通常是出口人(采取托收或汇付支付方式时)或其指定的银行(采取信用证支付方式时,一般为

议付行,托收方式下为托收行)。

⑦ 出票日期和地点。

⑧ 出票人(Drawer)签章。

汇票上未记载规定事项之一的,汇票无效。

上述基本内容,一般为汇票的要项,但并不是汇票的全部内容。按照各国票据法的规定,汇票的要项必须齐全,否则受票人有权拒付。

汇票有三个基本当事人,即出票人、付款人(受票人)和收款人(受款人)。所谓基本当事人,即汇票一经开立就存在的当事人。

(二) 汇票样例

信用证支付方式下,汇票的有关当事人如下:

出口商:China National Chemicals Import & Export Corporation

进口商:Green Trade CD,New York,USA

开证行:The CITI Bank,New York,USA

议付行:Bank of China

BILL OF EXCHANGE

Drawn under The CITI Bank, New York, USA　　　　L/C NO. DH00987SH
　　　　① 开证行　　　　　　　　　　　　　　② 信用证号码

Dated FEB 21,2022　　Payable with interest @ ….%… per annum
　　③ 开证日期

NO CNC1101　Exchange for USD 82,000.00　ShangHai MARCH 21,2022
　　④ 汇票号　　　　⑤ 汇票金额　　　　⑥ 出票地点和日期

AT sight of this FIRST of Exchange(Second of Exchange being unpaid)
　　⑦ 汇票期限

Pay to the order of Bank of China
　　　　⑧ 收款人(受款人)

the sum of USDOLLARS EIGHTY-TWO THOUSAND ONLY
　　　　⑨ 汇票金额(大写)

Value received

TO:The CITI Bank,New York,USA
　　⑩ 受票人(付款人)

　　　　　　　　　China National Chemicals Import & Export Corporation
　　　　　　　　　　　　　　　　　　LIZHENXING
　　　　　　　　　　　　　　　　　⑪(出票人签字)

注:①②③项为出票依据,此样例为信用证支付方式下的汇票内容。

（三）汇票的种类

汇票从不同的角度可分为以下几种：

1. 按照出票人的不同，汇票分为银行汇票和商业汇票

（1）银行汇票（Banker's Draft），指出票人和受票人都是银行的汇票。

（2）商业汇票（Commercial Draft），指出票人是工商企业或个人，付款人既可以是工商企业、个人，也可以是银行的汇票。

2. 按照有无随附商业单据，汇票可分为光票和跟单汇票

（1）光票（Clean Bill），指不附带货运单据的汇票。银行汇票多为光票。在国际贸易中，支付佣金、垫付费用、收取货款尾数时常使用光票汇票。

（2）跟单汇票（Documentary Bill），又称"押汇汇票"或"信用汇票"，是指附带有货运单据的汇票。商业汇票一般为跟单汇票。

3. 按照付款时间的不同，汇票分为即期汇票和远期汇票

（1）即期汇票（Sight Draft/Demand Draft），指在提示或见票时立即付款的汇票。

（2）远期汇票（Time Bill/Usance Bill），指在一定期限或特定日期付款的汇票。

远期汇票的付款时间，有以下几种规定办法：

① 见票后若干天付款（at × days after sight）。

② 出票后若干天付款（at × days after date of draft）。

③ 提单签发日后若干天付款（at × days after date of Bill of Lading）。

④ 指定日期付款（at fixed date）。

一张汇票往往可以同时具备几种性质，例如：一张商业汇票，同时又可以是即期的跟单汇票；一张远期的商业跟单汇票，同时又是银行承兑汇票。

（四）汇票的使用

汇票的使用一般包括出票、提示、承兑、付款等。如需转让，通常经过背书行为转让。汇票遭到拒付时，还要涉及做出拒绝证书和行使追索权等法律权利。

1. 出票（Draw）

出票是指出票人在汇票上填写付款人、付款金额、付款日期和地点以及受款人等项目，经签字交给持票人，从而产生汇票权利义务关系的票据行为。在出票时，受款人通常有三种写法：

（1）限制性抬头。例如，"仅付 A 公司"（pay A Co. only）或"付×公司，不准流通"（pay × Co. not negotiable）。这种抬头的汇票不能流通转让，只限×公司收取货款。

（2）指示性抬头。例如，"付×公司或指定人"（pay × Co. by order/pay to the order of × Co.）。这种抬头的汇票，除×公司可以收取票款外，也可以经过背书转让给第三者。

（3）持票人或来人抬头。例如，"付给来人"（pay bearer）。这种抬头的汇票，无须持票

人背书,仅凭交付汇票即可转让。

2. 提示(Presentation)

提示是指持票人将汇票提交付款人要求承兑或付款的行为。付款人见到汇票叫作见票(Sight)。提示可以分为两种：

(1) 付款提示,即指持票人向付款人提交汇票、要求付款的行为。

(2) 承兑提示,即指持票人向付款人提交远期汇票,付款人见票后办理承兑手续,承诺到期时付款的行为。

3. 承兑(Acceptance)

承兑是指付款人对远期汇票表示承担到期付款责任的行为。付款人在汇票上写明"承兑"字样,注明承兑日期,并由付款人签字,交还持票人。付款人对汇票作出承兑,即成为承兑人。承兑人在远期汇票到期时承担付款责任。

4. 付款(Payment)

对即期汇票,在持票人做付款提示时,付款人即应付款；对远期汇票,付款人经过承兑后,在汇票到期日付款。付款后,汇票上的一切债务即告终止。

5. 背书(Endorsement)

在国际市场上,汇票又是一种流通工具(Negotiable Instrument),可以在票据市场上流通转让。背书是转让汇票权利的一种法定手续,就是由汇票持有人在汇票背面签上自己的名字,或再加上受让人(被背书人,Endorsee)的名字,并把汇票交给受让人的行为。

经背书后,汇票的收款权利便转移给了受让人。汇票可以经过背书不断转让下去。对于受让人来说,所有在他以前的背书人(Endorser)以及原出票人都是他的"前手"；而对出让人来说,所有在他以后的受让人都是他的"后手"。前手对后手负有担保汇票必然会被承兑或付款的责任。

汇票背书的三种方式：

(1) 限制性背书(Restrictive Endorsement),指背书人对支付给被背书人的指示带有限制性的词语,如"仅付×公司"(pay to × Co. only)、"付给×银行,不可转让"(pay × Bank, not transferable)；凡做成限制性背书转让的汇票,只能由指定的被背书人凭票取款,不能再行转让或流通。

(2) 空白背书(Blank Endorsement),又称"不记名背书",指背书人只在票据背面签名,不指定被背书人。这种汇票可交付任何持票人。

(3) 特别背书(Special Endorsement),又称"记名背书",指背书人在票据背面签名外,还写明被背书人名称或其指定人,如"付给×银行或其指定人"(pay to × Bank or order)。这种特别背书,被背书人可以进一步凭背书而将汇票转让。

在国际市场上,一张远期汇票的持有人如想在付款人付款前取得票款,可以经过背书转让汇票,即将汇票进行贴现。贴现(Discount)是指远期汇票经承兑后,在尚未到期时由银行或贴现公司从票面金额中扣减按一定贴现率计算的贴现息后,将余款付给持票人的行为。

6. 拒付(Dishonor)

持票人提示汇票要求承兑时,付款人拒绝承兑(Dishonor by Non-acceptance),或持票人提示汇票要求付款时,付款人拒绝付款(Dishonor by Non-payment),均称拒付,也称退票。

除了拒绝承兑和拒绝付款外,付款人拒不见票、死亡或宣告破产,以致付款事实上已不可能时,也称拒付。

7. 追索(Recourse)

如汇票在合理时间内提示遭到拒绝承兑,或在到期日提示遭到拒绝付款,则对持票人立即产生追索权,持票人有权向背书人和出票人追索票款。按照有些国家的法律规定,持票人为了行使追索权应及时做出拒付证书(Protest)。所谓追索权(Right of Recourse)是指汇票遭到拒付时,持票人对其前手(背书人、出票人)有请求其偿还汇票金额及费用的权利。拒付证书是由付款地的法定公证人(Notary Public)或其他依法有权做出证书的机构如法院、银行、工会、邮局等,做出的证明拒付事实的文件,是持票人凭以向其前手进行追索的法律依据。如拒付的汇票已经承兑,出票人可凭此向法院起诉,要求承兑汇票的承兑人付款。

按我国《票据法》的规定,持票人行使追索权时,应当提供被拒绝承兑或者被拒绝付款的有关证明。我国《票据法》又规定,持票人提示承兑或提示付款被拒绝的,承兑人或付款人必须出具拒绝证明,或者出具退票理由书。未出具拒绝证明或者退票理由书的,应当承担由此产生的民事责任。持票人因承兑人或者付款人死亡、逃匿或者其他原因,不能取得拒绝证明的,可以依法取得其他有关证明。

此外,汇票的出票人或背书人为了避免承担被追索的责任,可在出票时或背书时加注"不受追索"(Without Recourse)字样。一般加注"不受追索"字样的汇票,在市场上难以流通。

二、本票

(一) 本票(Promissory Note)的含义与主要内容

我国《票据法》第七十三条规定,本票是出票人签发的,承诺自己在见票时无条件支付确定的金额给收款人或持票人的票据。第七十四条又规定,本票的出票人必须具有支付本票金额的可靠资金来源,并保证支付。

根据《英国票据法》的规定,本票是一个人向另一个人签发的,保证于见票时定期或在可以确定的将来的时间,对某人或其指定人或持票人支付一定金额的无条件的书面承诺。简言之,本票是出票人对受款人承诺无条件支付一定金额的票据。

各国票据法对本票内容的规定各不相同。我国《票据法》规定,本票必须记载下列事项:
① 表明"本票"字样;
② 无条件支付的承诺;

③ 确定的金额；

④ 收款人名称；

⑤ 出票日期；

⑥ 出票人签章。

本票上未记载规定事项之一的，本票无效。

（二）本票的种类

本票可分为商业本票和银行本票。由工商企业或个人签发的称为商业本票或一般本票；由银行签发的称为银行本票。商业本票有即期和远期之分，银行本票则都是即期的。在国际贸易结算中使用的本票，大都是银行本票。有的银行发行见票即付、不记载收款人的本票或是来人抬头的本票，它的流通性与纸币相似。

（三）本票与汇票的区别

作为支付工具，本票与汇票都属于票据的范畴，但两者又有所不同，其主要区别有：

（1）本票的票面有两个当事人，即出票人和收款人；而汇票则有三个当事人，即出票人、付款人和收款人。

（2）本票的出票人即付款人，远期本票无须办理承兑手续；而远期汇票则要办理承兑手续。

（3）本票在任何情况下，出票人都是绝对的主债务人，一旦拒付，持票人可以立即要求法院裁定，命令出票人付款；而汇票的出票人在承兑前是主债务人，在承兑后，承兑人是主债务人，出票人则处于从债务人的地位。

三、支票

（一）支票的含义与主要内容

我国《票据法》第八十一条规定，支票是出票人签发的，委托办理支票存款业务的银行或者其他金融机构在见票时无条件支付确定的金额给收款人或持票人的票据。

根据《英国票据法》的规定，支票是以银行为付款人的即期汇票，即存款人对银行无条件支付一定金额的委托或命令。出票人在支票上签发一定的金额，要求受票的银行于见票时立即支付一定金额给特定人或持票人。

出票人在签发支票后，应负票据上的责任和法律上的责任。前者是指出票人对收款人担保支票的付款。后者是指出票人签发支票时，应在付款银行存有不低于票面金额的存款。如存款不足，支票持有人在向付款银行提示支票要求付款时，就会遭到拒付。这种支票叫作空头支票。开出空头支票的出票人要负法律上的责任。

我国《票据法》规定，出票人必须按照签发的支票金额承担保证向该持票人付款的责任。出票人在付款人处的存款足以支付支票金额时，付款人应当在当时足额付款。支票的出票人所签发的支票金额不得超过其付款时在付款人处实有的存款金额。出票人签发的支票金额超过其付款时在付款人处实有的存款金额,为空头支票。禁止签发空头支票。

我国《票据法》第八十四条规定,支票必须记载下列事项:

① 表明"支票"的字样;
② 无条件支付的委托;
③ 确定的金额;
④ 付款人名称;
⑤ 出票日期;
⑥ 出票人签章。

支票上未记载规定事项之一的,支票无效。

(二) 支票的种类

按照我国《票据法》的规定,支票可分为现金支票和转账支票两种,专门用以支取现金或转账,均应分别在支票正面注明。现金支票只能用于支取现金;转账支票只能用于通过银行或其他金融机构转账结算。但其他许多国家,支取现金或转账,通常可由持票人或收款人自主选择,但一经划线只能通过银行转账,而不能直接支取现金。因此,就有划线支票和未划线支票之分。划线支票通常都在其左上角划上两道平行线。视需要,支票既可由出票人划线,也可由收款人或代收银行划线。对于未划线支票,收款人既可由自己的往来银行代向付款银行收款,存入自己的账户,也可径自到付款银行提取现款。但如是划线票,或原来未划线,经自己划线后成为划线支票,收款人就只能由往来银行代为收款入账。

按各国票据法的规定,支票可由付款银行加"保付"(Certified to Pay)字样并签字而成为保付支票。付款银行保付后就必须付款。支票经保付后"身价"提高,有利于流通。

(三) 支票的有效期

支票的使用有一定的有效期。由于支票是代替现金的即期支付工具,所以有效期较短。我国《票据法》规定,支票的持票人应当自出票日起10日内提示付款;异地使用的支票,其提示付款的期限由中国人民银行另行规定。超过提示付款期限的,付款人可以不予付款;付款人不予付款的,出票人仍应当对持票人承担票据责任。

第二节 汇付与托收

汇付(Remittance)和托收(Collection)都是国际贸易中经常采用的支付方式。支付方式按资金的流向与支付工具的传递方向,可以分为顺汇和逆汇两种。顺汇是指资金的流动方向与支付工具的传递方向相同。汇付方式采用的是顺汇方法。逆汇是指资金的流动方向与支付工具的传递方向相反。以托收方式收取货款采用的是逆汇方法。

一、汇付

(一) 汇付的含义及其当事人

1. 汇付的含义

汇付又称"汇款",指付款人主动通过银行或其他途径将款项汇交收款人。国际贸易货款的收付如采用汇付,一般是由买方按合同约定的条件(如收到单据或货物)和时间,将货款通过银行汇交给卖方。

2. 汇付的当事人

在汇付业务中,通常涉及四个当事人:

(1) 汇款人(Remitter),即汇出款项的人,在进出口业务中,汇款人通常是进口人。

(2) 收款人(Payee),即收取款项的人,在进出口业务中通常是出口人。

(3) 汇出行(Remitting Bank),即受汇款人的委托汇出款项的银行,在进出口业务中,通常是进口地的银行。

(4) 汇入行(Paying Bank),即受汇出行委托解付汇款的银行,因此又称"解付行",在进出口业务中,通常是出口地的银行。

汇款人在委托汇出行办理汇款时,要出具汇款申请书。此项申请书是汇款人和汇出行之间的一种契约。汇出行一经接受申请,就有义务按照汇款申请书的指示通知汇入行。汇出行与汇入行之间,事先订有代理合同,在代理合同规定的范围内,汇入行对汇出行承担解付汇款的义务。

(二) 汇付的种类

汇付方式可分信汇、电汇和票汇三种。

1. 信汇(Mail Transfer,M/T)

信汇是指汇出行应汇款人的申请,将信汇委托书寄给汇入行,授权汇入行解付一定金额给收款人的一种汇款方式。

信汇方式的优点是费用较为低廉;缺点是收款人收到汇款的时间较迟。

2. 电汇(Telegraphic Transfer,T/T)

电汇是指汇出行应汇款人的申请,拍发加押电报、电传或 SWIFT(环球银行电信协会)给在另一国家的分行或代理行(即汇入行)指示解付一定金额给收款人的一种汇款方式。

电汇方式的优点是收款人可迅速收到汇款;缺点是费用较高。

信汇/电汇业务的一般流程见图 6-1。

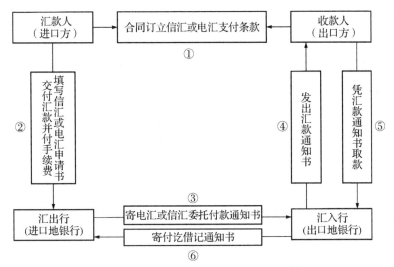

图 6-1 信汇/电汇业务的一般程序

3. 票汇(Remittance by Banker's Demand Draft，D/D)

票汇是指汇出行应汇款人的申请，代汇款人开立以其分行或代理行为解付行的银行即期汇票(Banker's Demand Draft)、支付一定金额给收款人的一种汇款方式。

票汇与电汇、信汇的不同之处在于：票汇的汇入行无须通知收款人取款，而由收款人持票登门取款；票汇的汇票除有限制转让和流通的规定外，经收款人背书，可以转让流通，而电汇、信汇的收款人则不能将收款权转让。

票汇业务的一般流程见图 6-2。

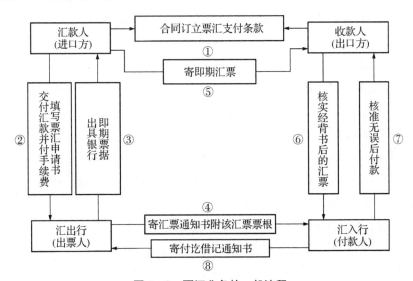

图 6-2 票汇业务的一般流程

(三) 汇付的特点

汇付的特点主要有：(1) 风险大。对于货到付款的卖方或对于预付货款的买方来说，能否按时收汇或能否按时收货，完全取决于对方的信用。如果对方信用不好，则可能钱货两空。(2) 资金负担不平衡。对于货到付款的卖方或预付货款的买方来说，资金负担较重，整个交易过程中需要的资金，几乎全部由他们来提供。(3) 手续简便，费用少。汇付的手续比较简单，银行的手续费用也较少。因此，在交易双方相互信任的情况下，或在跨国公司的各子公司之间的结算，可以采用汇付方式。

(四) 汇付方式在国际贸易中的使用

在国际贸易中，汇付是商业信用，是否使用汇付取决于买卖双方的相互信任程度。汇付方式通常用于货到付款、赊销和预付货款等业务。

1. 货到付款(Cash on Delivery，COD)

货到付款是指出口方(即出口人)在没有收到货款以前，先交出单据或货物，然后由进口方(即进口人)主动汇付货款，俗称"先出后结"。这种方法实际上是一种赊账业务(Open Account Transaction)或延期付款性质(Deferred payment)。

出口方在发货后能否按时顺利收回货款，取决于买方的信用。如果进口方拒不履行或拖延履行付款义务，出口方就要发生货款落空的严重损失或晚收款的利息损失。因此，除非进口方的信誉可靠，出口方一般不宜轻易采用此种方式。

汇付方式如运用得当，对进出口双方都有利。因为，就进口方而言，先取得代表货物的装运单据或货物，然后再付款，有利于资金周转，且可以节省费用；就出口方而言，在进口方商誉可靠或与出口方有特殊密切关系的条件下，采用汇付方式，有利于扩大出口。

货到付款在国际贸易结算中有售定和寄售两种形式。

(1) 售定(Goods Sold)

售定的前提是买卖双方成交条件已经谈妥，并已签订了销售合同，此时货价确定，买方收到货物后，用汇付方式将货款支付给卖方。

(2) 寄售(Consignment)

卖方先将货物运至国外，委托国外商家在当地市场，按照事先规定的条件代为出售，买方要等到货物售出后才将货款汇给卖方。国外商家只是卖方在当地的代理人或经纪人，有关价格涨落、售货盈亏的风险均由卖方承担。

目前，我国货到付款汇付方式，主要用于下述三方面业务：

(1) 在我国与某些地区的出口业务中，为了方便客户，巩固和扩大市场，作为一种特殊做法，对一些长年供应的鲜活商品，大部分采取汇付方式结算货款。

(2) 在空运进出口买卖合同中，采用进口方凭出口方电报或电传发货通知汇付货款的做法，以适应空运货物到货迅速的特点。

(3) 在寄售出口业务中，为适应寄售业务先出货，再由代销商凭实货向买方进行现货销售的特点,通常采用先出后结的汇付方法。

2. 预付货款(Payment in Advance)

预付货款是指在订货时汇付或交货前汇付全部或部分货款,卖方收到货款后,根据双方事先签订的合同规定,在一定时间装运货物,俗称"先结后出"。适用于一些客户提出特殊加工要求或专门为客户加工的特殊商品,或一些市场畅销而又稀缺的商品。采用这种方法可以优先取得供应。

预付货款只意味着进口方预先履行付款义务,并不等于货物的所有权是在付款时转移,在 CIF 等装运港交货条件下,出口方在没有交出装运单据以前,货物的所有权仍归出口方所有。由此可见,预付货款对出口方来说有预先得到一笔资金的明显好处。但对进口方来说,却要过早地垫出资金,承担出口方延迟交货和不交货的风险。因此,这种付款方式不易被普遍接受,只能在个别小额交易中采用。

(五) 合同中的汇付条款

合同中的汇付条款举例如下:

买方应于 2020 年 10 月 10 日前将全部货款用电汇方式预付给卖方。

The Buyer shall pay 100% of the sales proceeds in advance by T/T to the Seller not later than Oct. 10, 2020.

买方应于收到卖方寄交的正本提单后立即将 100%的货款用电汇方式交付给卖方。

The Buyer should pay 100% of the contract value by T/T upon receipt of the original Bills of Lading sent by the Seller.

二、托收

(一) 托收的含义

国际商会制定的《托收统一规则》(URC522)第二条对托收作了如下定义:托收是指由接到托收指示的银行根据所收到的指示处理金融单据和/或商业单据以便取得付款/承兑,或凭付款/承兑交出商业单据,或凭其他条款或条件交出单据。

金融单据(Financial Documents)又指资金单据,是指汇票、本票、支票、付款收据或其他类似用于取得付款的凭证。

商业单据(Commercial Documents)是指发票、运输单据、物权单据或其他类似单据,或除金融单据以外的其他单据。

简言之,托收是指债权人(出口人)出具债权凭证(汇票、本票、支票等)委托银行向债务人(进口人)收取货款的一种支付方式。

托收一般都通过银行办理,所以又叫"银行托收"。银行托收的基本做法是:出口人根据买卖合同先行发运货物,然后开立汇票(或不开汇票),连同商业单据交出口地银行,并向出口地银行提出托收申请,委托出口地银行(托收行)通过其在进口地的代理行或往来银行(代收行)向进口人收取货款。

按照一般银行的做法,出口人在委托银行办理托收时,须附具一份托收指示书,在指示书中对办理托收的有关事项作出明确指示。银行接受后,即按托收指示书的指示办理托收。

URC522第四条规定,一切寄出的托收单据均须附具托收指示书,注明该托收按照URC522办理,并给予完整明确的指示,银行则必须根据托收指示书所给予的指示及URC522的规则办理托收。

(二) 托收的当事人

根据URC522第三条的规定,托收方式所涉及的当事人主要有:

1. 委托人(Principal)

委托人是指委托银行办理托收业务的客户,通常是出口人。

2. 托收银行(Remitting Bank)

托收银行是指接受委托人的委托办理托收业务的银行,一般为出口地银行。

3. 代收银行(Collecting Bank)

代收银行是指接受托收行的委托向付款人收取票款的进口地银行,通常为托收银行的国外分行或代理行。

4. 提示行(Presenting Bank)

提示行是指向付款人作出提示汇票和单据要求付款的银行。提示行可以是代收行委托与付款人有往来账户关系的银行,也可以由代收行自己兼任。

5. 付款人(Payer)

付款人是指根据托收指示,由代收行向其作出提示的人。如使用汇票,即为汇票的受票人,通常为进口人,即债务人。

在托收业务中,如发生拒付,委托人可指定付款地的代理人代为料理货物存仓、转售、运回等事宜,这个代理人叫作"需要时的代理"(Customer's Representative in Case of Need)。委托人如指定需要时的代理人,必须在托收委托书上写明此代理人的权限。

(三) 托收的性质

托收的性质是商业信用。托收虽然是通过银行办理的,但是银行只是按照卖方的指示办事,不承担付款的责任,不过问单据的真伪,如无特殊约定,对已运到目的地的货物不负提货和看管责任。因此,卖方交货后,能否收回货款,完全取决于买方的信誉。所以,托收的支付方式是建立在商业信用基础上的。

托收方式对卖方来说是先发货后收款,如果是远期托收,卖方可能要在货到后才能收回全部货款,这实际上是向买方提供信用。而卖方是否能按时收回全部货款,取决于买方的商业信誉。因此卖方要承担一定的风险。这种风险表现为:如果买方倒闭,丧失付款能力,或是因为行市下跌,买方借故不履行合同,拒不付款,卖方不但要承担无法按时收回货款或货款落空的损失,而且要承担货物到达目的地后提货、存仓、保险的费用和变质、短量的风险,以及转售可能发生的价格损失,将货物转运他地或运回本国的运费负担;或是因储存时间过长被当地政府贱价拍卖的损失等。当然,上述各项损失是买方违约造成的,卖方完全有权要求其赔偿损失。但在实践中,在买方已经破产或逃匿或撕毁合同的情况下,卖方即使可以追回一些赔偿,也往往不足以弥补全部损失。特别是在行市下跌时,有些商人往往会利用不赎单对卖方造成被动,借以要挟卖方调低合同价格,对此,应特别予以注意。如采用承兑交单,卖方有可能遭受钱货两空的损失。托收对卖方虽有一定的风险,但对买方较为有利,可以减少费用支出,有利于资金融通。由于托收对买方有利,所以在出口业务中采用托收,有利于调动买方采购货物的积极性,从而有利于促进成交和扩大出口,故许多卖方都把采用托收支付方式作为推销库存和加强对外竞争优势的手段。

(四) 托收的种类

托收可分为光票托收和跟单托收两类。

1. 光票托收(Clean Collection)

光票托收是指金融单据不附有商业单据的托收,即提交金融单据委托银行代为收款。光票托收如以汇票作为收款凭证,则使用光票。在国际贸易中,光票托收主要用于小额交易、预付货款、分期付款以及收取贸易的从属费用等。

2. 跟单托收(Documentary Collection)

跟单托收是指金融单据附有商业单据或不附有金融单据的商业单据的托收。跟单托收如以汇票作为收款凭证,则使用跟单汇票。

国际贸易中货款的收取大多采用跟单托收方式。在跟单托收方式下,按照向进口方交单条件的不同,又可分为付款交单和承兑交单两种。

1) 付款交单(Documents Against Payment,D/P)

付款交单是指出口方的交单是以进口方的付款为条件,即出口方发货后,取得装运单据,委托银行办理托收,并指示银行只有在进口方付清货款后,才能把商业单据交给进口方。

付款交单按付款时间的不同,又可分为即期付款交单和远期付款交单。

(1) 即期付款交单(Documents Against Payment at Sight,D/P at Sight),指出口方发货后开具即期汇票,连同商业单据,通过银行提示进口方,进口方见票后立即付款,进口方在付清货款后向银行领取商业单据。

即期付款交单流程如图 6-3 所示:

① 买卖双方在合同中议定采用即期付款交单的支付方式。

② 出口方按合同规定装运货物后,填写托收申请书。

③ 托收行接受委托后,根据托收申请书缮制托收委托书,连同汇票和全套货运单据等寄交进口地代收行委托收取货款。

④ 代收行根据委托书的指示向进口方提示汇票与全套货运单据。

⑤ 进口方对全套单据进行审核，审核无误后付款赎单。

⑥ 代收行收款后交单。

⑦ 代收行通知托收行货款收妥，并办理转账事宜。

⑧ 托收行将该货款转账给出口方。

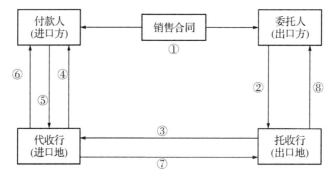

图 6-3 即期付款交单流程图

（2）远期付款交单（Documents Against Payment After Sight，D/P After Sight），指出口方发货后开具远期汇票，连同商业单据，通过银行提示进口方，进口方审核无误后即在汇票上进行承兑，于汇票到期日付清货款后再领取商业单据。

远期付款交单流程如图 6-4 所示：

① 买卖双方在合同中议定采用远期付款交单的支付方式。

② 出口方按合同规定装运货物后，填写托收申请书。同时，开立以进口方为付款人的远期汇票，连同全套货运单据交付托收行，办理委托收款手续。

③ 托收行接受委托后，根据托收申请书缮制托收委托书，连同汇票和全套货运单据等寄交进口地代收行委托收取货款。

④ 代收行根据委托书的指示向进口方提示汇票与全套货运单据。

⑤ 进口方对全套单据进行审核，审核无误后在汇票上承兑，代收行保留汇票与其他单据。

⑥ 远期汇票到期，进口方付款赎单。

⑦ 代收行收妥货款后交单。

⑧ 代收行将该货款转账给托收行。

⑨ 托收行向出口方交付货款。

上述即期付款交单和远期付款交单两种做法，都说明进口方必须在付清货款之后才能取得单据，然后才能提取或转售货物。在远期付款交单的条件下，如付款日和实际到货日基本一致，可以采取两种做法：一是在付款到期日之前付款赎单，扣除提前付款日至原付款到期日之间的利息，作为进口方享受的一种提前付款的现金折扣。另一种做法是代收行对于资信较好的进口方，代收行允许其凭信托收据（Trust Receipt）借取货运单据，先行提货，于汇票到期时再付清货款。

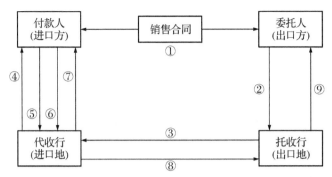

图6-4 远期付款交单流程图

所谓信托收据,就是进口人借单时提供的一种书面信用担保文件,用来表示愿意以代收行的委托人身份代为提货、报关、存仓、投保或出售,并承认货物所有权仍属银行。货物售出后所得的货款,应于汇票到期时交银行。这是代收行自己向进口人提供的信用便利,与出口人无关。因此,如代收行借出单据后,到期不能收回货款,则应由代收行负责。因此,采用这种做法时,必要时进口人提供一定的担保或抵押品后,代收银行才肯承做。但如果是出口人指示代收行借单,就是由出口人主动授权银行凭信托收据借单给进口人,即所谓远期付款交单凭信托收据借单(D/P,T/R)方式,也就是进口人承兑汇票后凭信托收据先行借单提货,日后如有进口人到期拒付,则应由出口人自己承担风险。这种做法的性质与承兑交单相差无几。因此,使用时必须特别慎重。

2) 承兑交单(Documents Against Acceptance,D/A)

承兑交单是指出口人的交单是以进口人在汇票上承兑为条件。即出口人在装运货物后开具远期汇票,连同商业单据,通过银行向进口人提示,进口人承兑汇票后,代收银行即将商业单据交给进口人,汇票到期时方履行付款义务。承兑交单方式只适用于远期汇票的托收。承兑交单是进口人承兑汇票后,即可取得货运单据,并凭以提货,这对出口人来说,已交出了物权凭证,其收款的保障只能取决于进口人的信用,一旦进口人到期不付款,出口人就有可能蒙受货物与货款两空的损失。所以,如采用承兑交单这种做法,必须从严把握。

(五) 国际商会的《托收统一规则》

在国际贸易中,各国银行办理托收业务时,往往当事人各方对权利、义务和责任的解释不同,各个银行的具体业务做法也有差异,因而会导致争议和纠纷。国际商会为调和各有关当事人之间的矛盾,以利于国际贸易和金融活动的开展,早在1958年即草拟了《商业单据托收统一规则》,并建议各国银行采用该规则。后几经修订,于1995年公布了新的《托收统一规则》,简称"URC522",并于1996年1月1日生效。

URC522包括7个部分,即总则和定义,托收的方式和结构,提示方式,义务与责任,付款,利息、手续费及费用,其他规定,共26条。下面对其主要内容进行简单介绍。

(1) 银行办理托收业务应以托收指示为准。一切寄出的托收单据均须附有托收指示,并注明该项托收按照URC522办理。托收指示是银行及有关当事人办理托收的依据。

(2) 托收指示中应包括的主要内容有：

① 托收行、委托人、付款人、提示行的情况，如全称、邮编和 SWIFT 地址、电话、电传及传真号码；

② 托收金额和货币类型；

③ 所附单据及其份数；

④ 光票托收时据以取得付款和/或承兑的条款及条件；跟单托收时据以交单的条件；付款和/或承兑，以及其他条件；

⑤ 应收取的费用，同时须注明该费用是否可以放弃；

⑥ 应收取的利息（如果有），同时须注明该项是否可以放弃，并应包括利率、计息期和计算方法（如一年是按 360 天还是 365 天计算）；

⑦ 付款的方式和付款通知的形式；

⑧ 发生拒付、不承兑和/或执行其他指示情况下的指示。

应当指出，上述 URC522 中托收指示应包括的内容仅具有指南性质，一笔具体的托收业务的托收指示不一定仅局限于上述内容。

(3) 不提供 D/P 远期。URC522 第七条规定：托收不应含有远期汇票而又同时规定商业单据要在付款后才交付。如果托收含有远期付款的汇票，托收指示应注明商业单据是凭承兑（D/A）交付款人还是凭付款（D/P）交付款人。如无此项注明，商业单据仅能凭付款交付，代收行对因迟交单据产生的任何后果不负责任。如果托收单据中含有远期付款汇票，且托收指示注明凭付款交付商业单据，则单据只能凭付款交付，代收行对于由任何迟交单据所造成的后果概不负责。

(4) 除非事先征得银行同意，货物不应直接运交银行，不应以银行或其指定人为收货人。银行对跟单托收项下的货物没有义务采取任何行动，此项货物的相关风险和责任由发货人承担。

(5) 银行必须核实其所收到的单据与托收指示所列的内容是否相符，若发现缺少单据，银行有义务用电讯或其他快捷方式通知委托人。除此之外，银行没有进一步审核单据的义务。银行对任何单据的形式、完整性、准确性、真伪性或法律效力，或对单据上规定的或附加的一般性和/或特殊条件概不承担责任；银行对任何单据所表示的货物的描述、数量、重量、质量、状况、包装、交货、价值或存在与否，对发货人、承运人、运输行、收货人、保险人或其他任何人的诚信、行为和/或疏忽、偿付能力、行为能力也概不负责。

(6) 如果委托人在托收指示中指定一名代表，在遭到拒绝付款或拒绝承兑时作为需要时的代理，则应在托收指示中明确而且完整地注明此项代理的权项。如委托人指定需要时的代理人，必须在托收指示中明确代理人的权限，如是否有权提货、指示减价转售货物等，否则银行将不接受该需要时的代理的任何指示。

(7) 托收如被拒付，提示行应尽力确定拒绝付款和/或拒绝承兑的原因并毫不延误地向发出托收指示的银行送交拒付的通知。委托行到此项通知后，必须对单据如何处理给予相应的指示。提示行如在发出拒付通知后60天内仍未收到指示,则提示行可将单据退回发出托收指示的银行,且不再负任何责任。

(8) 银行的免责条款。根据URC522第十一条至第十五条的规定,与托收有关的银行,对任何由电文、信件或单据在寄送过程中的延误或丢失所引起的后果,或由电报、电传或电子通信系统在传递中的延误、残缺或其他错误,或由专门性术语在翻译或解释上的错误所引起的后果,不承担义务或责任;与托收有关的银行,对不可抗力、暴动、内乱、叛乱、战争或他们所不能控制的任何原因,或罢工、停工致使业务中断或造成的后果不承担义务或责任;未经银行同意,货物不能直接发至银行,也不能做成以银行为收货人的记名提单,银行无义务提货,货物的风险和责任由发货人承担。

URC522还对托收的提示方式,付款、承兑的程序,利息、托收手续费和费用的负担,托收被拒付后做成拒绝证书等事宜作了具体规定。

《托收统一规则》公布并实施后,逐渐成为托收业务方面具有一定影响力的国际惯例,并被各国银行采纳和使用。但应指出,只有在有关当事人事先约定的条件下,才受该惯例的约束。我国银行在办理国际贸易结算,使用托收方式时,也参照该规则的解释办理。

(六) 托收的注意事项

在我国的出口业务中,为加强对外贸易竞争能力和扩大出口,可针对不同商品、不同贸易对象和不同国家与地区的习惯,适当和慎重地使用托收方式。但是整体而言,使用托收方式将使出口商面临较大的风险,在使用此种方式时,应注意下列问题:

(1) 认真考察进口人的资信情况和经营作风,并根据进口人的具体情况妥善把握成交金额,不宜超过其信用程度。

(2) 对贸易管理和外汇管制较严的进口国家和地区不宜使用托收方式,以免货到目的地后,由于不准进口或收不到外汇而遭受损失。

(3) 要了解进口国家的商业惯例,以免当地习惯做法影响安全迅速收汇。例如,在国际贸易中,远期付款条件下,承兑交单比较常见,远期付款交单则相对较少。欧洲大陆国家不少银行不办理远期付款交单;有些拉美国家的银行按当地的法律和习惯,在进口人承兑远期汇票后立即把商业单据交给进口人,即把远期付款交单(D/P远期)改为按承兑交单(D/A)处理,使出口人增加收汇的风险,并可能引起争议和纠纷。

(4) 出口合同应争取按CIF或CIP条件成交,由出口人办理货运保险,或投保出口信用保险。在不采用CIF或CIP条件时,应投保卖方利益险。

(5) 采用托收方式收款时,要建立健全管理制度,定期检查,及时催收清理,发现问题时应迅速采取措施,以避免或减少可能发生的损失。

(6) 了解进口国家海关等有关规定,如货到后存仓管理办法。

在我国进口业务中,也有采用跟单托收方式支付货款的。我国进口企业使用托收方式,可以节省费用,免于支付国外银行手续费。进口跟单托收方式下,一般只采用即期付款交单条件,但也有采用远期付款的。在来料加工、来件装配业务中,为了坚持先收后付、不垫外汇的原则,在来料、来件需要计价结算的情况下,对来料、来件有时可用远期承兑交单托收方式。加工、装配后的成品出口,采用即期付款交单或其他即期付款方式,收取成品外汇后,再用以偿付到期应付的进口料件托收价款。

(七) 合同中的托收条款

现将合同中的有关托收条款举例说明如下:

1. 即期付款交单(D/P at Sight)

买方应凭卖方开具的即期跟单汇票于见票时立即付款,付款后交单。

Upon first presentation the Buyer shall pay against documentary draft drawn by the Seller at sight. The shipping documents are to be delivered against payment only.

2. 远期付款交单(D/P After Sight)

(1) 买方对卖方开具的见票后×天付款的跟单汇票,于第一次提示时应即予以承兑,并应于汇票到期日立即予以付款,付款后交单。

The Buyer shall duly accept the documentary draft drawn by the Seller at × days upon first presentation and make payment on its maturity. The shipping documents are to be delivered against payment only.

(2) 买方应凭卖方开具的跟单汇票,于提单日后×天付款,付款后交单。

The Buyer shall pay against the documentary draft drawn by the Seller at × days after date of B/L. The shipping documents are to be delivered against payment only.

(3) 买方应凭卖方开具的跟单汇票,于汇票出票日后×天付款,付款后交单。

The Buyer shall pay against documentary draft drawn by the Seller at × days after date of draft. The shipping documents are to be delivered against payment only.

3. 承兑交单(D/A)

(1) 买方对卖方开具的见票后×天付款的跟单汇票,于第一次提示时应即予以承兑,并应于汇票到期日立即付款,承兑后交单。

The Buyer shall duly accept the documentary draft drawn by the Seller at × days upon first presentation and make payment on its maturity. The shipping documents are to be delivered against acceptance only.

(2) 买方对卖方开具的跟单汇票,于提示时承兑,并应于提单日后(或出票日后)×天付款,承兑后交单。

The Buyer shall duly accept the documentary draft drawn by the Seller upon presentation and make payment at × days after date of B/D or draft. The shipping documents are to be delivered against acceptance only.

(八) 托收方式下的融资

1. 出口托收押汇(Collection Bill Purchased)

这种融资方式是托收行买入出口商开立以进口商为付款人、以托收行为收款人的跟单汇票以及随附的商业单据,将货款扣除利息及费用后,净额付给出口商,并通过联行或代理行向进口商收款的一种融资方式。

2. 信托收据(Trust Receipt)

代收行对于资信较好的进口人,允许其凭信托收据借取货运单据,先行提货,于汇票到期时再付清货款,实际上是对进口商的融资。进口商在付款前,银行保留货物留置权,一般会在提单下加盖"UNDER LINER TO THE × BANK",若到期日进口商拒付货款,则由代收行承担责任。

3. 买入票据

银行买入票据,扣除贴息及费用后,将票据净额付给委托人,使委托人在光票托收收妥之前得到资金融通。

第三节　信用证付款

信用证(Letter of Credit,L/C)支付方式是随着国际贸易的发展,在银行与金融机构参与国际贸易结算的过程中逐步形成的。信用证支付方式把由进口人履行付款责任,转为由银行来付款,保证出口人安全迅速地收到货款,买方按时收到货运单据。因此,在一定程度上解决了进出口人之间互不信任的矛盾;同时,也为进出口双方提供了资金融通的便利。所以,自出现信用证以来,这种支付方式发展很快,并在国际贸易中被广泛应用。当今,信用证付款已成为国际贸易中普遍采用的一种主要的支付方式。

一、信用证的性质、特点与作用

(一) 信用证的性质

根据国际商会 UCP600 的解释,信用证是指由银行(开证行)依照客户(申请人)的要求和指示或自己主动在符合信用证条款的条件下,凭规定单据向第三者(受益人)或其指定方进行付款,或承兑和/或支付受益人开立的汇票或授权另一银行进行该项付款或承兑和支付汇票,或授权另一银行议付。简言之,信用证是一种银行开立的有条件的承诺付款的书面文件。

由此可见,信用证是开证行对受益人的一种保证,只要受益人履行信用证所规定的条件,即受益人只要提交符合信用证所规定的各种单据,开证行就保证付款。因此,在信用证支付方式下,开证行成为首先付款人,故属于银行信用。

(二)信用证的特点

银行信用一般比商业信用可靠,故与汇付及托收方式相比较,信用证支付方式具有不同的特点。信用证支付方式的特点,主要表现在下列三个方面:

1. 信用证付款是一种银行信用

UCP600第二条规定,信用证意指一项约定,无论其如何命名或描述,该约定不可撤销,并因此构成开证行对相符提示予以兑付的确定承诺。

信用证是开证行的付款承诺。因此,开证行是第一付款人。在信用证业务中,开证行对受益人的责任是一种独立的责任。

2. 信用证是独立于合同之外的一种自足的文件

UCP600第四条规定,就性质而言,信用证与可能作为其依据的销售合同或其他合同,是相互独立的交易。即使信用证中提及该合同,银行亦与该合同完全无关,且不受其约束。因此,一家银行作出兑付、议付或履行信用证项下其他义务的承诺,并不受申请人与开证行之间或与受益人之间在已有关系下产生的索偿或抗辩的制约。

信用证的开立以买卖合同作为依据,但信用证一经开出,就成为独立于买卖合同之外的另一种契约,不受买卖合同的约束。

3. 信用证项下付款是一种单纯的单据的买卖

UCP600第五条规定,银行处理的是单据,而不是单据所涉及的货物、服务或其他行为。

信用证业务是一种纯粹的单据业务。银行虽有义务"合理小心地审核一切单据",但这种审核,只是用以确定单据表面上是否符合信用证条款,开证行只根据表面上符合信用证条款的单据付款,因此银行对任何单据的形式、完整性、准确性、真实性以及伪造或法律效力,或单据上规定的或附加的一般和/或特殊条件概不负责。在信用证条件下,实行严格符合的原则,不仅要做到"单证一致"(受益人提交的单据在表面上与信用证规定的条款一致),还要做到"单单一致"(受益人提交的各种单据之间表面上一致)。

(三)信用证的作用

采用信用证支付方式,给进出口双方以及银行都会带来一定的好处。信用证在国际贸易结算中的作用,主要表现在以下几个方面。

1. 对出口商的作用

(1)保证出口商凭单取得货款。信用证支付的原则是单证严格相符,出口商交货后提交的单据,只要做到与信用证规定相符,"单证一致""单单一致",银行就保证支付货款。在信用证支付方式下,出口商交货后不必担心进口商到时不付款,因为是由银行承担付款责任,这种银行信用要比商业信用可靠。因此,信用证支付为出口商收取货款提供了较为可靠的保障。

(2)使出口商得到外汇收取保证。在进口管制和外汇管制严格的国家,进口商要向本国外汇管理当局申请外汇得到批准后，方能向银行申请开证，出口商如能按时收到信用证，说明进口商已得到本国外汇管理当局使用外汇的批准，因而可以保证出口商履约交货后，按时收取外汇。

（3）可以取得资金融通。出口商在交货前，可凭进口商开来的信用证作抵押，向出口地银行借取打包贷款（Packing Credit），用以收购、加工、生产出口货物和打包装船；或出口商在收到信用证后，按规定办理货物出运，并提交汇票和信用证规定的各种单据，叙作押汇取得货款。这是出口地银行对出口商提供的资金融通，从而有利于资金周转，扩大出口。

2. 对进口商的作用

（1）可保证取得代表货物的单据。在信用证方式下，开证行、付款行、保兑行的付款及议付行的议付货款都要求做到单证相符，都要对单据表面的真伪进行审核。因此，信用证支付方式可以保证进口商收到的是代表货物的单据，特别是提单是物权的凭证。

（2）保证按时、按质、按量收到货物。进口商申请开证时可以通过控制信用证条款来约束出口商交货的时间、货物的品质和数量，如在信用证中规定最迟的装运期限以及要求出口商提交由信誉良好的公证机构出具的品质、数量或重量证书等，以保证进口商按时、按质、按量收到货物。

（3）提供资金融通。进口商在申请开证时，通常要交纳一定的押金，如开证行认为进口商资信较好，进口商就有可能在少交或免交部分押金的情况下履行开证义务。如采用远期信用证，进口商还可以凭信托收据（Trust Receipt）向银行借单，先行提货、转售，到期再付款，这就为进口商提供了资金融通的便利。

3. 对银行的作用

开证行接受进口商的开证申请，即承担开立信用证和付款的责任，这是银行以自己的信用作出的保证，以银行信用代替了进口商的商业信用。所以，进口商在申请开证时要向银行交付一定的押金或担保品，为银行利用资金提供便利。此外，在信用证业务中，银行每做一项服务均可取得各种费用，如开证费、通知费、议付费、保兑费、修改费等。因此，承办信用证业务是各银行的业务项目之一。在国际贸易结算中，信誉良好、作风正派的银行以其高质量的服务，又促进了信用证业务的发展。

二、信用证涉及的当事人

信用证支付方式所涉及的当事人较多，通常有以下几个：

（一）开证申请人（Applicant）

开证申请人是指向银行申请开立信用证的人，即进口人或实际买主，在信用证中又称"开证人"（Opener）。如由银行自己主动开立信用证，则此种信用证所涉及的当事人中没有开证申请人。

（二）开证行(Opening Bank, Issuing Bank)

开证行是指接受开证申请人的委托,开立信用证的银行。它承担保证付款的责任。开证行一般是进口人所在地的银行。

（三）通知行(Advising Bank, Notifying Bank)

通知行是指受开证行的委托,将信用证转交出口人的银行。通知行只鉴别信用证的表面真实性,不承担其他义务。通知行是出口人所在地的银行。

（四）受益人(Beneficiary)

受益人是指信用证上所指定的有权使用该证的人,即出口人或实际供货人。

（五）议付行(Negotiating Bank)

议付行是指根据开证行的授权买入或贴现受益人开立和提交的符合信用证规定的汇票或单据的银行。议付银行可以是指定的银行,也可以是非指定的银行,由信用证条款来规定。

（六）付款行(Paying Bank, Drawee Bank)

付款行是指开证行指定代行信用证项下付款义务或充当汇票付款人的银行,一般是开证行,也可以是开证行指定的另一家银行,这要根据信用证条款的规定来决定。

（七）保兑行(Confirming Bank)

保兑行是指根据开证行的请求在信用证下加具保兑的银行。保兑行在信用证上加具保兑后,即对信用证独立负责,承担必须付款或议付的责任。保兑行具有与开证银行相同的责任和地位。保兑银行可以由通知银行兼任,也可由其他银行加具保兑。

（八）偿付行(Reimbursement Bank)

偿付行又称"清算行"(Clearing Bank),是指接受开证行的指示或授权,代开证行偿还垫款的第三家银行,即开证行指定的对议付行或代付行进行偿付的代理人(Reimbursing Agent)。偿付行的出现,往往是由于开证银行的资金调度或集中在该第三家银行,要求该银行代为偿付信用证规定的款项。

（九）受让人(Transferee)

受让人又称"第二受益人"(Second Beneficiary),是指接受第一受益人转让有权使用信用证的人,大都是出口人。在可转让信用证条件下,受益人有权要求将该证的全部或一部分转让给第三者,该第三者即为信用证的受让人。

三、信用证支付的一般流程

信用证支付的一般流程(以议付信用证为例)如图 6-5 所示:

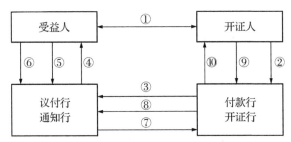

图 6-5　信用证支付的一般流程图

① 进口方与出口方订立买卖合同,规定以信用证方式支付货款。

② 进口方向当地银行提出申请,填写开证申请书,缴纳押金或提供其他担保,请开证行开证。

③ 开证行根据开证申请书内容,向出口方开出信用证,并寄发给通知行请其通知受益人。

④ 通知行核对印签或密押无误后,将信用证通知受益人。

⑤ 出口人审核信用证与合同,确定相符后,按信用证规定装运货物,并备齐信用证所要求的单据,开立汇票,在信用证有效期内送交当地银行请求议付。

⑥ 议付行按信用证条款审核单据无误后,按照汇票金额扣除利息,把货款垫付给受益人。

⑦ 议付行将汇票和货运单据寄给开证行或其指定的付款行索偿。

⑧ 开证行或其指定的付款行审核单据无误后,付款给议付行。

⑨ 开证行通知开证申请人付款赎单,开证申请人验单无误后付清货款。

⑩ 开证行把全套货运单据交给开证申请人。

四、信用证的主要内容及其开立的形式

当前世界各国银行所使用的信用证的内容和格式并没有统一的规定。国际商会自成立以来,一直致力于信用证格式的标准化,如 1970 年国际商会曾通过了《开立跟单信用证的标准格式》(Standard Forms for the Issuing of Documentary Credit),建议各国银行使用这种标准格式的信用证。

(一)信用证的主要内容

各国银行所使用的信用证并无统一的格式,其内容则因信用证种类的不同而有所区别。尽管如此,信用证所包括的基本内容不外乎下列几方面:

1. 对信用证本身的说明

对信用证的说明包括信用证的种类、性质、信用证号码、开证日期、有效期和到期地点、交单期限等。

2. 对汇票的说明

在信用证项下，如使用汇票，要明确汇票的出票人、受票人、受款人、汇票金额、汇票期限、主要条款等内容。

3. 对装运货物的说明

在信用证中，应列明货物名称、规格、数量、单价等，且这些内容应与买卖合同规定一致。

4. 对运输事项的说明

在信用证中，应列明装运港（地）、目的港（地）、装运期限以及可否分批、转运等项内容。

5. 对货运单据的说明

在信用证中，应列明所需的各种货运单据，如商业发票、运输单据、保险单及其他单据。

6. 其他事项

（1）开证行对议付行的指示条款。

（2）开证行保证付款的文句。

（3）开证行的名称及地址。

（4）其他特殊条款，例如限制由×银行议付、限制船舶国籍和船舶年龄、限制航线和港口等。这些特殊条款根据进口国政治经济情况的变动可以有所不同。

（二）信用证开立的形式

信用证开立的形式主要有信开本和电开本两种。

1. 信开本（To Open by Airmail）

信开本是指开证行采用印就的信函格式的信用证，开证后以空邮方式寄送通知行。这种形式现已很少使用。

2. 电开本（To Open by Cable）

电开本是指开证行使用电报、电传、传真、SWIFT等各种电讯方法将信用证条款传达给通知行。电开本又可分为以下几种：

（1）简电本（Brief Cable），即开证行只是通知已经开证，将信用证的主要内容，如信用证号码，受益人名称和地址，开证人名称，金额，货物名称、数量、价格，装运期及信用证有效期等预先通告通知行，详细条款将另航寄（空邮寄送）通知行。由于简电本内容简单，在法律上是无效的，不足以作为交单议付的依据。简电本有时注明"详情后告"等类似词语，如果有这种措辞，该简电本通知只能作为参考，不是有效的信用证文件，开证行应立即寄送有效的信用证文件。

（2）全电本（Full Cable），即开证行以电讯方式开证，把信用证全部条款传达给通知行。全电开证本身是一个内容完整的信用证，因此是交单议付的依据。

（3）SWIFT信用证。SWIFT于1973年在比利时布鲁塞尔成立，该组织设有自动化的国际金融电讯网，该协定的成员银行可以通过该电讯网办理信用证业务以及外汇买卖、证券交易、托收等业务。

凡按照国际商会所制定的电讯信用证格式,利用 SWIFT 系统设计的特殊格式,通过 SWIFT 系统传递信用证的信息,即通过 SWIFT 开立或通知的信用证称为 SWIFT 信用证,也有称为"全银电协信用证"的。

采用 SWIFT 信用证,必须遵守 SWIFT 使用手册的规定,采用 SWIFT 使用手册规定的代号,信用证还必须遵守 UCP600 的规定,信用证中可以省去银行的承诺条款(Undertaking Clause),但不能免去银行所应承担的义务。目前开立 SWIFT 信用证的格式代号为 MT700 和 MT701,如对开出的 SWIFT 信用证进行修改,则采用 MT707 标准格式传递信息。

采用 SWIFT 信用证后,信用证具有了标准化、固定化和统一格式的特性,且传递速度快捷,成本也较低。SWIFT 信用证已被西北欧、美洲和亚洲等国家与地区的银行广泛使用。我国银行在电开信用证或收到的信用证电开本中,SWIFT 信用证也已占很大比重。

五、信用证的种类

信用证根据其性质、期限、流通方式等特点,可以从不同的角度分为以下几种:

(一) 跟单信用证和光票信用证

以信用证项下的汇票是否附有货运单据划分,信用证可分为跟单信用证和光票信用证。

1. 跟单信用证(Documentary L/C)

跟单信用证是指开证行凭跟单汇票或仅凭单据付款的信用证。国际贸易中所使用的信用证,绝大部分是跟单信用证。

2. 光票信用证(Clean L/C)

光票信用证是指开证行仅凭不附单据的汇票付款的信用证。在采用信用证方式预付货款时,通常是使用光票信用证。

(二) 不可撤销信用证

不可撤销信用证(Irrevocable L/C)是指信用证一经开出,在有效期内,未经受益人及有关当事人的同意,开证行不得片面修改和撤销,只要受益人提供的单据符合信用证的规定,开证行必须履行付款义务。这种信用证对受益人而言较有保障,在国际贸易中使用最为广泛。

UCP600 第二条规定,信用证意指一项约定,无论其如何命名或描述,该约定不可撤销,并因此构成开证行对于相符提示予以兑付的确定承诺。

另外,UCP600 第五条规定,信用证是不可撤销的,即使信用证中对此未作指示也是如此。

(三) 保兑信用证和不保兑信用证

按有无第三者提供信用划分,信用证可分为保兑信用证和不保兑信用证。

1. 保兑信用证(Confirmed L/C)

保兑信用证是指开证行开出的信用证,由另一银行保证对符合信用证条款规定的单据履行付款义务。对信用证加保兑的银行,称为保兑行。

信用证的"不可撤销"是指开证行对信用证的付款责任,"保兑"则是指开证行以外的银行保证对信用证承担付款责任。不可撤销的保兑信用证,则意味着该信用证不但有开证行不可撤销的付款保证,而且还有保兑行的兑付保证,开证行和保兑行都负第一性的付款责任,所以这种有双重保证的信用证对出口商最为有利。保兑行的付款责任,是以在到期日或以前向保兑行提交规定的单据,并符合信用证的条款为条件。保兑行通常是通知行,有时也可以是出口地的其他银行或第三国银行。保兑的手段一般是由保兑行在信用证上加列下述保兑文句:"兹对此证加具保兑并保证于提示符合此证条款的单据时履行付款义务。"

2. 不保兑信用证(Unconfirmed L/C)

不保兑信用证是指开证银行开出的信用证没有经另一家银行保兑。当开证银行资信好和成交金额不大时,一般都使用这种不保兑的信用证。

(四)即期付款信用证和延期付款信用证

按 UCP600 的规定,任何一份信用证均须明确表示其适用于何种兑现方式。凡注明"付款兑现"(Available by Payment)的信用证称为付款信用证。按付款期限的不同,付款信用证又可分为即期付款信用证和延期付款信用证。

1. 即期付款信用证(Sight Payment L/C)

注明"即期付款兑现"(Available by Payment at Sight)的信用证称为即期付款信用证。此种信用证一般不需要汇票,也不需要领款收据,付款行或开证行只凭货运单据付款。信用证中一般列有"当受益人提交规定单据时,即行付款"的保证文句。即期付款信用证的付款行通常由指定通知行兼任;其到期日,一般也是以受益人向付款行交单要求付款的日期。

2. 延期付款信用证(Deferred Payment L/C)

注明"延期付款兑现"(Available by Payment After Sight)的信用证称为延期付款信用证。此种信用证不要求受益人出具远期汇票,因此必须在信用证中明确付款时间,如"装运日后×天付款"或"交单日后×天付款"。由于此种信用证不使用远期汇票,故出口商不能利用贴现市场资金,而只能自行垫款或向银行借款。

(五)承兑信用证

承兑信用证(Acceptance L/C)是指由某一银行承兑的信用证,即当受益人向指定银行开具远期汇票并提示时,指定银行即行承兑,并于汇票到期日履行付款义务。

承兑信用证一般用于远期付款的交易。但有时,买方为了便于融资或利用银行承兑汇票以取得比银行放款利率低的优惠贴现率,在与卖方订立即期付款的合同后,要求开立银行承兑信用证,信用证中规定"远期汇票即期付款、所有贴现和承兑费用由买方负担"。此种做法对受益人来说,虽然开出的是远期汇票,但却能即期收到全部货款。

(六) 议付信用证

议付信用证(Negotiation L/C)是指开证行在信用证中,邀请其他银行买入汇票和/或单据的信用证,即允许受益人向某一指定银行或任何银行交单议付的信用证。通常在单据符合信用证条款的条件下,议付银行扣除利息和手续费后将票款付给受益人。

1. 公开议付信用证(Open Negotiation L/C)

公开议付信用证又称"自由议付信用证"(Freely Negotiation L/C),是指开证行对愿意办理议付的任何银行作公开议付邀请和普通付款承诺的信用证,即任何银行均可按信用证条款自由议付的信用证。

2. 限制议付信用证(Restricted Negotiation L/C)

限制议付信用证是指开证行指定某一银行或开证行自己进行议付的信用证。在限制议付信用证中,通常有下列限制议付文句:"本证限×银行议付。"

公开议付信用证和限制议付信用证的到期地点都在议付行所在地。这种信用证经议付后,如因故不能向开证行索得票款,议付行有权对受益人行使追索权。

(七) 可转让信用证和不可转让信用证

根据受益人可否转让信用证的权利,分为可转让信用证和不可转让信用证。

1. 可转让信用证(Transferable L/C)

可转让信用证是指信用证的受益人(第一受益人)可以要求授权付款、承担延期付款责任、承兑或议付的银行(统称"转让银行"),或当信用证是自由议付时,可以要求信用证中特别授权的转让银行,将信用证全部或部分转让给一个或数个受益人(第二受益人)合用的信用证。

根据 UCP600 的规定,唯有开证行在信用证中明确注明"可转让"(Transferable),信用证方可转让。如果信用证只注明"可分割"(Divisible)、"可分开"(Fractionable)、"可让渡"(Assignable)和"可转移"(Transmissible)等措辞,并没有注明信用证可以转让,则银行可以不予理会。

可转让信用证只能转让一次,即只能由第一受益人转让给第二受益人,第二受益人不得要求将信用证转让给其后的第三受益人,但若再转让给第一受益人,不属被禁止转让的范畴。如果信用证不禁止分批装运,在总和不超过信用证金额的前提下,可分别按若干部分办理转让,该项转让的总和,将被认为只构成信用证的一次转让。

信用证只能按原证规定条款转让,但信用证金额、商品的单价、到期日、交单日及最迟装运日期可以减少或缩短,保险加保比例可以增加,信用证申请人可以变动。信用证在转让后,第一受益人有权以自身的发票(和汇票)替换第二受益人的发票(和汇票),金额不得超过信用证规定的原金额。如信用证规定了单价,应按原单价开立。在替换发票(和汇票)时,第一受益人可在信用证项下取得自身发票和第二受益人发票之间的差额。

在实际业务中,要求开立可转让信用证的第一受益人,通常是中间商。为了赚取差额利润,中间商要将信用证转让给实际供货人,由供货人办理出运手续。但信用证的转让并不等于买卖合同的转让,如第二受益人不能按时交货或单据有问题,第一受益人(原出口人)仍要负买卖合同上的卖方责任。

2. 不可转让信用证(Non-transferable L/C)

不可转让信用证是指受益人不能将信用证的权利转让给他人的信用证。凡是未注明"可转让"的信用证,就是不可转让信用证。

(八)循环信用证

循环信用证(Revolving L/C)是指信用证全部或部分使用后,其金额又恢复到原金额,可再次使用,直至达到规定的次数或规定的总金额为止。

循环信用证又分为按时间循环信用证和按金额循环信用证。

1. 按时间循环信用证

按时间循环信用证是受益人在一定的时间内可多次支取信用证规定金额的信用证。例如,信用证规定:"本证按月循环,信用证每月可支金额 50 000 美元,于每个日历月的第一天被自动恢复。本行在此循环信用证项下的最大责任不超过 6 个月的总值 300 000 美元,每个月未使用余额不能移至下个月合并使用。"

2. 按金额循环信用证

按金额循环信用证是指在信用证金额议付后,可恢复到原金额再使用,直至用完规定的总额为止。在按金额循环的信用证的条件下,恢复到原金额的具体做法有以下三种:

(1)自动式循环使用。受益人按规定时间装运货物交单议付一定金额后,信用证即自动恢复到原金额,可再次按原金额使用。例如,信用证中规定:"本证将再次自动恢复每月一期,每期金额 50 000 美元,总金额为 150 000 美元。"

(2)非自动式循环使用。受益人按规定时间装运货物交单议付一定金额后,必须等待开证行的通知到达后,才能使信用证恢复至原金额并再次使用。例如,信用证中规定:"本金额须在每次议付后,收到开证行本证可以恢复的通知方可恢复。"

(3)半自动式循环使用。受益人每次装货交单议付后,在若干天内开证行未提出中止循环的通知,信用证即自动恢复至原金额,并可再次使用。例如,信用证中可规定如下条款:"议付行在每次议付后 7 天内未被通知中止恢复,则信用证未用余额即增至原金额。"

循环信用证的优点在于:进口方不必多次开证,从而节省开证费用,同时也可简化出口方的审证、改证等手续,有利于合同的履行。

循环信用证与一般信用证的不同之处就在于:一般信用证在使用后即告失效,而循环信用证则可多次循环使用。循环信用证通常在分批均匀交货的情况下采用。

（九）对开信用证

对开信用证（Reciprocal L/C）是指两张信用证的开证申请人互以对方为受益人而开立的信用证。对开信用证的特点是第一张信用证的受益人（出口人）和开证申请人（进口人）就是第二张信用证的开证申请人和受益人，第一张信用证的通知行通常就是第二张信用证的开证行。两张信用证的金额相等或大体相等，两证可同时互开，也可先后开立。对开信用证多用于易货交易或来料加工和补偿贸易业务，交易的双方都担心对方凭第一张信用证出口或进口后，另外一方不履行进口或出口的义务，于是采用这种互相联系、互为条件的开证办法，用以彼此约束。

（十）背对背信用证

背对背信用证（Back to Back L/C）又称"转开信用证"，是指受益人要求原证的通知行或其他银行以原证为基础，另开一张内容相似的新信用证。背对背信用证的受益人可以是国外的，也可以是国内的，背对背信用证的开证行只能根据不可撤销信用证来开立。背对背信用证的开立通常是中间商转售他人货物，从中图利，或两国不能直接办理进出口贸易时，通过第三者以这种方法来沟通贸易。

背对背信用证的内容除开证人、受益人、金额、单位、装运期限、有效期限等可有变动外，其他条款一般与原证相同。由于背对背信用证的条款修改时，新证开证人需得到原证开证人和开证行的同意，所以受益人使用背对背信用证时必须特别慎重。

（十一）预支信用证

预支信用证（Anticipatory L/C）是指允许受益人在货物装运交单前预支货款的信用证，有全部预支和部分预支两种。在预支信用证项下，受益人预支的方式有两种：一种是向开证行预支，出口人在货物装运前开具以开证行为付款人的汇票光票，由议付行买下后向开证行索偿；另一种是向议付行预支，即由出口地的议付行垫付货款，待货物装运后交单议付时，扣除垫款本息，将余额支付给出口人。如货未装运，由开证行负责偿还议付行的垫款和利息。为引人注目，这种预支货款的条款常用红字，故习惯称为"红条款信用证"（Red Clause L/C）。现在国际贸易实务中，信用证的预支条款并非都用红色表示，但其效力相同。

（十二）备用信用证

备用信用证（Standby L/C）又称"商业票据信用证"（Commercial Paper L/C）、"担保信用证"或"保证信用证"（Guarantee L/C），是指开证行根据开证申请人的请求对受益人开立的承诺承担某项义务的凭证。开证行保证在开证申请人并未履行其应履行的义务时，受益人只要凭备用信用证的规定向开证行开具汇票（或不开汇票），并提交开证申请人未履行义务的声明或证明文件，即可取得开证行的偿付。

备用信用证属于银行信用，开证行保证在开证申请人未履行其义务时，即由开证行付款。因此，备用信用证对受益人来说就是备用于开证申请人发生毁约时，取得补偿的一种方式。

备用信用证最早流行于美国、日本。因这两国的法律不允许银行开立保函,故银行采用备用信用证来代替保函。备用信用证一般用在投标、还款或履约保证、预付货款和赊销等业务中。美国等一些国家已把备用信用证用于买卖合同项下货款的支付。

备用信用证与跟单信用证有相同之处,但又有所不同:

(1) 在跟单信用证下,受益人只要履行信用证所规定的条件,即可向开证行要求付款。在备用信用证下,受益人只有在开证申请人未履行义务时,才能行使信用证规定的权利。如开证申请人履行了约定的义务,则备用信用证就成为备而不用的文件。

(2) 跟单信用证一般只适用于货物的买卖,而备用信用证可适用于货物以外的多方面的交易。例如,在投标业务中,可保证投标人履行其职责;在借款、垫款中,可保证借款人到期还款;在赊销交易中,可保证赊购人到期付款等。

(3) 跟单信用证一般以符合信用证规定的代表货物的货运单据为付款依据;而备用信用证一般只凭受益人出具的说明开证申请人未能履约的证明文件,开证行即保证付款。

备用信用证并无统一格式,其内容与银行保证书基本相似。

备用信用证的发展历史虽短,但其使用范围却日益扩大,而且种类也多,在国际经贸交往中,涉及备用信用证方面的争议时有发生,因此国际商会在《跟单信用证统一惯例》1993年的修订本(即UCP500)中,首次明确规定该惯例的条文也适用于备用信用证,即将备用信用证列入UCP500的范围。

2007年新修订的UCP600也明确指出,跟单信用证统一惯例适用于所有在正文中标明按本惯例办理的跟单信用证(包括本惯例适用范围内的备用信用证)。尽管如此,备用信用证使用当中出现的许多具体问题和特殊要求,因UCP600未作具体规定,仍然无章可循。

为了便于商订备用信用证条款和解决备用信用证业务涉及的争议问题,美国国际银行法律与惯例学会在参照UCP500等国际惯例的基础上率先制定出备用信用证规则草案。1998年该文件正式定稿,同年10月,经国际商会银行技术与惯例委员会等机构审查认可后,作为国际商会590号出版物,即《国际备用信用证惯例》,或称"ISP98",于1999年1月1日起实施。ISP98是结合备用信用证的特点而制定的一项专门的国际惯例。它的公布和实施不仅使备用信用证业务的操作更加有章可循,而且也有利于解决备用信用证使用过程中出现的争议和问题。

六、《跟单信用证统一惯例》和《UCP电子交单增补》

自19世纪开始使用信用证以来,随着国际贸易的发展,信用证逐渐成为国际贸易中经常使用的一种支付方式。但是,由于对跟单信用证有关当事人的权利、责任、付款的定义和术语在国际上缺乏统一的解释和公认的准则,各国银行根据各自的习惯和利益自行规定办事。因此,信用证各有关当事人之间的争议和纠纷经常发生,特别是在爆发经济危机、市场不景气的时候,进口商和开证行往往挑剔单据上某些内容不符要求,借口提出异议,拖延甚至拒绝付款,从而引起司法诉讼。国际商会为了减少因解释不同而引起的争端,调和各有关当事人之间的矛盾,于 1930 年拟订了《商业跟单信用证统一惯例》(Uniform Customs and Practice for Commercial Documentary Credits),并于 1933 年正式公布,建议各国银行采用。随着国际贸易的发展变化,国际商会先后于 1951 年、1962 年和 1974 年对该惯例进行了修订。1983 年对惯例再次进行修订,并改称为《跟单信用证统一惯例》,即国际商会第 400 号出版物。

20 世纪 80 年代末、90 年代初,时代发展的步伐加快,科学技术突飞猛进,1993 年国际商会对《跟单信用证统一惯例》再一次进行修订,修订后的《跟单信用证统一惯例》即国际商会 500 号出版物(UCP500),于 1994 年 1 月 1 日开始实施。

2006 年修订的《跟单信用证统一惯例》(UCP600)于 2007 年 7 月 1 日开始实行。开证行如采用该惯例,可在信用证中加注:"除另有规定外,本证根据国际商会《跟单信用证统一惯例(2007 年修订)》即国际商会 600 号出版物办理。"

UCP600 旨在贯彻信用证的理论和实务操作的标准化及简捷化,将 UCP500 的 49 条修订为 UCP600 的 39 条。修订过程中对条款的内容,划定了严格与放宽的界限,删除了 UCP500 所含的有弹性解释的词句。

eUCP,即《UCP 电子交单增补》(UCP Supplement for Electronic Presentation)。在国际贸易结算中,跟单信用证是使用最广的一种结算方式,国际商会制定的《跟单信用证统一惯例》(UCP600)是所有信用证业务均可遵守的国际规则。而顺应电子商务的发展,ICC 又于 2002 年制定了 eUCP,对信用证业务中电子交单的有关问题作出了专门规定。

eUCP 共 12 条,主要包括适用范围、eUCP 与 UCP 的关系、定义、格式、交单、审核、拒绝通知、正本与副本、出单日期、运输、交单后电子记录的损坏、eUCP 电子交单的额外免责。eUCP 明确了一些贸易术语在电子单据与纸制单据单中的不同定义,规定了电子交单的格式与电子拒绝通知的操作,明确了银行系统无法收到电子记录以及电子记录损坏的后果,定义了电子正本单据等核心问题。

与 UCP 一样,eUCP 也不是法律,而是习惯规则的成文法典化。但不同于 UCP 的是,eUCP 涉及商法中多个方面的问题,包括信用证法和电子商务法。因此,eUCP 中包含许多 UCP 中没有涉及的方面。电子信用证的诞生解决了电子商务中结算支付的电子化问题,eUCP 和电子商务法在立法目的、立法精神以及主要内容上有着紧密的联系。

七、合同中的信用证支付条款

在进出口合同中,如约定凭信用证付款,买卖双方应对开证日期、信用证的类别、付款时间、信用证金额、信用证的有效期和到期地点等事项作出明确具体的规定。现将我国出口合同中信用证支付条款列举如下。

(一) 即期信用证支付条款

买方通过一家卖方可接受的银行于装运月份 30 天前开立不可撤销即期 L/C 并送达卖

方,至装运日后 15 天在中国议付有效。

The Buyer shall open through a bank acceptable to the Seller an Irrevocable Letter of Credit payable at sight to reach the Seller 30 days before the month of shipment, valid for negotiation in China until the 15th day after the date of shipment.

(二) 远期信用证支付条款

买方应于×年×月×日前(或接到卖方通知后×天内或签约后×天内)通过×银行开立以卖方为受益人的不可撤销的(可转让的)见票后×天(或装船日后×天)付款的银行承兑信用证。信用证议付有效期延至上述装运期后 15 天在中国到期。

The Buyer shall arrange with × bank for opening an irrevocable (transferable) letter of credit in favour of the Seller before × (or with × days after receipt of Seller's advice; or within × days after signing of this contract). The said letter of credit shall be available by draft(s) at sight (or after date of shipment) and remain valid for negotiation in China until the 15th after aforesaid time of shipment.

(三) 循环信用证支付条款

买方应通过为卖方所接受的银行于第一批装运月份前×天开立并送达卖方不可撤销即循环信用证,该证在 20×× 年期间,每月自动可供×(金额),并保持有效至 20×× 年 1 月 15 日在北京议付。

The Buyer shall open through a bank acceptable to the Seller an Irrevocable Letter of Credit payable at sight to reach the Seller 30 days before the month of shipment, valid for negotiation in Beijing until the 15th day after the date of shipment.

第四节　银行保函

在国际经济贸易交往中,往往由于交易双方对彼此缺乏信任和了解,给交易的达成和合同的履行造成一定的障碍。为促使交易双方顺利达成交易,使国际经济贸易活动正常进行,就出现了由信誉卓著的银行或其他机构办理的保函业务。担保人以自己的资信向受益人保证申请人履行双方签订的商务合同或其他经济合同项下的责任与义务。

一、银行保函的含义

保函(Letter of Guarantee,L/G)又称"保证书",是指银行、保险公司、担保公司或个人(保证人)应申请人的请求,向第三方(受益人)开立的一种书面信用担保凭证。保证在申请人未能按双方协议履行其责任或义务时,由担保人代其履行一定金额、一定期限范围内的某种支付责任或经济赔偿责任。

按索偿条件分,保函通常可分为两种:见索即付保函、有条件保函。

（一）见索即付保函（Demand L/G）

国际商会制定的《见索即付保函统一规则》（URDG 758）中规定：见索即付保函是指担保人在收到符合保函条款和条件的单据时，承担付款责任。在本规则中，单据包括索赔书和支持声明。据此，见索即付保函的担保人承担的是第一性的、直接的付款责任。故这种保函，又称"无条件保函"（Unconditional L/G）。

银行保函（Banker's L/G）是由银行开立的承担付款责任的一种担保凭证。银行根据保函的规定承担绝对付款责任。故银行保函一般为见索即付保函。

（二）有条件保函（Conditional L/G）

有条件保函是指担保人保证只有在符合保函规定的条件下，才承担付款责任的书面承诺文件。可见有条件保函的担保人承担的是第二性的、附属的付款责任。

二、银行保函的当事人

（一）主要当事人

银行保函的主要当事人有三个：

1. 申请人（Applicant）

申请人又称委托人（Principal），即向银行提出申请，要求银行开立保函的一方。其主要责任是履行合同的有关义务，并在担保人履行担保责任后向担保人补偿其所做的任何支付。申请人的情况不一，比如：在投标保函项下，为投标人。在履约保函项下，如为出口保函，则为货物或劳务的提供者；如为进口保函，则为价款的付款人。在还款保函项下，一般为预付款或借贷款的受款人。

2. 受益人（Beneficiary）

受益人即收到保函并有权按保函规定的条款凭以向银行提出索赔的一方。受益人的责任是履行有关合同中规定的义务。在投标保函项下，通常为招标人；在承包工程的履约保函和预付款保函项下，通常为工程的业主。

3. 担保人（Guarantor）

担保人又称"保证人"，即开立保函的银行。担保人的责任是在收到索赔书和保函中规定的其他文件后，认为这些文件表面上与保函条件一致时，即支付保函中规定数额的经济赔偿。

（二）其他当事人

银行保函除上述三个主要当事人外，根据具体情况还可能涉及以下几个当事人：

1. 通知行（Advising Bank）

通知行又称"转递行"（Transmitting Bank），即根据开立保函的银行的要求和委托，将保函通知受益人的银行。通知行通常为受益人所在地的银行。

2. 保兑行（Confirming Bank）

保兑行又称"第二担保人"，即根据担保人的要求在保函上加以保兑的银行。保兑行通常为受益人所在地信誉良好的银行。如担保银行的资信能力较差或属外汇紧缺国家的银行，受益人可要求在担保行出具的保函上由一家国际上公认的资信好的大银行加具保兑。到时如担保人未按保函规定履行赔付义务，保兑行应代其履行付款义务。

3. 转开行（Reissuing Bank）

转开行即指接受担保银行的要求，凭担保人的反担保向受益人开出保函的银行。转开行通常是受益人所在地银行。转开行如接受担保人请求转开的委托，就必须及时开出保函。保函一经开出，转开行即变成担保人，承担担保人的责任和义务。

4. 反担保人（Counter Guarantor）

反担保人即指为申请人向担保银行开出书面反担保函的人。其责任是：保证申请人履行合同义务，同时向担保人承诺，即当担保人在保函项下付款以后，担保人可以从反担保人处得到及时、足额的补偿，并在申请人不能向担保人作出补偿时，负责向担保人赔偿损失。

三、银行保函的主要内容

银行保函一般包括以下内容：

（一）有关当事人

保函中应详列主要当事人，即申请人、受益人、担保人的名称和地址。保函如涉及通知行或转开行，还应列明通知行或转开行的名称和地址。

（二）开立保函的依据

保函开立的依据是基础合同，应列明合同或标书等协议的号码、日期。

（三）担保金额和金额递减条款

担保金额是保函内容的核心，每份保函都必须明确规定一个确定的金额。担保人仅依据保函所规定的金额向受益人负责，其责任不超过保函所规定的金额。

（四）要求付款的条件

担保人在收到索赔书或保函中规定的其他文件（如工艺师或工程师出具的证明书，法院判决书或仲裁裁决书）后，认为这些文件表面上与保函条款一致时，即支付保函中规定的款项。如果这些文件表面上不符合保函条款要求，或文件之间表面上不一致时，担保人可以拒受这些文件。

保函项下的任何付款要求均应以书面形式作出，保函规定的其他文件也应是书面的。

（五）保函失效日期或失效事件

在保函中应规定保函失效日期。如未规定，当保函退还担保人，或受益人书面声明解除担保人的责任，则认为该保函已被取消。

四、银行保函的种类

银行保函在实际业务中的使用范围很广，它不仅适用于货物的买卖，而且广泛适用于其他国际经济合作领域。

（一）履约保函(Performance Guarantee)

在一般货物进出口交易中，履约保函又可分为进口履约保函和出口履约保函。

1. 进口履约保函

进口履约保函是指担保行应申请人（进口人）的申请开给受益人（出口人）的保证承诺。保函规定，如出口人按期交货后，进口人未按合同规定付款，则由担保行负责偿还。这种履约保函对出口人来说，是一种简便、及时和确定的保障。

2. 出口履约保函

出口履约保函是指担保行应申请人（出口人）的申请开给受益人（进口人）的保证承诺。保函规定，如出口人未能按合同规定交货，担保行负责赔偿进口人的损失。这种履约保函对进口人有一定的保障。

（二）还款保函(Repayment Guarantee)

还款保函又称"预付款保函"或"定金保函"，是指担保行应合同一方当事人的申请，向合同另一方当事人开立的保函。保函规定，如申请人不履行其与受益人所订立合同的义务，不将受益人预付或支付的款项退还或还款给受益人，担保行将向受益人退还或支付款项。

例如，在成套设备及大型交通工具（飞机、轮船）的交易中，通常采用带有预付定金性质的分期付款或延期付款方式。在这种交易中，出口人为了确保进口人一定购买货物，以免进口人在出口人备货后借故不要该货物而使出口人遭受损失，故在交货前要求进口人支付合同金额一定比例的货款作为定金。与其相反，进口人为确保支付了定金后，能收到符合合同规定的货物，也要求出口人提供一份由银行出具的退款保函，保证如出口人不履行合同或未能按合同规定发货，出口人或担保银行将及时偿还进口人已预付款项的本金及所产生的利息。

除上述两种保函外，还可根据其他功能和用途的不同，分为其他种类的保函，如：投标保函、补偿贸易保函、来料加工保函、技术引进保函、维修保函、融资租赁保函、借款保函等。

第五节 各种支付方式的选用

为保证安全、迅速地收取外汇,加速资金周转,促进贸易的发展,进出口双方可以选择对自己有利的支付方式。在实际业务中,除采用某一种支付方式外,有时也可以将各种不同的支付方式结合起来使用,如将信用证与汇付、托收以及备用信用证、银行保函等结合使用。在成交金额大、交货时间长的成套设备、飞机、船舶等商品的交易中,还可以结合使用分期付款、延期付款的支付方式。

一、信用证与汇付相结合

这是指部分货款用信用证支付,余数用汇付方式结算。例如,对于矿砂等初级产品的交易,双方约定:信用证规定凭装运单据先付发票金额的若干成,余数待货到目的地后,根据检验的结果,按实际品质或重量计算出确切的金额,另用汇付方式支付。

二、信用证与托收相结合

这是指部分货款用信用证支付,余数用托收方式结算。一般做法是,信用证规定出口人开立两张汇票,属于信用证部分的货款凭光票付款,而全套单据附在托收部分汇票项下,按即期或远期付款交单方式托收。这种做法,对进口人来说,可减少开证金额,少付开证押金,少垫资金;对出口人来说,因有部分信用证的保证,且信用证规定货运单据跟随托收汇票,开证行须在全部货款付清后才能向进口人交单,所以收汇比较安全。在实践中,为了防止开证行在未收妥全部货款前即将货运单据交给进口人,要求信用证必须注明"在全部付清发票金额后方可交单"的条款。在出口合同中也应规定相应的支付条款,以明确进口人的开证和付款责任。出口合同如使用部分信用证、部分托收的做法,合同中通常要订明支付条款,如:买方须在装运月份前×天送达卖方不可撤销信用证,规定×%的发票金额凭即期光票支付,其余×%的金额用即期跟单托收方式付款交单。全套货运单据附于托收项下,在买方付清发票的全部金额后交单。如买方不能付清全部发票金额,则货运单据须由开证行掌握,凭卖方指示处理。

三、托收与备用信用证或银行保函相结合

跟单托收对出口人来说,有一定风险。如在使用跟单托收时,结合使用备用信用证或银行保证书,由开证银行进行保证,则出口人的收款就能基本得到保障。具体做法是,出口人在收到符合合同规定的备用信用证或银行保函后,就可凭光票与声明书向银行收回货款。

采用这种方式时,通常应在出口合同中订入相应的支付条款。例如:

(1) 以即期付款交单方式支付全部发票价值。代收银行须无迟延地用电传向托收银行

发出付款通知。装船前,须由一家信誉卓著的银行开立一份金额为×美元以卖方为受益人的不可撤销备用信用证,规定凭光票和随附的一份书面声明付款。在该声明中注明买方在代收行提出跟单汇票后5天内按20××年×月×日第×号合同履行付款义务。

(2) 即期付款交单方式付款,并以卖方为受益人的总金额为×美元的银行保函为担保。银行保函应载有以下条款:如×号合同项下跟单托收的汇票付款人不能在预定日期付款,受益人有权在本银行保函项下凭其汇票连同一份列明×号合同的款项已被拒付的声明书支款。

在使用这种结算方式时,备用信用证和银行保函的有效期必须晚于托收付款期限后一定时间,以便被拒付后,出口人能有足够时间办理追偿手续。出口人在办理托收手续时,还应在托收申请书中明确规定,在发生拒付时,要求托收银行请代收银行立即用电报或电传通知,以免耽误,造成备用信用证或银行保证书失效,以致失去追索权利。

四、汇付、托收、信用证三者相结合

在成套设备、大型机械产品和交通工具的交易中,因为成交金额较大,产品生产周期较长,一般采取按工程进度和交货进度分若干期付清货款,即分期付款和延期付款的方法,一般采用汇付、托收和信用证相结合的方式。

(一) 分期付款(Pay by Installments)

买卖双方在合同中规定,在产品投产前,买方可采用汇付方式,先交部分货款作为订金,在买方付出订金前,卖方应向买方提供出口许可证影印本和银行开具的保函。除订金外,其余货款可按不同阶段分期支付,买方开立不可撤销的信用证,即期付款,但最后一笔货款一般是在交货或卖方承担质量保证期满时付清,货物所有权则在付清最后一笔货款时转移。在分期付款的条件下,货款在交货时付清或基本付清。因此,按分期付款条件所签订的合同是一种即期合同。

(二) 延期付款(Deferred Payment)

在成套设备交易和大宗交易的情况下,由于成交金额较大,买方一时难以付清全部货款,可采用延期付款的办法。其做法是,买卖双方签订合同后,买方一般要预付一小部分货款作为订金。有的合同还规定,按工程进度和交货进度分期支付部分货款,但大部分货款是在交货后若干年内分期摊付,即采用远期信用证支付。延期支付的那部分货款,实际上是一种赊销,等于是卖方给买方提供的商业信贷,因此买方应承担延期付款的利息。在延期付款的条件下,货物所有权一般在交货时转移。

第六节　技能实训

实训模块一　信用证项下汇票的缮制

【目的要求】

掌握汇票所包含的基本内容,理解汇票与信用证相关条款的关系,并正确地缮制汇票。

【背景资料】

湖南某公司以CIF价格向美国出口一批货物,2022年5月18日由美国花旗银行开来了不可撤销的即期信用证,金额为21 450.80美元,信用证号码为LC10CN878。偿付行为日本东京银行。我方中国银行收到信用证后于5月23日通知出口公司。6月5日该公司向中国银行湖南省分行交单议付,商业发票号码为HNJHEXP10348。请按信用证有关条款制作汇票。

【操作指南】

(1)"汇票"字样

通常为"Bill of Exchange"或"Draft"。

(2)汇票号码(NO.)

一般填商业发票号码以便参照核对。本模块中可填写"HNJHEXP10348"。

(3)出票日期和地点(Date and Place of Issue)

出票日期和地点通常并列于汇票右上方。信用证项下的出票日期为交单议付日期,本模块中填"5th June 2022",需要注意的是汇票的出票日期不得早于其他单据的日期,也不得晚于信用证的有效期。

出票地点为议付地或出票人所在地,本模块中填"Hunan,China"。

(4)汇票金额(Amount)

汇票金额用数字小写和金额大写分别表明。小写金额写在Exchange for后,可保留2位小数,由货币名称和阿拉伯数字组成。本模块中填写"USD21450.80"大写金额写在The sum of后,习惯上句首加"SAY",意指"计",句末加"ONLY",意指"整",小数点用POINT或CENTS表示。本模块中填写"SAY USD TWENTY-ONE THOUSAND FOUR HUNDRED AND FIFTY POINT EIGHT ONLY"。

(5)付款期限(Tenor)

信用证项下的付款期限必须与信用证规定相符。付款期限主要有即期和远期两种。

本模块中为即期付款信用证,填写"At ****** Sight"。

(6)受款人(Payee)

汇票的受款人也称抬头人或收款人,是指接受汇票的当事人。汇票的抬头有三种表示方式:指示性抬头、限制性抬头、持票人抬头。本模块为指示性抬头。

(7) 出票条款(Drawn Clause)

出票条款必须按照信用证描述填写在 Drawn under 后,若信用证无出票条款,则分别填写开证行名称、地址、信用证编号和开证日期。本模块中填写"Drawn under CITI BANK USA L/C NO：LC10CN878 Dated 18th MAY 2020"。

(8) 付款人(Drawee)

信用证项目下通常为开证行,本模块中填写"To CITI BANK USA"。

(9) 出票人签章(Signature of the Drawer)

出票人为信用证下的受益人,通常为出口商,在汇票右下角填写出口商公司名称并签章。

实训模块二　跟单托收业务的操作

【目的要求】

熟悉跟单托收业务的操作流程,掌握《出口托收客户交单委托书》的填写、托收条款的应用和托收业务办理的注意事项。

【背景资料】

湖南化工进出口公司向工商银行湖南省分行提交全套汇票和单据,请求其委托 INDUSTRIAL BANK OF KOREA 向进口商 PUSAN SILICON METAL CORPORATION 即期托收 CONTRACE NO. SIME05079 I/V NO. 2005CNKR136 项下货款 USD 5640.00。

【操作指南】

(1) 湖南化工进出口公司向工商银行湖南省分行提交《出口托收客户交单委托书》一式两联,有关内容全部用英文填写。出口托收客户交单委托书的内容包括：

① 代收行(Collecting Bank)：出口商在该栏内填写国外代收银行(一般为进口商的开户行)的名称和地址,这样有利于国外银行直接向付款方递交单据,有利于及时收到货款;如果没有填写或不知道进口方的开户行,则申请人银行将为申请人选择进口商所在国家或地区的一家银行进行通知,这样出口商收到款项的时间将会较长。出口商最好知道进口商所在的国外开户银行。本模块填写 INDUSTRIAL BANK OF KOREA。

② 申请人(Applicant)：申请人为出口商,应填写详细的名称、地址、电话、传真号码。本模块中填写"HUNAN CHEMICAL IMP. & EXP. CORP."。同时将化工公司地址、电话、传真号码认真填好。

③ 付款人(Drawee)：付款人为进口商,应填写详细的名称、地址、电话、传真号码。如果进口商的资料不详细的话,容易给代收行工作造成难度,使出口商收到款项的时间较长。本模块中填写"PUSAN SILICON METAL CORPORATION",同时将韩国进口公司的地址、电话、传真号码认真填好。

④ 汇票的时间和期限(Issue Date and Tenor of Draft)：申请书上的汇票的有关内容要与汇票上的一致。本模块中填写"AT SIGHT"。

⑤ 合同号码(Contract Number)：申请书上的合同号码要与进出口双方签订的商务合

同上的号码保持一致。本模块中填写"SIME05079"。

⑥ 单据(Documents):填写提交给银行的正本和副本的单据名称和数量。本模块中依据提交给银行单据的名称和数量如实填写,注意此处登记的单据是货运单据,不包括汇票等金融单据。

⑦ 托收条款(Terms and Conditions of Collection)

托收的条款一般包括以下几项内容,如果需要就注明一个标记(×):

A. 收到款项后办理结汇;

B. 收到款项后办理原币付款;

C. 要求代收方付款交单(D/P);

D. 要求代收行承兑交单(D/A);

E. 银行费用由付款人承担;

F. 银行费用由申请人承担;

G. 通知申请人承兑汇票的到期日;

H. 如果付款延期,向付款人收取每年×‰的延期付款利息;

I. 付款人拒绝付款或拒绝承兑,通知申请人并说明原因;

J. 付款人拒绝付款或拒绝承兑,代收行对货物采取仓储或加保,费用由申请人支付;

K. 其他。

本模块中在 A、C、E、I 处标记(×)

(2) 湖南化工进出口公司向工商银行提交全套托收单据。

汇票一式两份,商业发票一式两份。装箱单一式两份,海运提单一式两份,保险单一式两份,FORM A 一式两份,相关证明一式两份。

(3) 为了能够尽快收到货款,湖南化工进出口公司向工商银行最后交单时,对以下事项进行再次核查:

① 汇票金额大小写要一致。

② 汇票出票人签字或盖章。

③ 汇票要背书。

④ 汇票的出票人和签发人要一致。

⑤ 汇票金额要与发票等单据金额保持一致。

⑥ 价格条款是 CIF,要有保险单,保险单的保险金额要超过发票金额。

⑦ 运输条款与价格条款保持一致。

⑧ 根据运输单据的要求,是否要求背书。

⑨ 各种单据中的货物描述,要保持一致。

(4) 10 个工作日后,湖南化工进出口公司从工商银行收到以上托收款项,结汇成人民币后入账。

实训模块三　对信用证中软条款的处理

【目的要求】
掌握识别信用证软条款的技能技巧，防止遭受信用证软条款欺诈。

【背景资料】
辽宁某贸易公司与美国金华企业签订了销往香港的 5 万立方米花岗岩合同，总金额高达 1 950 万美元，买方通过香港某银行开出了上述合同下的第一张信用证，金额为 195 万美元。信用证规定："货物只能待收到申请人指定船名的装运通知后装运，而该装运通知将由开证行随后经信用证修改书方式发出。"该贸易公司收到来证后，即将质保金 260 万元人民币付给了买方指定代表，装船前，买方代表来产地验货，以货物质量不合格为由，拒绝签发"装运通知"，致使货物滞留产地，中方公司根本无法发货收汇，损失十分惨重。

【操作指南】
信用证中的"软条款"(Soft Clause)，在我国有时也称为"陷阱条款"(Pitfall Clause)，是指在不可撤销的信用证中加列条款，使出口商不能如期发货，据此条款开证申请人（买方）或开证行具有单方面随时解除付款责任的主动权，即买方完全控制整笔交易，受益人处于受制人的地位，是否付款完全取决于买方的意愿。

这种信用证实际变成随时可以撤销或永远无法生效的信用证，银行中立担保付款的职能完全丧失。带有此种条款的信用证实质上是变相的可撤销信用证，极易造成单证不符而遭开证行拒付。买方凭借信用证中的软条款还可以骗取卖方的保证金、质押金、履约金、开证费等。

软条款具有极大的隐蔽性，常见的软条款归纳如下：

（1）开证申请人（买方）通知船公司、船名、装船日期、目的港、验货人等，受益人才能装船。此条款使卖方是否装船完全由买方控制。

（2）信用证开出后暂不生效，待进口许可证签发后通知生效，或待货样经申请人确认后生效。此类条款使出口货物能否装运，完全取决于进口商，出口商则处于被动地位。出口商见信用证才能投产，生产难安排，装期紧，出运有困难。

（3）1/3 正本提单径直寄开证申请人。买方可能持此单先行将货提走。

（4）记名提单，承运人可凭收货人合法身份证明交货，不必提交本提单。

（5）信用证到期地点在开证行所在国，有效期在开证行所在国，使卖方延误寄单，单据寄到开证行时已过议付有效期。

（6）信用证限制运输船只、船龄或航线等。

（7）品质检验证书须由开证申请人或其授权者签发，由开证行核实，并与开证行印签相符。采用买方国商品检验标准，此条款使得卖方由于采用本国标准无法达到买方国标准，使信用证失效。

（8）规定受益人不易提交的单据，如要求使用 CMR《国际公路货物运输合同公约》运输单据，由于我国没有参加《国际公路货物运输合同公约》，所以我国的承运人无法开出 CMR

运输单据。

(9) 设置质量检验证书障碍,伪造质检证书。

(10) 本证经当局(进口国当局)审批才生效,未生效前,不许装运。

(11) 卖方议付时需提交买方在目的港的收货证明。

本模块中美国金华企业利用辽宁某外贸公司积极扩大出口的良好愿望和经验不足的弱点,使用软条款给辽宁企业造成重大损失。信用证中规定"货物只能待收到申请人指定船名的装运通知后装运,而该装运通知将由开证行随后经信用证修改书的方式发出",这样受益人就处于完全被动的地位,买方完全有可能以不签发装运通知来终止信用证义务的履行。辽宁某贸易公司应在收到信用证后及时与买方联系,对自身无法控制的条款坚决要求修改。对于本信用证的修改,出口商应坚持在信用证中将船名规定好,或由独立的、经双方认可的第三方签发装运通知,将不确定因素消除在萌芽状态。

实训模块四 案例分析

【案例】

中方某外贸公司与加拿大商人在 2009 年按 CIF 条件签订一出口 10 万元法兰绒的合同,支付方式为不可撤销的即期信用证。加拿大商人于同年 5 月通过银行开来信用证,经审核与合同相符,其中保险金额为发票金额的 110%。我方在备货期间,加拿大商人通过银行传递给我方一份信用证修改书,将投保金额改为按发票金额加成 15%。我方按原证规定投保、发货,并于装运后在信用证有效期内向银行提交全套装运单据。议付行议付货款后将全套单据寄给开证行,开证行以保险单与信用证修改通知书不符为由拒付。试问,开证行拒付理由是否合理? 为什么?

【分析】

开证行没有理由拒付。根据 UCP600 第十条,在受益人向通知修改的银行表示接受该修改内容之前,原信用证(或包含先前已被接受修改的信用证)的条款和条件对受益人仍然有效。受益人应发出接受或拒绝接受修改的通知。如受益人未提供上述通知,当其提交至被指定银行或开证行的单据与信用证以及尚未表示接受的修改的要求一致时,则该事实即视为受益人已接受修改的通知,并从此时起,该信用证已被修改。

本案例中,受益人向银行提交的单据只与原证符合,说明我方未接受信用证的修改,原证条款仍然有效,开证行不能拒付。

◇ 本章回顾

国际贸易货款的收付,大多使用非现金结算,即使用代替现金作为流通手段和支付手段的信用工具来结算。

国际贸易中常见的支付工具有三种:汇票、本票和支票。本章介绍了三种票据的含义、主要内容和使用方法。汇票根据有无随附商业单据分为光票和跟单汇票,根据出票人不同有银行汇票和商业汇票,根据付款时间不同分为即期汇票和远期汇票;汇票的使用主要包括出票、提示、承兑、付款、背书、拒付和追索。本票分为商业本票和银行本票,支票就是以银行为付款人的即期汇票。

国际货款的结算主要有三种支付方式:汇付、托收和信用证。汇付和托收属于商业信用,其中汇付是顺汇法,根据汇付方式不同分为电汇、信汇和票汇,目前主要采用电汇的方式;托收是逆汇法,根据代收行交单条件分为付款交单和承兑交单;信用证属于银行信用,是银行有条件的付款承诺。本章介绍了汇付、托收和信用证的含义、当事人、种类、使用流程及国际货款支付中需要注意的事项;另外,分析了银行保函和备用信用证等的相关内容。

◇ 赛点指导

根据全国高校商业精英挑战赛国际贸易竞赛评分细则,商贸配对贸易谈判环节涉及本章的货款结算方式的选择。在和客户进行谈判时,应全面把握各种方式下我方承担的风险大小、收款时间的长短、手续简繁、资金占用和费用负担情况,既要体现专业性,又要具备灵活性。根据本章专业知识学习,竞赛谈判中应把握以下原则:

(1) 根据收款安全性大小,把握支付方式的优先级顺序

如:T/T 100% in advance(100%预先电汇货款);T/T in advance with ×% deposit, the rest balanced before shipment(预先电汇×%货款,余款装船前电汇);T/T in advance with ×% deposit, the rest balanced against copy of B/L(预先电汇×%货款,余款见提单副本后电汇);L/C at sight(即期信用证付款);L/C × days after sight(见票后×天信用证付款);D/P × days after sight(见票后×天付款交单);D/A(承兑交单);O/A(赊销)。首选应该是要求客户 100%预付货款,最不安全的是 O/A。其他方式,要灵活把握。

(2) 与价格结合起来,价格和付款方式相互利用

如:We can give you 3% discount if you accept T/T 50% in advance.(我们对于接受预先电汇 50%货款的客户可以给予 3%的折扣。)以此来说服对方,各让一步,促成交易。反之,如果客户要求在价格上给予折扣,我方可以在付款方式上提出要求,两者相互利用。

(3) 与交货期结合起来

如:We will give priority to production and shipment in advance for T/T in advance.(对于提前电汇货款的,可以优先安排生产,提前发货。)

(4) 列出理由,让对方换位思考

如:Now it's a really hard period for us, we appreciate for your understanding and support in advance!(现在我们的确处于艰难时期,希望得到您的理解和支持!)

(5) 起承转合,化被动为主动

如:O/A!?? Frankly speaking, we always work with new customers with T/T 50%. For regular customers, we work with T/T 30%.(承兑交单?坦率地讲,对于新客户,我们一般要求电汇预付 50%货款。对于老客户,我们要求 30%电汇预付。)

We rarely work with L/C because we are not familiar with that. And it seems that bank charges is quite high.(我们很少采用信用证付款方式,因为我们对此方式不太熟悉,且

信用证方式下银行手续费较高。)

Do you think T/T 30% is available for you? If so, we will consider giving some better conditions in return.（30%电汇预付款货款怎么样？如果可以的话，我们可以考虑给予优惠条件。)

How about L/C at sight?（即期信用证付款如何？)

We believe it's a fair payment term and it will ensure mutual benefits. We would consider L/C 30 days in future if our cooperation keeps having good records in our system.（我们相信这是一个公平的付款方式，能确保双方利益。如果我们的合作在我们的系统中保持良好的记录，我们未来将考虑30天期信用证。)

总之，谈判中既要坚持底线，又要灵活应用。在为自己争取利益的同时，还要顾及对方的感受，要具备合作共赢的思维，双方各取所需，共担风险，能站在客户的立场上给出合理的建议。

◇ **课堂思政**

通过本章内容的学习，结合贸易实务中的货款结算案例，培养学生的结汇风险意识。结汇风险如汇付和托收在性质上属于商业信用，进口商不按时付款，拖欠货款甚至骗取货物，导致出口商钱货两空。信用证虽然属于银行信用，相对于汇付和托收，出口商结汇比较安全，但也要警惕信用证结算业务中进口商和银行给受益人设置的付款陷阱等，引导学生认识进出口货物交易中货款结算的各种风险，培养学生在商业社会中应具备的风险意识。无论哪一种结算方式，都有不同程度的收汇风险，因此在国际货款结算环节的操作中一定要具有高度的风险防范意识。

在国际货款结算中，无论是D/P还是L/C，出口商都要特别注意单据制作时要严谨细致，熟悉国际商会UCP600的条款，按规则制作单据，按流程办理结汇。尤其是信用证方式下，出口商能否顺利结汇，很大程度上取决于所制作的单据是否"单证相符，单单一致"。如果单据出现不符点，轻则要向银行支付不符点费用，严重的则会导致被开证行拒付，无法使用信用证方式结算货款。

◇ **练习题**

一、单选题

1. 所谓"信用证严格相符"的原则，是指受益人必须做到 （　　）
   A. 信用证和合同相符　　　　　　B. 信用证和货物相符
   C. 信用证和单据完全相符　　　　D. 信用证和单据基本相符
2. 信用证的基础是买卖合同，当信用证与买卖合同规定不一致时，受益人应要求 （　　）
   A. 开证行修改　　　　　　　　　B. 开证申请人修改
   C. 通知行修改　　　　　　　　　D. 议付行修改
3. 关于信用证的有效期，除特殊规定外，银行拒绝接受的运输单据为迟于运输单据出单日期 （　　）
   A. 20 天　　　　B. 30 天　　　　C. 25 天　　　　D. 21 天

4. 在一笔出口业务中,付款方式为信用证与 D/P 各半,为了收汇安全,应在合同中规定（   ）
   A. 开两张汇票,各附一套等价的货运单据
   B. 开两张汇票,信用证项下采用光票,托收项下采用跟单汇票
   C. 开两张汇票,信用证项下采用跟单汇票,托收项下采用光票
   D. 开两张汇票,信用证项和托收项下均采用光票
5. 买卖双方以 D/P、T/R 条件签订合同,货到目的港后,买方凭 T/R 向代收行借单提货,事后收不回货款（   ）
   A. 代收行负责向卖方偿付   B. 卖方自行负担货款损失
   C. 由卖方与代收行协商共同负担   D. 由买方负责

二、多项选择题

1. 按照出票人不同,汇票可以分为（   ）
   A. 银行汇票   B. 跟单汇票   C. 光票   D. 商业汇票
   E. 银行承兑汇票
2. 背书的方式主要有（   ）
   A. 限制性背书   B. 空白背书   C. 特别背书   D. 贴现背书
   E. 自由背书
3. 属于商业信用的货款支付方式有（   ）
   A. 信用证   B. 托收   C. 汇付   D. 代收
   E. 以上都是
4. 根据代收行向付款人交单条件的不同,托收可分为（   ）
   A. 光票托收   B. 付款交单
   C. 承兑交单   D. 认可交单
5. 背对背信用证主要用于（   ）
   A. 中间商转售货物   B. 转口贸易
   C. 一般贸易   D. 进料加工

三、判断题

1. 合格的汇票遭拒付时,持票人有权向背书人和出票人追索。（   ）
2. 本票仅限于见票即期付款,而汇票和支票则有即期和远期付款之分。（   ）
3. 在采用托收方式结算时,如发现进口商财务状况恶化,应采取承兑交单的交单方式。（   ）

四、名词解释题

1. Bill of Exchange
2. Acceptance
3. Endorsement

4. Remittance
5. Collection
6. D/P
7. D/A
8. Confirmed Letter of Credit
9. Standby Letter of Credit

五、简答题

1. 远期汇票付款期限有哪几种规定方法？试用英语举例说明。
2. 汇票背书的方式有哪几种？汇票背书的作用是什么？
3. 在采取托收方式时，出口商应该注意哪些事项？
4. 区别对开信用证和背对背信用证的含义和适用情况。
5. 简述信用证支付的一般流程并画出流程图。
6. 跟单信用证与备用信用证有何区别？

六、案例分析题

1. 我某外贸公司向日本客户以 D/P 见票即付方式推销商品，对方答复：如我方接受 D/P 见票后 90 天付款，并通过日商指定的银行代收则可接受。

   试分析我方应如何处理。

2. 我国某外贸公司与美国 A 公司达成一份出口合同，付款条件为 D/P 45 天付款。当汇票及所附单据通过托收行寄到进口地代收行时，A 公司及时在汇票上履行了承兑手续。货物抵达目的港时，由于用货心切，A 公司出具信托收据向代收行借单先行提货。汇票到期时，A 公司因经营不善，失去偿付能力。代收行以汇票付款人拒付为由通知托收行，要我国外贸公司直接找 A 公司索取货款。

   对此，你认为我国外贸公司应该如何处理？

3. 某制造商签订了一份以 FAS 鹿特丹为条件的提供重型机械的巨额合同，以不可撤销保兑跟单信用证付款，信用证规定出口方必须提供商业发票及买方签发的已在鹿特丹提货的证明。货物及时备妥装运，但到达鹿特丹后买方却不提货，由于卖方未收到买方的证明，无法根据信用证收到货款。

   试分析该案例中受益人应接受哪些教训。

◇ 参考文献

[1] 黎孝先，石玉川. 国际贸易实务[M]. 7版. 北京：对外经济贸易大学出版社，2020.
[2] 吴百福，徐小薇，聂清. 进出口贸易实务教程[M]. 8版. 上海：格致出版社，2020.

第七章 07

争议的预防和处理

◎ **学习目标：**

知识目标：了解商品检验条款的内容、违约的基本情形，理解违约救济的方法、不可抗力的法律后果、仲裁的含义和作用。

能力目标：能够根据外贸合同填制商品检验条款、索赔条款、罚金条款、不可抗力条款和仲裁条款；能够判定不可抗力是否成立，能够妥善解决合同争议。

素质目标：养成严谨、细致、诚信的职业素质；强化贸易纠纷解决的灵活思维和公平意识。

第一节 商品检验

一、商品检验的含义及其重要性

商品检验与检疫简称商品检验（Commodity Inspection），是指商品检验检疫机构对卖方拟交付货物的品质、数量、重量、包装、安全、装运条件以及对涉及人类健康安全、动植物的传染病、病虫害、疫情等项目进行检验、检疫、鉴定和监督管理。

在国际货物买卖中，为了保障买卖双方的利益，避免争议的发生，或者争议发生后便于划清责任和进行合理的处理，需要专业的检验检疫机构对卖方交付货物的品质、数量、重量、包装、安全、装运条件等情况进行检验或鉴定。检验机构检验或鉴定后出具的检验证明，作为买卖双方交接货物、支付货款和进行索赔的重要依据。在货物的交接中，买方根据运输部门的到货通知去领取货物，是接收货物（Receipt of the Goods），而不是接受货物（Acceptance of the Goods）。买方接受货物的前提条件是卖方所交付的货物经过检验后，符合合同规定，确保买卖双方在合同的约束下处于平等的经济地位。

由于商品检验直接关系到买卖双方在货物交接方面的权利与义务，特别是某些进出口商品的检验与检疫工作还直接关系到本国的国民经济能否顺利协调发展、生态环境能否保持平衡、人民的健康和动植物的生长能否得到保证，以及能否促进本国出口商品质量的提高和出口贸易的发展，因此，许多国家的法律和国际公约都对商品的检验与检疫问题作了明确规定。

《中华人民共和国进出口商品检验法》第五条规定，列入必须实施检验的进出口商品目录（简称"目录"，该目录由国家进出口商品检验部门制定、调整并公布）的进出口商品，由国家进出口商品检验部门设在各地的分支机构实施检验。该条款同时规定，凡是列入目录的进口商品未经检验的，不准销售、使用；出口商品未经检验合格的，不准出口。

英国《货物买卖法》（1979年修订）第三十四条规定："除非双方另有约定，当卖方向买方交付货物时，买方有权要求有合理的机会检验货物，以确定货物是否与合同规定的相符。"买方未有合理机会检验货物之前，不能认为他已经接收了货物。

《联合国国际货物销售合同公约》第三十八条也对货物的检验问题作出了明确规定："买方必须在按实际情况可行的最短时间内检验货物或由他人检验货物。如果合同涉及货物的运输，检验可推迟到货物到达目的地后进行。如果货物在运输途中改运或买方须再发运货物，没有合理机会加以检验，而卖方在订立合同时已知道或理应知道这种改运或再发运的可能性，检验可推迟到货物到达新目的地后进行。"由此可见，该公约不仅明确规定了卖方对货物所负责任的具体界限，即凡是货物不符合合同的情形于风险转移到买方的时候就已存在的，应由卖方负责，而且明确规定了买方对货物有检验权。但是，必须指出的是，买方对货物的检验权并不表示买方检验货物是接收货物的前提条件，买方在接收货物前，可以选择行使检验权或不行使检验权。如果买方没有利用合理机会对货物进行检验,就是放弃了检验权,也就丧失了拒收货物的权利。

综上所述,有关商品检验权的规定是直接关系到买卖双方权利与义务的重要问题,因此交易双方应在买卖合同中对与商品检验检疫有关的问题作出明确具体的规定,这就是合同中的检验条款。国际货物买卖合同中的检验条款,其内容因商品种类和特性的不同而有所差异。下面仅就一般货物的检验条款作简要介绍。

二、商品检验条款的内容

国际货物买卖合同中的检验条款,主要包括检验时间与地点、检验机构、检验证书以及检验标准与方法等内容。

(一) 检验时间与地点

检验的时间和地点关系着买卖双方的切身利益,涉及检验权的行使、检验机构的指定以及日后索赔的法律依据,是交易双方商定检验条款时的核心内容。因此,在买卖合同中应明确规定商品检验的时间与地点,通常有下列几种规定办法:

1. 产地(工厂)检验

在货物离开工厂之前,由出口国工厂检验人员或卖方委托的商品检验机构(简称"商检机构")会同买方验收人员或其委托的商检机构进行检验。离厂前品质责任由卖方承担,离厂后运输途中出现的品质、数量等方面的风险,则由买方承担。这种方式下,如果以商品检验机构的结果为依据,一般适用于技术含量不高、通常不会出现质量问题的普通商品;如果是专业性较强、质量要求较严、没有统一固定的质量标准的商品,则应由买方亲自到卖方工厂检验合格后再发货。我国《中华人民共和国进出口商品检验法》也明确规定,凡属重要的进口商品和大型的成套设备,收货人应按合同规定,在出口国装运前预先进行检验、监造或者监装,主管部门应加强监督,商检机构根据需要可以派出检验人员参加,以维护买方的利益。

2. 装运港检验

出口货物在装船前或装船时,由双方约定的商检机构检验,并出具检验证明,作为确定交货品质和重量(数量)的最后依据,但买方能够证明货物是由于卖方违约或货物本身固有瑕疵造成的品质问题的情况除外。这样确定的品质和重量(数量),称为"离岸品质和离岸重量"(Shipping Quality and Shipping Weight)。买卖双方按此条件成交时,卖方对运输途中品质的变化和重量的短少,均可不负责任,买方也无权对到货品质和重量向卖方提出异议。在采用象征性交货的方式下,卖方完成装运,买方就要凭单付款。即使买方收到货物后发现质量问题,也很难进行索赔。因此,买方一般不愿采取这种做法。

3. 目的港检验

目的港卸货后,由双方约定的目的港商检机构检验货物,并出具检验证明,作为确定交货品质和重量的最后依据。这样确定的品质和重量,称为"到岸品质和到岸重量"(Landed Quality and Landed Weight)。买卖双方按此条件成交时,卖方对运输途中的品质变化和重量短少,实际承担了责任,因为买方有权对到货品质和重量向卖方提出异议。由于这种做法对卖方不利,故卖方一般不愿采用。

4. 装运港检验重量和目的港检验品质

在大宗商品交易中,为了调和交易双方在检验问题上的矛盾,采取了一种较为折中的办法,即以装运港检验机构检验货物的重量,并出具重量证明作为最后依据,以目的港检验机构检验货物品质,并出具品质证明作为最后依据,这样确定的重量和品质称为"离岸重量和到岸品质"(Shipping Weight and Landed Quality)。这种规定有片面性,不能有效维护各方的权利,一般不被采用。

5. 出口国检验和进口国复验

为了照顾买卖双方的利益,在检验问题上做到公平合理,当前国际贸易中广泛采用在装运地检验和在目的地复验的做法。按此做法,装运地的商检机构检验货物后出具检验证明,作为卖方向银行收取货款的凭证之一,但不作为最后依据。货到目的地后,由双方约定的检验机构在规定期限内复验货物,并出具复验证明。复验中如发现交货品质、重量(数量)与合同规定不符而责任属于卖方时,买方可凭复验证明向卖方提出索赔。由于这种办法对交易双方都有利,故我国进出口合同中一般都采取这种规定办法。

在采用FOB、CFR和CIF术语成交时,采用"出口国检验、进口国复验"最为适宜。因为在采用上述三个贸易术语成交时,卖方凭单交货,买方凭单付款。卖方只要将货物在装运港装上船,提交合同规定的单据,就算完成交货义务,而此时买方尚未收到货物,没有机会检验货物。

需要强调的是,在买方有复验权时,合同中应对复验的期限与地点以及复验机构作出明确的规定。复验期限的长短,应视商品的性质、复验地点和检验条件等情况而定。至于复验费用由何方负担,也应在合同中订明。

(二) 检验机构及其检验范围

检验机构的选定,关系到交易双方的利益,故交易双方应商定检验机构,并在买卖合同中订明。在国际贸易中,从事商品检验的机构多种多样,归纳起来,有以下三种:

1. 官方检验机构

官方检验机构是由国家或地方政府投资,按照国家有关法令对出入境商品实施强制性检验、检疫和监督管理的机构。在我国,原主管质量监督和检验检疫工作的最高行政执法机构是成立于2001年4月的中华人民共和国国家质量监督检验检疫总局,简称"国家质检总局"。2018年3月17日,第十三届全国人民代表大会第一次会议表决通过了国务院机构改革方案。根据方案,将组建国家市场监督管理总局,不再保留国家工商行政管理总局、国家质量监督检验检疫总局、国家食品药品监督管理总局,其中出入境检验检疫管理职责和队伍划入海关总署。2018年4月20日起,原中国出入境检验检疫部门正式并入中国海关。这是贯彻落实2018年《深化党和国家机构改革方案》,落实国务院机构改革方案的重大进展。现在,中国出入境检验检疫统一以海关名义对外开展工作。海关总署下设商品检验司、口岸监管司、进出口食品安全局、动植物检疫司和卫生检疫司。商品检验司负责拟订进出口商品法定检验和监督管理的工作制度,承担进口商品安全风险评估、风险预警和快速反应工作,承担国家实行许可制度的进口商品验证工作,监督管理法定检验商品的数量、重量鉴定,依据多双边协议承担出口商品检验相关工作。

2. 非官方检验机构

非官方检验机构是由私人或同业公会、协会等开设的检验机构,具有专业检验、鉴定的技术能力。为了适应我国改革开放和对外贸易发展的需要,20世纪80年代初,经国务院批准,我国成立了中国进出口商品检验总公司(China National Import & Export Commodities Inspection Corporation,CCIC),简称"中国商检公司"。2003年,中国商检公司改制重组为中国检验认证集团,该集团是以"检验、检测、认证、标准、计量"为主业的综合性质量服务机构。

3. 半官方检验机构

半官方检验机构是指有一定权威的由国家政府授权代表政府行使某项商品检验或者某一方面的检验管理工作的民间机构,如美国保险商试验室(Underwriters Laboratory,UL),只有经过这一半官方检验机构检验合格,并得到UL标志的电器、供暖、防水等有关产品才能进入美国市场。

(三)商品检验证书

在国际贸易中,究竟采用哪种检验证书,应根据商品的种类、特性、政策与法律规定以及贸易习惯而定。为了明确要求,在检验条款中应规定所需证书的类别。常见的检验证书有下列几种:

(1)品质检验证书(Inspection Certificate of Quality)——运用各种检测手段,对进出口商品的质量、规格、等级进行检验后出具的书面证明。

(2)重量检验证书(Inspection Certificate of Weight)——根据不同的计重方法计算出具体的重量,以证明商品的重量。

(3)数量检验证书(Inspection Certificate of Quantity)——根据不同计量单位计算出具体的数量,以证明商品的数量。

(4)兽医检验证书(Veterinary Inspection Certificate)——证明动物产品在出口前经过兽医检验,符合检疫要求。如冻畜肉、皮张、毛类、绒类、猪鬃及肠衣等商品,经检验后出具此证书。

(5)卫生检验证书(Sanitary Certificate)——出口食用动物产品,如肠衣、罐头食品、蛋品、乳制品等商品,经检验后使用此种证明书。

(6) 消毒检验证书 (Disinfection Inspection Certificate)——证明出口动物产品经过消毒,使用此种证书的有猪鬃、马尾、羽毛、人发等商品。

(7) 产地检验证书 (Inspection Certificate of Origin)——证明出口产品的产地时使用此种证书。

(8) 价值检验证书 (Inspection Certificate of Value)——需要证明产品的价值时使用此证书。

(9) 验残检验证书 (Inspection Certificate of Damaged Cargo)——证明进口商品残损的情况,估定残损贬值程度,判断残损原因,供索赔时使用。

(10) 香薰证书 (Inspection Certificate of Fumigation)——证明出口粮谷、油籽、豆类、皮张等商品,以及包装用木材与植物性填充物等,已经经过熏蒸灭虫的证书。

(11) 温度检验证书 (Inspection Certificate of Temperature)——证明出口冷冻商品温度的证书。

上述各种检验证书,尽管类别不一,但作用是基本相同的。商品检验证书的作用主要表现在以下几个方面:

(1) 作为证明卖方所交货物的品质、重量(数量)、包装以及卫生条件等是否符合合同规定的依据,供索赔时使用。

(2) 作为买方对品质、质量、包装等条件提出异议、拒收货物,要求索赔、解决争议的凭证。

(3) 作为卖方向银行议付货款的单据之一。

(4) 作为海关验关放行的凭证。

(四)检验标准与检验方法

商品检验的标准有很多,如生产国标准、进口国标准、国际通用标准以及买卖双方协议中的标准等。商品检验,一般将合同和信用证规定的标准作为检验的依据。合同和信用证未规定或规定不明确时,进口商品首先采用生产国现行标准;没有生产国标准的,则采用国际通用标准;这两项标准都没有时,可按进口国标准检验。出口商品以买卖双方约定的标准为检验的依据;无约定或约定不明确的,按国家标准;无国家标准的则按部委标准检验;无部委标准的则按企业标准检验。目前,我国有许多产品按国际标准生产并提供出口,也以此标准作为检验商品的依据。例如,按国际标准化组织的 ISO9000 系列国际标准、国际羊毛局的 IWS(International Wool Secretaricat)标准、美国的 UL 标准和美国巴布科克·威尔科克斯公司的 BW(Babcock & Wilcox)标准等。有的产品通过国际权威性机构就各项技术指标予以评定,并确认其质量已达到国际性标准的要求。

因检验方法不同,导致结果不一致时,容易引起争议。为了避免争议,必要时应在合同中订明检验方法。

三、商品检验条款的订立

进出口合同中检验条款一般包括下列内容：有关检验权的规定，检验或复验的时间和地点，检验机构，检验证书等。

（一）出口合同中检验条款的订立

在我国出口贸易中，一般采用出口国检验、进口国复验的办法。货物装船前由中国检验认证集团检验并签发检验证书，作为卖方向银行收取货款的依据；货到目的港后，买方有权复验，并以目的港检验机构验货后出具的检验证书作为索赔依据。具体条款订法举例如下：

[例7-1] The Sellers and the Buyers agree that the Inspection Certificate of Quality and Quantity(Weight) issued by the China Certification & Inspection(Group) at the port of shipment shall be part of the documents to be presented for negotiation under the relevant L/C. The Buyers shall have the right to reinspect the quality and quantity (weight) of the cargos. The reinspection fee shall be borne by the Buyers. Should the quality and/or quantity(weight) be found not in conformity with that of the contract, the Buyers are entitled to lodge with the Sellers a claim which should be supported by survey reports issued by a recognized surveyor approved by the Sellers. The claim, if any, shall be lodged within 60 days after arrival of the cargo at the port of destination.

买卖双方同意以装运港（地）中国检验认证集团签发的品质和数量（重量）检验证书作为信用证下议付所提交的单据的一部分，买方有权对货物的品质和数量（重量）进行复验，复验费由买方负担。但若发现品质和/或数量（重量）与合同规定不符，买方有权向卖方索赔，并提供经卖方同意的公证机构出具的检验报告。索赔期限为货物到达目的港（地）后60天内。

（二）进口合同中检验条款的订立

在进口贸易中，我方在订立合同条款时应持慎重态度，尽量避免可能的经济损失，贯彻平等互利原则。具体条款订法举例如下：

[例7-2] Inspection: It is mutually agreed that the Inspection Certificate of quality and quantity (weight) issued by the Manufacturer shall be part of the documents for payment under the relevant L/C. However, the Inspection Certificate of quality and quantity(weight) shall be made in accordance with the following:

In case the quality, quantity or weight of the goods be found not in conformity with those stipulated in this Contract after reinspection by the China Certification & Inspection (Group) within 60 days after arrival of the goods at the port of destination, the Buyers shall return the goods to or lodge claims against the Sellers for compensation of losses upon the strength of Inspection Certificate issued by the said Bureau, with the exception of this claims for which the insurers or the carriers are liable. All expenses(including insurers fees and loses)arising from the return of the goods or claims should be borne by the Sellers. In such case, the Buyer may, if so requested, send a sample of the goods in question to the Sellers, provided that the sampling is feasible.

商品检验:双方同意以制造厂出具的品质和数量(重量)证书作为有关信用证项下付款的单据之一。但是货物的品质及数量(重量)检验应按如下规定办理:

货到目的港 60 天内,经中国检验认证集团复验,如发现品质或数量(重量)与本合同规定不符时,除属于保险公司或船公司责任外,卖方凭中国检验认证集团出具的检验证明书,向卖方提出退货或索赔,退货或索赔引起的所有费用(包括检验费)及损失,均由卖方负担。在此情况下,凡货物适于抽样者,买方可应卖方要求,将货物的样品寄交卖方。

第二节　违约与索赔

一、违约

违约(Breach of Contract)是指合同的一方或双方当事人没有履行或没有完全履行合同规定的义务的行为。例如,在合同订立后,卖方未按合同规定的时间、地点交付货物,或交付了不符合合同规定的货物,或者买方不按合同规定的时间支付货款等,都属于违约行为。

(一) 违约的种类

根据违约主体的不同,违约行为一般可分为以下四种:

1. 卖方违约

如不按合同规定的交货期交货,或不交货,或所交货物的品质、重量(数量)、包装等与合同(或信用证)的规定不符,或所提供的货运单据种类不齐、份数不足;等等。

2. 买方违约

如信用证支付方式下不按期开证或不开证;不按合同规定付款赎单,无理拒收货物;FOB 条件下,不按合同规定如期派船接货;等等。

3. 买卖双方均负有违约责任

如合同条款规定不明确,致使双方理解或解释不统一,造成一方违约,引起纠纷;或在履约中,双方均有违约行为。

4. 第三方违约

与贸易双方有关联的第三方违约,如承运人违约等。

(二) 不同法律对违约行为的不同解释

买卖合同是对缔约双方具有约束力的法律文件。一方违约,就应承担违约的法律责任。而受损害方有权根据合同或有关法律规定提出损害赔偿要求,这是进出口贸易中普遍遵循的原则。但是对违约行为的性质划分和据此可采取的补救办法,各国法律规定却很不一致。

1. 英国的法律规定

英国法律把违约分成违反要件(Breach of Condition)与违反担保(Breach of Warranty)两种。所谓违反要件,是指违反合同的主要条款,受损害方有权因之解除合同,并要求损害赔偿。而违反担保或违反随附条件,通常是指违反合同的次要条款,受损害方有权因之要求损害赔偿,但不能解除合同。至于合同中哪些条款属于要件,哪些条款属于担保,英国法律并未明确规定,需要根据合同所作的解释来判断。不过,一般认为与商品有关的品质、重量(数量)和交货期限等条件属于要件,与商品无直接联系的属于担保。

2. 美国的法律规定

美国法律把违约分为重大违约和轻微违约。一方当事人违约,以致另一方无法取得该交易的主要利益,则是重大违约。在此情况下,受损害方有权解除合同,并要求损害赔偿。如果一方违约并未影响对方在该交易中取得主要利益,则为轻微违约,受损害方只能要求损害赔偿,而无权解除合同。

3. 我国的法律规定

《中华人民共和国民法典》规定:当事人一方不履行合同义务或者履行合同义务不符合约定的,应当承担继续履行、采取补救措施或者赔偿损失等违约责任。对违约责任没有约定或者约定不明确,依据本法第五百一十条的规定仍不能确定的,受损害方根据标的的性质以及损失的大小,可以合理选择请求对方承担修理、重作、更换、退货、减少价款或者报酬等违约责任。

4.《联合国国际货物销售合同公约》的规定

《联合国国际货物销售合同公约》(以下简称《公约》)把违约分为根本性违约和非根本性违约两类。所谓根本性违约,是指一方当事人违反合同的结果,使另一方当事人遭受损害,以至于实际上剥夺了其根据合同规定有权期待得到的东西。例如卖方完全不交货,买方无理拒收货物、拒付货款,其结果使受损害方不能得到"期待得到的东西",此时,受损害方就可以宣告合同无效,同时有权向违约方提出损害赔偿的要求。如果违约的情况尚未达到根本性违约的程度,则受损害方只能要求损害赔偿而不能宣告合同无效。

各国法律及国际公约对违约的解释及违约的处理办法有不同规定,并且在对违约的解决上具有不确定性和任意性。因此,了解与熟悉这方面的知识是很有必要的。

(三) 违约救济的一般方法

除属于不可抗力因素造成违约外,违约方都要承担违约责任。守约方为了维护自身的合法权益,往往要援引有关法律规定来解释合同,主张权利,即采用法律救济方法,以追究违约方的法律责任。

救济方法(Remedies)是指合同当事人的合法权利被他人侵害时,法律给予受损害方的补偿方法。纵观各国法律规定,基本救济方法可概括为以下三种:

1. 实际履行

实际履行有两重含义：一重含义是指一方当事人未履行合同义务，另一方当事人有权要求他按合同规定完整地履行合同义务，而不能用其他的补偿手段，如金钱来代替；另一重含义是指一方当事人未履行合同义务，另一方当事人有权向法院提起实际履行之诉，由法院强制违约当事人按照合同规定履行其义务。

2. 损害赔偿

损害赔偿是指违约方用金钱或实物来补偿另一方由于其违约遭受到的损失。各国法律都认为损害赔偿是一种重要的救济方法。在国际贸易中，损害赔偿是使用最广泛的救济方法。

3. 解除合同

解除合同是指合同当事人免除或终止履行合同义务的行为。

由于各国法律体系不同，对违约救济方法的规定差异较大。尤其是英美法条与大陆法条之间的差异更大。为了调和两大法系之间的矛盾，《公约》从法律原则上，对违约救济方法作了比较具体的规定，这对我们订立、履行合同和处理履约争议，具有重要的法律和实践指导意义。

按照法律的一般规则，受损害方当事人在采取其他违约补救措施时，都不影响该方当事人向违约方提出损害赔偿的权利。但是，各国法律对损害赔偿的规定往往涉及违约一方赔偿责任的成立、赔偿范围和赔偿办法等问题，而且差异很大。因此，为维护我方的权益，根据有关法律和国际惯例，订好国际货物买卖合同中的索赔条款，是十分重要的。

（四）违约救济的具体方法

在实际业务中卖方发生违约的情况较多，现以卖方违约为例做些说明。卖方违约主要有以下几种情况：不交货、延迟交货、所交货与合同规定不符。根据《公约》的规定，当卖方违约时，买方有权根据违约的具体情况采取相应的救济方法。

1. 卖方不交货时的救济方法

卖方不交货属于根本性违约，包括交货时间不符合规定和交货品质不符合规定。买方可以采取实际履行、损害赔偿和解除合同等救济方法。

交货时间不符合规定包括延迟交货和提前交货。①对于延迟交货，《公约》第四十七条规定，买方可以给予卖方一段合理时限的额外时间，让卖方履行其义务。但这只是针对一般情况而言，并不是绝对的。如果卖方不按合同规定的时间交货本身已经构成根本性违约，则买方可以不给卖方额外时间，就立即解除合同。②对于提前交货，《公约》第五十二条规定，如果卖方在合同规定的日期前交货，买方可以收取货物，也可以拒收货物。

交货品质不符合规定时买方可采取的救济方法：①要求卖方交付替代物，《公约》第四十六条第（2）款规定，如果货物不符合合同，并已构成根本性违约，买方可以要求卖方交付替代物，同时把不符合合同规定的货物退给卖方。交付替代物的要求必须在发出收到货物与合同不符通知后的一段合理时间内提出。②要求对不符合合同规定的货物进行修理，《公约》第四十六条第(3)款规定，如果货物不符合合同，买方可以要求卖方对不符合合同之处做出补救，除非卖方考虑了所有情况之后，认为这样做是不合理的。修理要求必须在发出收到货物与合同不符通知后的一段合理时间内提出。③要求降低价格，《公约》第五十条规定，如果货物不符合合同规定，不论价款是否已付，买方都可以减低价格，减价按实际交付的货物在交货时的价值与符合合同货物在当时的价值两者之间的比例计算。但是，如果卖方按照《公约》第三十七条或第四十八条的规定对任何不履行义务做出补救，或者买方拒绝接受卖方按照该两条规定履行义务，则买方不得减低价格。

2. 交货数量不符合规定时的救济方法

交货数量不符合规定，包括少交货物和多交货物。对于少交货物，《公约》第五十一条规定，当卖方只交付一部分货物时，买方可以采取第四十六条至第五十条所规定的救济方法。但是，买方一般不能宣告整个合同无效或拒收全部货物，只有在不按合同规定交货已构成根本违反合同时，才可以解除合同。具体来说，救济方法有补交货物、要求损害赔偿、保全货物、退货等。对于多交货物，《公约》第五十二条第(2)款规定，如果卖方交付的货物数量大于合同规定的数量，买方可以收取也可以拒绝收取多交的部分货物。如果买方收取多交货物的部分或全部，则必须按合同价格付款。

二、索赔条款

索赔(Claim)是指合同双方在争议发生后，受损害方因另一方当事人违约致使其遭受损失而向违约方要求损害赔偿的行为。而违约的一方对索赔进行处理，即为理赔(Claim Settlement)。索赔和理赔是一个问题的两个方面，国际货物买卖中通常采用的索赔条款主要有"异议与索赔条款"和"罚金条款"两种。

(一) 异议与索赔条款

国际货物买卖合同中异议与索赔条款(Discrepancy and Claim Clause)的内容一般包括：

1. 索赔依据

索赔依据包括法律依据和事实依据两个方面。前者是指买卖合同所适用的法律规定；后者则指违约的事实、情节及其书面证明。如果索赔时证据不全、证据不足或出证机构不符合要求等，都可能遭到对方拒赔。

2. 索赔期限

索赔期限是指受损害方有权向违约方提出索赔的有效期限。按照法律和国际惯例，受损害方只能在索赔期限内索赔，否则即丧失索赔权。索赔期限有约定的与法定的之分。约定的索赔期限是指买卖双方在合同中明确规定的索赔期限；法定的索赔期限则是指根据有关法律，受损害方有权向违约方要求损害赔偿的期限。

约定的索赔期限的长短,须视买卖货物的性质、运输、检验的繁简等情况而定。约定的索赔期限有几种规定方法:

(1) 货到目的港×天算起;

(2) 货到目的港卸离海轮后×天算起;

(3) 货到买主营业地或用户所在地×天算起;

(4) 货物经检验后×天算起。

法定的索赔期限则较长,例如《公约》规定,自买方实际收到货物之日起两年之内索赔有效。我国法律也规定,没有质量保证期的,索赔期限为买方收到标的物之日起两年内。

法定索赔期限只有在合同未约定索赔期限时才起作用。法律上,约定的索赔期限的效力可以超过法定的索赔期限的效力,因此在同客户签订买卖合同时,要针对具体的交易情况、商品的特点,规定合理、适当的索赔期限。

3. 索赔金额

如果买卖合同中约定了损害赔偿的金额,通常应按约定的金额提出索赔。如果合同未作具体规定,根据有关的法律和国际贸易实践,确定损害赔偿金额的原则为:

(1) 赔偿金额应与因违约而遭受的包括利润在内的损失额相等;

(2) 赔偿金额应以违约方在签订合同时可预料到的合理损失为限;

(3) 受损害方未采取合理措施导致可能减轻而未减轻的损失,应在赔偿金额中扣除。

[例 7-3] Any claim by the Buyer regarding the goods shipped should be filed within 30 days after the arrival of the goods at the port/place of destination specified in the relative Bill of Lading and/or transport documents and supported by a survey report issued by a surveyor approved by the Seller. Claims in respect of matters within responsibility of insurance company, shipping company or other transportation organization will not be considered or entertained by the Seller.

买方对于装运货物的任何索赔,必须于货物到达提单和/或运输单据所订目的港(地)之日起 30 天内提出,并需提供卖方认可的公证机构出具的检验报告。属于保险公司、船公司或其他有关运输机构责任范围内的索赔,卖方不予受理。

(二) 罚金条款

罚金条款(Penalty Clause)指一方未履行或未完全履行合同应向对方支付一定数额的约定金额,以补偿对方的损失。罚金亦称"违约金"。

该条款适用于卖方延期交货或买方延迟开立信用证、延期付款、延期接货等情况。通常预先在合同中规定罚金的百分率,一般用于连续分批交货的大宗商品交易合同。关于罚金条款,各国法律规定不尽相同。德国、法国等国家的法律承认罚金条款并予以保护,即认为如一方不履行或不适当履行合同另一方可要求其支付一定金额作为处罚。而英国、美国、澳大利亚、新西兰等国家的法律则不承认罚金条款,他们认为对于违约行为只能要求损害赔偿而不能"惩罚"。

另外,支付罚金后并不等于合同解除,当事人一方面违约支付罚金后,除非合同另有约定,否则仍须继续履行合同中规定的其他义务。

卖方延期交货的罚金条款举例如下:

[例7-4] If the Sellers could not deliver on time, the Buyers should agree to postpone delivery on the condition that the Sellers agree to pay a penalty which shall be deducted by the paying bank from the payment under negotiation. But the Sellers shall pay to the Buyers a penalty not exceeding 10% of the total value of the goods involved in the late delivery. The penalty is charged at 1% of the value of the goods whose delivery has been delayed for every 10 days, odd days less than 10 days should be counted as 10 day. In case the Sellers fail to make delivery 10 weeks later than the time of shipment stipulated in the contract, the Buyers shall have the right to cancel the contract and the Sellers still pay the aforesaid penalty to the Buyers.

若卖方不能如期交货,在卖方同意由付款行从议付货款中扣除罚金的条件下,买方可同意延期交货。但卖方必须向买方支付不超过延期交货部分金额的10%的罚金。每延期10天收取延期交货部分金额1%的罚金,不足10天按10天计算。如卖方未按合同规定的装运期交货,延期10周后,买方有权撤销合同,并要求卖方支付上述延期交货罚金。

买方延期开立信用证的罚金条款如下:

[例7-5] Should the Buyer for its own sake fail to open the Letter of Credit on time stipulated in the contract, the Buyer shall pay a penalty to the Seller. The penalty shall be charged at the rate of 1% of the amount of the Letter of Credit for every 7 days of delay in opening the Letter of Credit, however, the penalty shall not exceed 5% of the total value of the Letter of Credit which the Buyer should have opened. Any fractional days less than 7 days shall be deemed to be 7 days for the calculation of penalty. The penalty shall be the sole compensation for the damage caused by such delay.

若买方因自身原因不能按合同规定的时间开立信用证,应向卖方支付罚金。开立信用证每延迟7天按信用证金额的1%收取罚金,但罚金不超过买方应开信用证金额的5%。不足7天的按7天计算,罚金仅作为因迟开信用证引起的损失赔偿。

除上述两种索赔条款外,在采用信用证方式结算货款的合同中,针对国外买方不开立或不按时开立信用证,在出口FOB、FCA合同中,针对买方不派船或不按时派船、不按时指定承运人,还可以规定卖方有权解除合同或延期交货,并要求给予损害赔偿。

第三节 不可抗力

一、不可抗力的认定

根据《公约》的解释,不可抗力是指非当事人所能控制,亦无理由预期其在订立合同时能考虑到或能避免、克服。在合同签订以后,不是由于订约当事人的故意或过失,而是由于发生了当事人无法预见、无法控制、无法避免和不能克服的障碍,以至不能履行合同或不能如期履行合同,这样的事件称为不可抗力事件(Force Majeure)。

不可抗力有四个要件:第一,意外事故发生在合同签订以后;第二,不是由订约当事人的过失或疏忽造成的;第三,意外事故及其后果是无法预见、无法预防、无法控制和无法克服的;第四,发生不可抗力事件的一方有义务及时将"不可抗力"及其后果通知对方,取得必要的证明文件。在我国一般由中国国际贸易促进委员会出具证明文件。

二、不可抗力的法律后果和处理

《公约》第七十九条第(1)款规定:"当事人不履行义务,不负责任,如果他能证明此种不履行义务,是由于某种非他所能控制的障碍,而且对于这种障碍没有理由他在订立合同时能考虑到或能避免或克服它或它的后果。"这就是说,如果当事人一方发生了他所不能控制的障碍(自然灾害或意外事故),而这种障碍在订立合同时又是无法预见、避免或克服的,便可免除其履行合同之责。

不可抗力的发生,仅免除损害赔偿的责任。按《公约》的规定,除非合同当事人双方约定解除合同,合同关系仍然存在,一旦障碍消失,须继续履行合同。也就是,不可抗力致使合同的履行成为不可能,则可解除合同;如果不可抗力只是部分或暂时性地阻碍了合同的履行,则可以变更合同,如替代履行、减少履行或迟延履行,不得任意解除合同,除非双方当事人同意。

值得注意的是,在信用证业务中,由于信用证和买卖合同是各自独立的两份契约,因此买卖双方不能援用买卖合同的不可抗力规定向信用证的当事人银行要求免责,因为银行不受买卖合同的约束。UCP600为银行规定了不可抗力免责:银行对于天灾、暴动、骚乱、叛乱、战争或银行本身无法控制的任何其他原因,或对于任何罢工或封锁而中断营业所引起的一切后果,概不负责。除非经特别授权,银行在恢复营业后,对于在营业中断期间已逾期的信用证,将不再据以进行付款、承担延期付款责任、承兑汇票或议付。

三、不可抗力条款的规定方法

国际货物买卖合同中的不可抗力条款主要包括:不可抗力事件的范围,对不可抗力事件的处理原则和方法,不可抗力事件发生后通知对方的期限和方法,以及出具证明文件的机构等。我国进出口合同中的不可抗力条款主要有以下三种规定方法:

(一) 概括式

[例 7-6] If the shipment of the contracted goods was prevented or delayed in whole or in part due to Force Majeure, the Seller should not be liable for non-shipment or late shipment of the goods of this contract. However, the Seller shall notify the Buyer by cable or telex and furnish the letter within 10 days by registered airmail with a certificate issued by the China Council for the Promotion of International Trade attesting such event or events.

由不可抗力事件造成的卖方不能全部或部分装运,或延迟装运合同货物,卖方对于这种不能装运或延迟装运本合同货物不负有责任。但卖方须用电报或电传通知买方,并须在10天内,以航空挂号信件向买方提交由中国国际经济贸易促进委员会出具的证明此类事件的证明书。

此种方法由于对不可抗力事件的范围规定太笼统,难以作为解决问题的依据,因此使用较少。

(二) 列举式

[例 7-7] If the shipment of the contracted goods was prevented or delayed in whole or in part by reason of war, earthquake, flood, storm, heavy snow, the Seller should not be liable for non-shipment or late shipment of the goods of this contract. However, the Seller shall notify the Buyer by cable or telex and furnish the letter within 10 days by registered airmail with a certificate issued by the China Council for the Promotion of International Trade attesting such event or events.

由于战争、地震、水灾、暴风雨、雪灾等原因,卖方不能全部或部分装运或延迟装运合同货物,卖方对于这种不能装运或延迟装运本合同货物不负有责任。但卖方须用电报或电传通知买方,并须在10天以内,以航空挂号信件向买方提交由中国国际经济贸易促进委员会出具的证明此类事件的证明书。

此种方法的缺点在于对不可抗力事件的范围规定得太过狭窄,如所发生的事故超过此范围,就没有更多的回旋余地。

(三) 综合式

[例 7-8] If the shipment of the contracted goods was prevented or delayed in whole or in part by reason of war, earthquake or other causes of Force Majeure, the Seller should not be liable. However, the Seller shall notify the Buyer immediately and furnish the letter within 10 days by registered airmail with a certificate issued by the China Council for the Promotion of International Trade attesting such event or events.

由于战争、地震或其他不可抗力的原因,卖方对本合同项下的货物不能装运或延迟装运,卖方对此不负任何责任。但卖方应立即通知买方并于 10 天内以航空挂号信件向买方提交由中国国际经济贸易促进委员会出具的证明发生此类事件的证明书。

这种方法既明确具体,又有一定的灵活性,是一种较好的规定方法,我国实际业务中多采用此法。

第四节 仲裁

一、争议的处理方式

在国际贸易中,情况复杂多变,买卖双方签订合同后,由于种种原因,合同没有履行,从而引起交易双方间的争议。解决争议的途径有下列几种:

(一) 协商

争议双方通过友好协商达成和解。这是解决争议的好办法,但这种办法有一定的局限性。

(二) 调解

在争议双方自愿的基础上,由第三者出面从中调解。实践表明,这也是解决争议的一种好办法。我国仲裁机构采取调解与仲裁相结合的办法,收到了良好的效果。具体做法是:结合仲裁的优势和调解的长处,在仲裁程序开始之前或之后,仲裁庭可以在当事人自愿的基础上,对受理的争议进行调解解决;若调解失败,仲裁庭仍按照仲裁规则的规定继续进行仲裁。

(三) 诉讼

诉讼是争议双方将争议提交给法院进行判决。诉讼具有下列特点:

(1) 诉讼具有强制性,只要一方当事人向有管辖权的法院起诉,另一方就必须应诉,争议双方都无权选择法官。

(2) 诉讼程序复杂,处理问题比仲裁慢。

(3) 通过诉讼处理争议,双方当事人关系紧张,有伤和气,不利于今后贸易关系的继续发展。

(4) 诉讼费用较高。

(四) 仲裁

国际贸易中的争议,如友好协商、调解都未成功而又不愿意诉诸法院解决,则可采用仲裁的办法。仲裁的优势在于程序简便、结案较快、费用开支较少,能独立、公正和迅速地解决争议,给予当事人以充分的自治权。它还具有灵活性、保密性、终局性和裁决易于得到执行等优点,从而为越来越多的当事人所采用。

协商、调解方式都有一定的限度,诉讼方式有一定的缺陷,所以仲裁就成为解决国际贸易争议中被广泛采用的一种行之有效的重要方式。

中国一向提倡并鼓励以仲裁的方式解决国际商事争议。早在1956年,中国的涉外商事仲裁机构——中国国际经济贸易委员会便已宣告成立。六十多年来,该委员会在审理案件中,坚持根据事实、依照法律和合同规定,参照国际惯例,公平合理地处理争议和作出裁决,其裁决的公正性得到国内外的一致认可,中国已成为当今世界上主要的国际商事仲裁中心之一。在中国进出口贸易合同中一般都订有仲裁条款,以便在发生争议时,通过仲裁方式解决争议。

二、仲裁的含义和作用

(一)仲裁的含义

仲裁(Arbitration)是指买卖双方达成协议,自愿将有关争议交给双方同意的仲裁机构进行裁决的方式。仲裁裁决是终局性的,对双方都有约束力,双方必须执行。

仲裁协议有两种形式:一种是在争议发生之前订立的,它通常作为合同中的一项仲裁条款(Arbitration Clause)出现;另一种是在争议发生之后订立的,它是把已经发生的争议提交仲裁的协议。这两种形式的仲裁协议的法律效力是相同的。

(二)仲裁协议的作用

(1) 约束双方当事人只能以仲裁方式解决争议,不得向法院起诉。

(2) 排除法院对有关案件的管辖权,如果一方违背仲裁协议,自行向法院起诉,另一方可根据仲裁协议要求法院不予受理,并将争议案件退交仲裁庭裁断。

(3) 仲裁机构取得对争议案件的管辖权。

上述三项作用的中心是第二条,即排除法院对争议案件的管辖权。因此,双方当事人不愿将争议提交法院审理时,就应在争议发生前在合同中规定仲裁条款,以免将来发生争议后,由于未达成仲裁协议而不得不诉诸法院。

根据中国法律,有效的仲裁协议必须载有请求仲裁的意思表示、选定的仲裁委员会和约定仲裁事项(该仲裁事项依法应具有可仲裁性);必须是书面的;当事人具有签订仲裁协议的行为能力;形式和内容合法。否则,依中国法律,仲裁协议无效。

三、仲裁条款的内容

仲裁条款的规定,应当明确合理,不能过于简单,其具体内容一般应包括仲裁地点、仲裁机构、仲裁规则、仲裁裁决的效力、仲裁费用的负担等。

(一)仲裁地点

在何处仲裁,往往是交易双方磋商仲裁条款时都极为关心的一个十分重要的问题。这是因为仲裁地点与仲裁所适用的程序法以及合同所适用的实体法关系甚为密切。按照有关国家法律的解释,凡属程序方面的问题,除非仲裁协议另有规定,一般都适用审判地法律,即在哪个国家仲裁,往往就适用哪个国家的仲裁法规。至于确定合同双方当事人权利、义务的实体法,如合同中未规定,一般由仲裁庭根据仲裁地点所在国的法律冲突规则予以确定。由此可见,仲裁地点不同,适用的法律可能不同,对买卖双方的权利、义务的解释就会有差别,仲裁结果也会不同。因此,交易双方对仲裁地点的确定都很关注,都力争在自己比较了解和信任的地方,尤其是力争在本国仲裁。

在我国进出口合同中,关于仲裁地点有下列三种规定办法:

(1) 规定在中国仲裁;

(2) 规定在合同对方国家仲裁;

(3) 规定在双方同意的第三国仲裁。

选用第三种办法时,应选择允许受理双方当事人都不是本国公民的争议案的仲裁机构,而且该机构应具备一定的业务能力,且客观公正。

(二) 仲裁机构

国际贸易中的仲裁,可由双方当事人约定在常设的仲裁机构进行,也可以由双方当事人共同指定仲裁员组成临时仲裁庭后进行。

目前,世界上有许多国家和一些国际组织都设有专门处理商事纠纷的常设仲裁机构。我国常设仲裁机构主要是中国国际经济贸易仲裁委员会和中国海事仲裁委员会。根据业务发展的需要,中国国际经济贸易仲裁委员会又分别在深圳、上海、天津、重庆、杭州、武汉、福州、西安、南京、成都、济南、海口、雄安设有华南分会、上海分会、天津分会、西南分会、浙江分会、湖北分会、福建分会、丝绸之路仲裁中心、江苏仲裁中心、四川分会、山东分会、海南仲裁中心和雄安分会,在中国香港特别行政区设立香港仲裁中心,在加拿大温哥华设立北美仲裁中心,在奥地利维也纳设立欧洲仲裁中心。北京总会及其在深圳、上海的分会是一个统一的整体,总会和分会使用相同的仲裁规则和仲裁员名册,在整体上享有一个仲裁管辖权。此外,在中国一些省市还相继设立了一些地区性的仲裁机构。

中国各外贸公司在订立进出口合同中的仲裁条款时,如双方同意在中国仲裁,一般都订明由中国国际经济贸易仲裁委员会仲裁。

我们在外贸业务中经常遇到的外国常设仲裁机构有英国伦敦国际仲裁院、瑞典斯德哥尔摩商会仲裁院、瑞士苏黎世商会仲裁院、日本国际商事仲裁协会、美国仲裁协会、意大利仲裁协会等。俄罗斯和东欧各国商会均设有对外贸易仲裁委员会。国际组织的仲裁机构有总部设在巴黎的国际商会仲裁院。有许多仲裁机构与我国有业务上的联系,并在仲裁业务中进行合作。

鉴于国际上仲裁机构很多,甚至一个国家就有若干个仲裁机构,因此当事人双方选用哪个国家的仲裁机构审理争议案件,应在合同仲裁条款中具体说明。

临时仲裁庭是专为审理指定的争议案件而由双方当事人指定的仲裁员组织起来的,案件处理完毕后即自动解散。因此,在采取临时仲裁庭解决争议时,双方当事人需要在仲裁条款中就双方指定仲裁员的办法、人数、组成仲裁庭的成员、是否需要首席仲裁员等问题作出明确规定。

(三) 仲裁规则

各国仲裁机构都有自己的仲裁规则,但值得注意的是,所采用的仲裁规则与仲裁地点并非绝对一致。按照国际仲裁的一般做法,原则上采用仲裁所在地的仲裁规则,但在法律上也允许根据双方当事人的约定,采用仲裁地点以外的其他国家仲裁机构的仲裁规则进行仲裁。在中国仲裁,双方当事人通常约定适用中国国际经济贸易仲裁委员会的仲裁规则。但是,如果当事人约定适用其他仲裁规则,并征得仲裁委员会同意的,原则上也可适用其他仲裁规则。

(四) 仲裁裁决的效力

仲裁裁决的效力主要是指由仲裁庭作出的裁决,对双方当事人是否具有约束力,是否为终局性的,双方当事人是否有权向法院起诉要求变更裁决。

在中国,凡由中国国际经济贸易仲裁委员会作出的裁决一般是终局性的,对双方当事人都有约束力,必须依照执行,任何一方都不允许向法院起诉要求变更。

在其他国家,一般也不允许当事人对仲裁裁决不服而向法院提起诉讼。即使向法院提起诉讼,法院一般也只是审查程序,不审查实体,即审查仲裁裁决在法律手续上是否完备,而不审查裁决本身是否正确,如果法院查出裁决在程序上有问题,有权宣布裁决为无效。由于仲裁的采用是以双方当事人的自愿为基础,因此对于仲裁裁决理应承认和执行。目前,从国际仲裁的实践看,当事人不服裁决诉诸法院的只是一种例外,而且仅限于程序方面的问题,至于裁决本身,是不得上诉的。若败诉方不执行裁决,胜诉方有权向有关法院提起诉讼,请求法院强制执行。

为了强调和明确仲裁裁决的效力,以利于裁决的执行,在订立仲裁条款时通常都规定仲裁裁决是终局性的,对双方当事人都有约束力。

(五) 仲裁费用的负担

仲裁条款中通常会明确规定仲裁费用由谁负担。一般规定由败诉方承担,也有的规定由仲裁庭酌情决定。

[例 7-9] All disputes arising from the execution or in connection with this contract, shall be settled amicably through negotiation in case no settlement can be reached between the two parties, the case under disputes shall be submitted to China International Economic and Trade Arbitration Commission, for arbitration in accordance with its Rules of Arbitration. The arbitral award is final and binding upon both parties. The arbitration fee shall be borne by the losing party unless otherwise awarded by the arbitration court.

凡因执行本合同而发生的或与本合同有关的一切争议,双方应通过友好协商解决;如果协商不能解决,应提交中国国际经济贸易仲裁委员会,根据该会的仲裁规则进行仲裁。仲裁裁决是终局性的,对双方都有约束力。仲裁费用除仲裁庭另有规定外,均由败诉方负担。

四、仲裁裁决的执行

仲裁裁决一经作出,就具有法律效力,对双方当事人都有约束力,当事人应当自动履行裁决。裁决书写明期限的,应在规定的期限内自动执行,如未写明期限,应当立即执行。我国涉外仲裁机构作出的仲裁裁决,其执行分为国内执行和国外执行两种。

(一) 在中国境内申请执行

中国涉外仲裁机构作出的发生法律效力的仲裁裁决,如果败诉方当事人是中国公司或外国公司在中国境内有财产的,在其不能自动执行裁决时,胜诉方当事人可以向败诉方当事人住所地或财产所在地的同级人民法院申请强制执行。

胜诉方当事人向人民法院申请执行我国涉外仲裁机构的裁决时,必须提交书面执行申请书,并附裁决书正本和仲裁协议书或含有仲裁条款的合同正本。

(二) 在中国境外申请执行

中国涉外仲裁机构作出的发生法律效力的仲裁裁决,如果败诉方当事人是外国公司,且不主动执行,胜诉方当事人就需要到境外申请强制执行。为解决执行国外仲裁裁决上的困难,国际上订立了多边国际公约。1958年6月10日联合国在纽约召开了国际商事仲裁会议,签订了《承认与执行外国仲裁裁决公约》(Convention on the Recognition and Enforcement of Foreign Arbitral Awards),简称《1958年纽约公约》。中国于1987年正式加入《1958年纽约公约》。我国涉外仲裁机构的仲裁裁决可以在世界上加入该公约的国家和地区得到承认和执行。中国一方当事人可按公约的规定,向对方有管辖权的法院提交仲裁条款或仲裁协议和经过认证机构认证的合同副本、仲裁裁决书正本。这些文件要翻译成执行国文字,有些国家还规定翻译本经其领事馆或公证机构认证后才有效。

如果被申请执行人所属国家不是《1958年纽约公约》成员国,则根据双边条约或协定中有关仲裁裁决执行的规定予以办理。

仲裁裁决要在非《1958年纽约公约》成员国国内申请执行,或在无司法协助关系的国家申请执行,根据《中华人民共和国民事诉讼法》的规定,应通过外交途径,向对方国家法院申请承认和执行。

外国仲裁机构的裁决,需要我国法院承认和执行的,一方当事人可直接向被执行人居住地的中级人民法院申请。我国法院依照我国缔结或参加的国际条约,或者按照互惠的原则办理。

第五节　技能实训

实训模块一　订立合同的仲裁条款

【目的要求】

根据买卖双方的约定,确定仲裁地点、仲裁机构、仲裁规则、裁决的效力、仲裁费用的负担撰写仲裁条款。

【背景材料】

我国某出口公司向外商出口一批货物,合同中明确规定,履约过程中一旦发生争议,如友好协商不能解决,即将争议提交对方国家的仲裁机构进行仲裁。规定仲裁裁决是终局性的,仲裁费用由败诉方负担。

【操作指南】

仲裁因其程序比较简单,时间短,费用较低廉,且裁决一般是终局性的,所以合同双方一般均愿意采用这种方式解决争议。

要以仲裁方式解决争议,就要签订仲裁协议。仲裁协议的形式一般表现为合同中的仲裁条款。仲裁条款的内容一般包括仲裁地点、仲裁机构、仲裁规则、裁决的效力及仲裁费用的负担等。其中仲裁地点的选择是一个关键问题,这是因为仲裁地点与仲裁所采用的仲裁规则及相关法律的关系非常密切。根据国际惯例及我国法律规定,仲裁费用应由败诉方负担。

该仲裁条款可这样拟订:

All disputes arising from the execution or in connection with this contract, shall be settled amicably through negotiation. In case no settlement can be reached through negotiation, the case shall be submitted for arbitration. The location of arbitration shall be in ×. In × the arbitration shall be conducted by × in accordance with its Rules of Arbitration. The arbitral award is final and binding upon both parties. The arbitration fee shall be borne by the losing party unless otherwise awarded by the arbitration court.

凡因执行本合同而发生的或与本合同有关的一切争议,双方应通过友好协商解决。如果协商不能解决,应提交仲裁。仲裁在合同对方所在的×国家进行。在×(合同对方所在国名称)由×(合同对方所在国仲裁机构名称)根据该会的仲裁规则进行仲裁。仲裁裁决是终局性的,对双方都有约束力。仲裁费用除仲裁庭另有规定外,均由败诉方负担。

实训模块二　案例分析

【案例】

我方某企业从日本进口10台仪器,每台100万日元。由于市场价格上涨到每台120万日元,卖方只交付了 6 台,其余 4 台不愿交货。

买方如何维护自己的权利?

【分析】

在履行国际货物买卖合同过程中,由于某种原因,卖方会有意或无意不按时、按质、按量交付合同规定的货物,导致违约。针对卖方的这些违约情况,买方为了维护自身的合法权益,可援引有关法律规定来解释合同,主张权利,以追究卖方的法律责任,这就是违约救济。《公约》规定,买方可采取的救济方法有:(1) 卖方交付替代货物;(2) 卖方对不符合同的货物进行修补;(3) 减低货价;(4) 解除合同;(5) 请求损害赔偿。

根据上述材料,卖方的违约属于交货数量与合同规定不符。对于此种违约,前三种救济方法显然不适合。又由于上述材料中卖方违约没有"以至于实际上剥夺了他(买方)根据合同规定有权期待得到的东西",因此完全解除合同也是不妥的,而只能"规定一段合理的额外时间让卖方对不符之处进行补救"。

综上所述,我方企业可采取下列措施:

(1) 敦促卖方尽快交付其余 4 台仪器。交付其余 4 台仪器是卖方必须履行的合同义务,如果卖方拒绝,则我方可依法宣告合同无效,同时要求损害赔偿。

(2) 请求损害赔偿。如果合同订立了违约金条款,可要求卖方支付我方违约金。如果合同未订立违约金条款,可要求对方赔偿我方因卖方违约而遭受的经济损失。

◇ **本章回顾**

为避免合同条款不清导致的纠纷,便于合理和有效地处理合同履行中出现的争议,有必要明确商品检验条款,约定违约及不可抗力导致合同履行遭遇障碍的处理方法,在订立合同时最大限度规避纠纷,保障自身权益。

商品的检验条款是买卖合同中必不可少的条款之一,是卖方据以交货、买方据以收货的标准。外贸合同中的检验条款主要包括检验的时间与地点、检验机构、检验证书、检验标准与方法。

当一方当事人未能按合同规定履行合同,另一方当事人可以根据情况提出损害赔偿,并要求解除合同。如果是由不可抗力导致合同无法履行或暂时无法履行,另一方当事人不得对此提出损害赔偿。履约中出现争议时,比较常用的一种处理方法是提交仲裁。外贸合同中的仲裁条款主要包括仲裁地点、仲裁机构、仲裁裁决效力和仲裁费用的负担。

◇ **赛点指导**

根据全国高校商业精英挑战赛国际贸易竞赛评分细则,商贸配对贸易谈判环节涉及本章的争议的处理方法。参赛成员需要熟悉商品检验、不可抗力和仲裁等条款的主要内容,理解不可抗力的法律后果、处理方法,理解仲裁的特点,不能出现既约定仲裁,又提出双方对仲裁不服可提交诉讼这种专业错误。参赛成员要熟悉商品数量短少、包装破损、质量缺陷、运输延误等常见违约问题的处理方法,做到思路清晰,措施合理。如发生争议时,首先应调查清楚责任归属,明确是承运人、保险公司还是我方的责任,如果属于我方责任,应采取何种救济方法。参赛成员要熟悉相关条款的英文表达,根据模拟洽谈的具体情况灵活运用。

◆ **课堂思政**

通过本章内容的学习,结合外贸合同争议及解决案例,熟悉外贸违约常见情形,能够妥善订立商品检验条款;强化外贸业务风险预防意识,培养德法兼修、平等互利、诚信经营的职业道德。合同签订过程中,要严谨细致,考虑周全,避免合同条款表述不清导致双方理解不一致而产生纠纷。合同履行过程中,要坚守信用,杜绝违约,如由不可抗力等因素导致合同无法履行,要及时告知对方,取得不可抗力证明,和对方协商解决。发生纠纷时,要本着平等互利、友好协商的原则,进行充分沟通,及时妥善处理。如果协商不一致,可请第三方协调或提交仲裁。

◆ **练习题**

一、单选题

1. 商检部门对进出口商品的质量、规格、等级进行检验后出具的是 ( )
   A. 品质检验证书　　　　　　　　B. 重量检验证书
   C. 数量检验证书　　　　　　　　D. 卫生检验证书

2. 我方企业以 CIF 价格条件与外商达成一笔出口合同,当我方企业按规定制好全套单据提交买方时,获悉货物在海运途中全部灭失,在这种情况下 ( )
   A. 外商因货未到岸,可以不付款
   B. 应由我方企业向保险公司索赔
   C. 外商仍应向我方企业付款赎单,并向保险公司索赔
   D. 外商可以因我方企业违约,向我方企业索赔

3. 山东渤海公司与日本东洋株式会社在世界博览会上签订了一份由日方向中方提供 BX2-Q 船用设备的买卖合同,采用的贸易术语是 DPU。运输途中由于不可抗力导致船舶起火,虽经及时抢救,仍有部分设备烧坏,则_____应来承担烧坏设备的损失。 ( )
   A. 东洋株式会社　　　　　　　　B. 山东渤海公司
   C. 船公司　　　　　　　　　　　D. 保险公司

4. 进口合同中的索赔条款有两种规定方法,一般商品买卖合同中常用的是 ( )
   A. 异议与索赔条款　　　　　　　B. 违约金条款
   C. 罚金条款　　　　　　　　　　D. 定金法则

5. 不可抗力事件的证明文件在我国由_____出具。 ( )
   A. 商务部　　　　　　　　　　　B. 出口企业
   C. 海关　　　　　　　　　　　　D. 中国国际贸易促进委员会

6. 下列中不属于违约的救济方法的是 ( )
   A. 解除合同　　　　　　　　　　B. 延迟履行
   C. 实际履行　　　　　　　　　　D. 损害赔偿

二、多项选择题

1. 合同的商品检验条款一般规定买方在接受货物之前享有对所购买货物进行检验的权利。但在一定条件下,买方丧失对货物的检验权。这些条件是 （ ）
   A. 买卖双方另有约定　　　　　B. 买方没有利用合理的机会检验货物
   C. 合同规定以卖方的检验为准　D. 卖方已经检验了货物

2. 仲裁的特点是 （ ）
   A. 以当事人自愿为基础
   B. 任何仲裁机构不受理没有仲裁协议的案件
   C. 排除法院对争议案件的管辖权
   D. 仲裁裁决是终局性的,对双方均有约束力

3. 在国际贸易中,解决争议的方法主要有 （ ）
   A. 友好协商　　B. 调解　　C. 仲裁　　D. 诉讼

4. 不可抗力条款对事故范围的规定方法有 （ ）
   A. 概括式规定　　　　　B. 列举式规定
   C. 比较式规定　　　　　D. 综合式规定

三、判断题

1. 我国某粮油食品进出口公司与美国田纳西州某公司签进口美国小麦合同,数量为100万公吨。麦收前田纳西州遭遇雨灾,到当年10月卖方应交货时,小麦价格上涨。美方未交货,合同订有不可抗力条款,天灾属于该条款的范围。 （ ）

2. 若买方没有利用合理的机会检验货物,就是放弃了检验权,从而就丧失了拒收货物的权力。 （ ）

3. 出口合同和信用证规定的作为商检依据的质量条款不符时,商检部门按信用证的有关规定检验。 （ ）

4. 双方签订的贸易合同中,规定成交货物为不需包装的散装货,而卖方在交货时采用麻袋包装,但净重与合同规定完全相符,且不要求另外加收麻袋包装费。货到后,买方索赔,该索赔不合理。 （ ）

5. 拍卖贸易方式属于现货买卖,一旦拍卖成交,无论在何种情况下,拍卖人和货主都对商品的品质不承担异议和索赔的责任。 （ ）

四、名词解释题

1. 索赔
2. 罚金条款
3. 不可抗力
4. 仲裁

五、简答题

1. 为什么"装运港检验,目的港复验"在进出口业务中应用较广?

2. 仲裁协议的形式和作用分别是什么？

3. 索赔条款主要包括哪些内容？

六、案例分析题

1. 国内某研究所与日商签订了一项进口合同，欲引进一台精密仪器，合同规定9月交货，但到了9月15日，日本政府宣布：该仪器属于高科技产品，禁止出口，自宣布之日起15天生效。后日方来电，以不可抗力为由要求解除合同。

   问：日方的要求是否合理？我方如何处理较为妥当？

2. 某公司以CFR条件向德国出口一批小五金工具，合同规定货到目的港后30天内检验，买方有权凭检验结果提出索赔。我方公司按期发货，德国客户也按期凭单支付了货款。可半年后，我方公司收到德国客户的索赔文件，上称上述小五金工具有70%锈损，并附有德国某地一检验机构出具的检验证书。

   对德国客户的索赔要求，我方公司应如何处理？

3. 美国A公司从国外B公司进口一批冻火鸡，供应圣诞节市场，合同规定，卖方在9月底以前装船。但美方违反合同，到10月7日才装船，致使该批冻火鸡到美国时圣诞节已过，因此，A公司拒收货物并主张解除合同。

   试分析：A公司是否有权拒收货物，解除合同？

◇ 参考文献

[1] 黎孝先,石玉川. 国际贸易实务[M]. 7版. 北京：对外经济贸易大学出版社,2020.

[2] 吴百福,徐小薇,聂清. 进出口贸易实务教程[M]. 8版. 上海：格致出版社,2020.

[3] 弋勇,李响. 国际商法理论与实践[M]. 北京：中信出版社,2022.

[4] 余庆瑜. 国际贸易实务原理与案例[M]. 3版. 北京：中国人民大学出版社,2021.

第八章

08

合同的磋商和订立

◎ **学习目标：**

知识目标：了解交易磋商的形式和程序，了解发盘的含义与相关注意事项；掌握合同订立的依据与成立条件，理解签订合同的注意事项。

能力目标：能够处理磋商交易的往来函电，顺利完成交易磋商，拟定外贸合同。

素质目标：养成过硬的产品甄选能力；熟悉国际经济和商业合同相关法律，形成一定的用法能力；具有一定的贸易风险防范能力，同时兼具吃苦耐劳、坚持不懈的精神。

交易磋商(Business Negotiation)是指买卖双方通过直接洽谈或函电的形式,就某项交易进行协商,以求达成交易的过程。交易磋商是国际贸易的重要环节之一,交易合同能否顺利签订,主要取决于交易双方对交易条件进行磋商的结果。交易双方为了争取有利的贸易条件,经常会产生争议。因此,双方要在平等互利的基础上,尽量通过友好协商做到对双方都有利;同时要保证所达成的协议符合各自国家的法律和规定,以及国际贸易惯例。交易磋商的终极目的是在遵守各自国家的法律和规定以及国际贸易惯例的基础上,就所有交易条件达成一致,最终取得买卖双方双赢的效果。

本章主要讲述进出口交易磋商的程序和进出口合同的形式。交易磋商与合同订立的程序如图 8-1 所示。

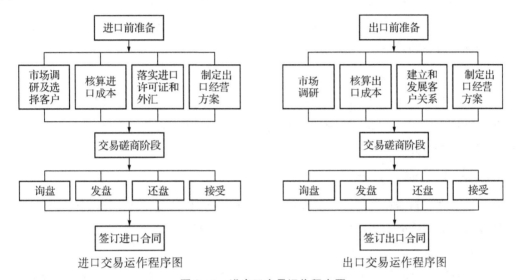

图 8-1 进出口交易运作程序图

第一节 交易磋商前的准备

外贸企业必须认真做好进出口交易磋商前的各项准备工作,所谓"知己知彼,百战不殆",磋商交易准备工作做得越充分和细致,在商订合同过程中也会越主动和顺利。

一、进口交易前的准备工作

进口交易前的准备工作主要包括以下几个方面:对市场、商品及供应商的情况做调查研究,核算进口成本,落实必要的进口许可证和外汇,制定全面的进口经营方案。

(一) 对市场做调查研究,了解商品情况和供应商资信状况

在进口交易前,进口商对所进口商品的品质规格、外观形态、包装情况、技术指标、商品的用途等方面要进行调查了解,并分析该笔交易的可行性。

选择可靠的供应商是达成进口交易的保障。国际贸易活动中，如果只从一个渠道了解供应商的资信状况，往往很难保证信息的准确性。要取得较为全面的资信资料，应通过多种渠道了解供应商的情况。可以要求客户自我介绍、网上搜寻查证、向中国驻当地经济商务处函电咨询、通过中国银行等机构进行资信调查等，也可以委托专门的资信机构进行调查。资信调查的内容包括：供应商的成立年份、经营性质、注册资金、股权结构、经营业绩、经营商品、银行信用、支付能力、客户对象、主要负责人、联系方式等。通过各种方式对国外供应商的资信情况进行全面的了解和掌握。

（二）核算进口成本

进口交易的总成本由以下几方面构成：进口货物的成本，进口至国内的总费用（装卸费、银行费用、码头费用、海关费用、仓储费用等），货物进口关税以及消费税、增值税等。若进口是通过中间商进行的，还要加上佣金。

（三）落实进口许可证和外汇

目前，我国仍实行进出口许可证管理制度和外汇管制，故在进口磋商之前，应先办理一系列申报审核手续，有些商品需要先向主管部门领取准许进口的批文之后，才能向对外经贸主管部门申领进口许可证。

（四）制定进口经营方案

进口经营方案是指在进行市场调查和成本核算的基础上为进口交易制定的经营方案和为实施这种方案拟采取的各项措施。其主要内容大致包括以下几个方面：

（1）数量的确定。

（2）交易对象的选择。在商品的生产国或地区内寻找多个供应商，对多个供应商的综合报价资料进行比较分析，选择资信好、经营能力强，并且友好的客户作为交易对象。为减少中间环节和节约外汇，一般向厂家直接订购。在直接采购有困难的情况下，可通过中间商代购。

（3）交货时间的确定。

（4）贸易方式的运用。在经营方案中，应根据采购的数量、品种、国际贸易惯例选择适合的贸易方式。

（5）进口经营效益的核算。

二、出口交易前的准备工作

（一）市场调研

首先，对出口国政治、经济、文化有一个总体的了解，尤其是对外贸易情况，包括其进出口贸易额、国际支付能力、主要贸易港口、对外贸易和外汇管制状况、海关税率、检验检疫措施等，以预估可能的收益和需要防范的风险。

其次,针对某一具体选定的商品,调查其市场供需状况、国内生产的技术水平和成本、产品的性能和特点、该产品市场的竞争和垄断程度等内容。目的在于确定该商品出口贸易是否具有可行性、获益性。

(二) 核算出口成本

出口贸易的成本指出口商在某一票出口业务的实施过程中总的业务支出,包括出口企业为出口商品支付的国内总成本,即进货成本和国内费用(出口前的一切费用和税金)。

进货成本也就是出口商品的购进价,其中包含增值税。如企业是自营出口,则其进货成本就是生产成本。

国内费用通常按进货成本的一定比例(通常为5%~10%不等的定额率)核定。

出口总成本＝出口商品购进价(含增值税)＋定额费用－出口退税收入
出口退税收入＝[出口商品购进价(含增值税)/(1＋增值税税率)]×退税率

(三) 建立和发展客户关系

在进行出口贸易磋商之前,要尽量了解欲与之建立贸易关系的国外企业的基本情况,包括它的政治文化背景、资金规模、经营范围、银行资信状况等,以及它与其他客户开展对外贸易的历史和现状。

传统外贸活动中寻找客户最直接的方法是参加交易会,比如闻名全球的中国出口商品交易会(广州),简称"广交会"。广交会是全国乃至全世界国际贸易商的"英雄大会",是面对面谈生意的最佳平台,几十年来也是中国出口商走向世界的主要通道。

随着互联网的发展,越来越多的企业通过网站来展示产品、发布广告,利用国际贸易B2B平台,即互联网上专供买卖双方发布各自供求信息的平台来寻找客户,并通过电子邮件和即时聊天软件来洽谈生意,进行"面对面"交流,由此也诞生了"外贸网商"。

除此以外,我方出口企业也可派遣专门的出口代表团、推销小组等进行直接的国际市场调研,获得第一手资料,或者委托国外咨询公司进行行情调查。

(四) 制定出口经营方案

出口经营方案是指为了完成某种或某类商品出口任务而确定经营意图、需要达到的最高或最低目标以及为实现该目标所应采取的策略、步骤和做法。

出口经营方案的内容包括:

(1) 商品的品种、规格、包装、货源情况,当前国外市场的分析,对今后一定时期内发展趋势的预测等。

(2) 一定时期内出口推销的情况和存在的问题,并根据上述情况进行综合分析,提出具体的经营意见。

(3) 拟出口的国别(地区),商品的品种、数量或金额,出口的计划进度,贸易方式,收汇方式,对价格、佣金、折扣的掌握等。

第二节　交易磋商的形式与基本程序

交易磋商的内容通常包括品质、数量、包装、装运、价格、支付、保险、检验、索赔、不可抗力和仲裁等交易条件。其中品质、数量、包装、装运、价格和支付条件等六项常常被视为主要交易条件,是国际货物买卖合同中不可或缺的条款,也是进出口交易磋商的必要内容。

一、交易磋商的几种形式

（一）口头磋商

口头磋商是指交易双方在谈判桌上,面对面地谈判,如举办各种交易会、洽谈会、展销会,组织贸易代表团出访,邀请客户来访等,也可以通过国际长途电话或视频会议等方式进行交易磋商。

（二）书面磋商

书面磋商是指交易双方通过信件、电报、电传等通信方式或者电子数据来交易磋商,也就是按照协议,通过具有一定结构的标准信息通过互联网进行交易磋商。

（三）通过行为表达

如在拍卖市场进行拍卖式购进等。

二、交易磋商的程序

交易磋商可概括为四个环节:询盘、发盘、还盘和接受。其中发盘和接受是必不可少的两个基本环节。

（一）询盘(Inquiry)

买卖双方均可发出询盘,买方询盘又叫"递盘"(Bid),卖方询盘又叫"索盘"(Selling Inquiry)。询盘的内容可涉及价格、规格、品质、数量、包装、装运以及样品索取等,而多数只是询问价格,所以业务中常把询盘称作"询价"。

询盘对询盘人和被询盘人都没有法律约束力,不是交易的必经步骤。但是询盘往往是一笔交易的起点,所以,被询盘人应对接到的询盘给予重视,及时进行适当的答复。

询盘时买方采用的主要词句:Please advise…(请告知……);Please quote…(请报价……);Please offer…(请提供……)。

卖方常用的语句:We can supply…, please book/order/bid.(我方可提供……,请订货或递盘。)

(二) 发盘(Offer)

1. 发盘的含义

发盘又叫"发价"或"报价",法律上叫"要约"。卖方提出的发盘,叫"售货发盘"(Selling Offer);买方提出的发盘,叫"购货发盘"(Buying Offer)。

发盘是买方或卖方向对方提出各项交易条件,并愿意按照这些条件达成交易、订立合同的一种肯定的表示。

2. 发盘的构成条件

(1) 发盘是向一个或一个以上的特定人(Specific Person)提出。

(2) 发盘的内容必须十分确定(Sufficiently Definite)。

(3) 所谓十分确定,应包括三个基本因素:品名、数量和价格。

(4) 发盘必须表明订约意旨(Contractual Intent)。根据《公约》的规定,一方当事人是否向对方表明在发盘被接受时承受约束的意旨,是判别一项发盘的基本标准。若发盘中附有保留条件,如"以我方最后确认为准",或"有权先售"等,则此建议不能构成发盘,只能视为邀请发盘(Invitation for Offer)。

(5) 送达受盘人。

3. 发盘的有效期(Duration of Offer)

国际货物买卖中,发盘一般具有有效期。发盘的有效期是指可供受盘人对发盘做出接受的期限。

(1) 一般可以规定最迟接受期限时,可同时限定以接受送达发盘人或以发盘人所在地的时间为准,如"发盘限6月15日复到有效"。

(2) 如果未明确规定有效期,应理解为在合理时间(Reasonable Time)内有效。但对于合理时间并没有统一的解释,容易引起争议,故一般避免使用。

(3) 对于口头发盘,应当场表示接受。《公约》第十八条规定:"对口头发盘必须立即接受,但情况有别者不在此限。"

4. 发盘的撤回与撤销

《公约》规定,发盘在到达受盘人时生效,即到达主义(Arrival Theory)或受信主义。公约的这一规定,对发盘人来说具有非常重要的意义。这种意义主要表现在发盘的撤回和撤销上。

(1) 发盘的撤回(Withdraw)。发盘的撤回是指发盘人在发出发盘之后,在其尚未到达受盘人之前,即在发盘尚未生效之前,将发盘收回,使其不发生效力。由于发盘没有生效,因此发盘原则上可以撤回。对此《公约》规定:"一项发盘,即使一项不可撤销的发盘都可以撤回,只要撤回的通知在发盘到达受盘人之前或与其同时到达受盘人。"

(2) 发盘的撤销(Revocation)。发盘的撤销指发盘人在其发盘已经到达受盘人之后,即在发盘已经生效的情况下,将发盘取消,废除发盘的效力。在发盘撤销这个问题上,英美法系国家和大陆法系国家存在着原则上的分歧。《公约》为协调解决两大法系在这一问题上的矛盾,一方面规定发盘可以撤销,另一方面又对撤销发盘进行了限制。

《公约》规定:"在合同订立之前,发盘可以撤销,但撤销通知必须于受盘人做出接受之前送达受盘人。"

5. 发盘的终止

发盘的终止(Termination of Offer),又称"发盘的失效",是指发盘法律效力的消灭,也就是发盘人不再受发盘的约束,受盘人也失去了接受该发盘的权利。

发盘的终止一般有以下情况:

(1) 因受盘人拒绝而失效;若受盘人在拒绝后又在有效期内表示接受,发盘人也不再受其约束。

(2) 因发盘人有效撤回或撤销自己的发盘而失效。

(3) 因规定的接受期限已满而失效。

(4) 因"合理期限"已过而失效。

(5) 因政府禁令而失效。

(6) 因在发盘接受前,双方当事人丧失了行为能力(或死亡,或法人破产)而失效。

交易中,不论哪种原因导致发盘终止,此后发盘人均不再受其发盘的约束。

(三) 还盘(Counter Offer)

受盘人不同意发盘中的交易条件而提出修改或变更的意见,称为还盘,在法律上叫反要约。还盘的形式可有不同,有的明确使用"还盘"字样,有的则不使用,在内容中表示出对发盘的修改也构成还盘。

还盘实际上是受盘人以发盘人的地位发出的一个新盘,原发盘人成为新盘的受盘人。还盘又是受盘人对发盘的拒绝,发盘因对方还盘而失效,原发盘人不再受其约束。还盘可以在双方之间反复进行,还盘的内容通常仅陈述需变更或增添的条件,对双方同意的交易条件则无须重复。

(四) 接受(Acceptance)

所谓接受,就是交易的一方在接到对方的发盘或还盘后,以声明或行为向对方表示同意。法律上将接受称作承诺。接受和发盘一样,既属于商业行为,也属于法律行为。

1. 构成有效接受的条件

(1) 接受必须是由受盘人(Offeree)做出,其他人对发盘表示同意不能构成接受。

(2) 受盘人表示接受,要采取声明(Statement)的方式,即以口头或书面声明向发盘人明确表示出来。另外,还可以做出行为(Performing an Act)表示接受。

(3) 接受的内容与发盘的内容相符(Non-material Alteration),就是同意发盘所提的条件。

(4) 接受必须在发盘的有效期内表示。

2. 接受生效的时间

在接受生效的时间上,英美法系采用投邮生效的原则,即接受通知书一经投邮或发出,立即生效;而我国采用到达生效的原则,即接受通知书必须到达发盘人时才生效。《公约》明确规定,接受送达发盘人时生效。

3. 逾期接受(Late Acceptance)

逾期接受也称"迟到的接受",是指接受通知到达发盘人的时间已超过了发盘所规定的有效期,或发盘未规定有效期但接受超过合理时间才送达发盘人。《公约》及各国法律均认为逾期接受无效,只能视作一项新的发盘。

但《公约》规定了几种特殊情况:

(1) 如果发盘人收到逾期接受,毫不迟延通知受盘人确认逾期接受有效,此逾期接受有效。

(2) 一项逾期接受,在使用的信件中或以其他方式表明,在传递正常的情况下本能及时到达发盘人,由于传递不正常延误,造成逾期,此种逾期接受是有效的,除非发盘人毫不迟延地通知受盘人该发盘已失效。

4. 接受的撤回

接受的撤回,是指在接受生效之前撤回,阻止它生效。《公约》规定,接受予以撤回,如果撤回通知于接受生效之前或同时送达发盘人。接受送达发盘人之后立即生效,就不能撤回了。

第三节　签订合同

经过交易磋商,一方的发盘或还盘被对方有效地接受后,双方之间就建立了合同关系。在业务中,一般还要用书面形式将双方的权利、义务明文规定下来,以便于执行,这就是签订合同。

一、合同有效成立的条件

合同的有效成立须满足下列条件:

(1) 当事人必须在自愿和真实的基础上达成协议;

(2) 当事人应具有相应的行为能力;

(3) 合同的标的和内容都必须合法;

(4) 必须是互为有偿的;

(5) 合同的形式必须符合法律规定的要求。

二、合同的形式

在我国进出口业务中,书面合同主要采用两种形式:一种是条款较完备、内容较全面的正式合同。另一种是内容较简单的简式合同,如销售确认书和购买确认书。

除此之外,国内国际法律规范都认可电子合同的合法性和有效性。电子合同是随着电子商务的产生、发展而出现的新型的书面合同形式,其载体主要表现为电子数据交换(EDI)和电子邮件(E-mail),实质上就是无纸化的书面合同。在国际贸易电子合同签订过程中,要约和承诺均是双方当事人通过电子数据的传递来完成的,一方的电子数据的发出(输入)即为要约,另一方的电子数据的回送(回执)即为承诺。

三、合同的内容

书面合同一般由以下三部分构成:

1. 约首

约首是指合同的序言部分,包括合同的名称、合同编号、订约双方当事人的名称和地址(要求写明全称)等内容。此外,合同序言部分还常常写明双方订立合同的意愿和执行合同的保证。

2. 本文

本文是合同的主体部分,具体规定了买卖双方各自的权利和义务,一般通称为合同条款,如品名条款、品质条款、数量条款、价格条款、包装条款、交货(装运)条款、支付条款,以及商品检验、索赔、仲裁和不可抗力条款等。

3. 约尾

约尾一般列明合同的份数、使用的文字及其效力、订约的时间和地点及生效的时间。合同的订约地点往往涉及合同准据法的问题,因此要谨慎对待。我国的出口合同的订约地点一般都为我国。

四、合同的修改和终止

合同一经订立,就成为具有法律效力的文件,对双方都有约束力。

但在实际业务中,合同签订之后,有时一方或双方当事人发现需要对合同的某些内容加以修改或补充。在此情况下,必须经过双方协商同意,才能对合同进行修改。

以下是一份销售合同范例:

销售合同
Sales Contract

特别提示:
1. 合同中的中方应具备相应的经营权,对外方的资信情况有一定的了解。

2. 合同条款的增减应明确，有专人负责交易的全过程及处理相关事宜。

3. 交易过程中收发的信件、传真或电子邮件等文件应妥善保存或仔细斟酌，因为其有可能构成对合同的补充或修改。

4. 认真对待影响合同正常履行的事件，及时采取合理措施并主张权利，不轻易承诺对合同的修改或承担赔偿责任；慎重行使合同的撤销权、不安抗辩权，并及时通知对方。

编　号(No.)：_____
签约地(Signed at)：_____
日　期(Date)：_____
卖方(Seller)：_____
地址(Address)：_____
电话(Tel)：_____ 传真(Fax)：_____
电子邮箱(E-mail)：_____
买方(Buyer)：_____
地址(Address)：_____
电话(Tel)：_____ 传真(Fax)：_____
电子邮箱(E-mail)：_____

买卖双方经协商同意按下列条款成交：

(The undersigned Seller and Buyer have agreed to close the following transactions according to the terms and conditions set forth as below：)

1. 货物名称、规格和质量(Name, Specification and Quality of Commodity)：

2. 数量(Quantity)：

3. 单价及价格条款(Unit Price and Terms of Delivery)：

［除非另有规定，FOB、CFR 和 CIF 均应依照国际商会制定的《国际贸易术语解释通则》(INCOTERMS 2020)办理。］

［The terms FOB, CFR or CIF shall be subject to the International Rules for the Interpretation of Trade Terms (INCOTERMS 2020) provided by International Chamber of Commerce (ICC) unless otherwise stipulated herein.］

4. 总价(Total Amount)：

5. 允许溢短装(More or Less)：_____％。

6. 装运期限(Time of Shipment)：

收到可以转船及分批装运的信用证_____天内装运。

(Within _____ days after receipt of L/C allowing transshipment and partial shipment.)

7. 付款条件(Terms of Payment)：

买方须于_____前将保兑的、不可撤销的、可转让的、可分割的即期付款信用证开给卖方，该信用证的有效期延至装运期后_____天在中国到期，并必须注明允许分批装运和转船。

(By Confirmed, Irrevocable, Transferable and Divisible L/C to be available by sight draft to reach the Seller before _____ and to remain valid for negotiation in China until _____ after the Time of Shipment. The L/C must specify that transshipment and partial shipments are allowed.)

买方未在规定的时间内开出信用证，卖方有权发出通知取消本合同，或接受买方对本合同未执行的全部或部分，或对因此遭受的损失提出索赔。

(The Buyer shall establish the covering Letter of Credit before the above stipulated time, failing which, the Seller shall have the right to rescind this Contract upon the arrival of the notice at Buyer or to accept whole of and part of this Contract non fulfilled by the Buyer, or to lodge a claim for the direct losses sustained if any.)

8. 包装(Packing)：

9. 保险(Insurance)：

按发票金额的_____%投保_____险，由_____负责投保。

(Covering _____ Risks for _____% of Invoice Value to be effected by the _____.)

10. 品质/数量异议(Quality/Quantity Discrepancy)：

如买方提出索赔，凡属品质异议，须于货到目的港之日起30天内提出；凡属数量异议，须于货到目的港之日起15天内提出。对所装货物所提任何异议，凡保险公司、轮船公司、其他有关运输机构或邮递机构所负责者，卖方不负任何责任。

(In case of quality discrepancy, claim should be filed by the Buyer within 30 days after the arrival of the goods at port of destination, while for quantity discrepancy, claim should be filed by the Buyer within 15 days after the arrival of the goods at port of destination. It is understood that the Seller shall not be liable for any discrepancy of the goods shipped due to causes for which the Insurance Company, Shipping Company, other Transportation Organization/or Post Office are liable.)

11. 由于发生不可抗力事件，本合约不能履行，部分或全部商品延误交货，卖方概不负责。本合同所称不可抗力是指不能预见、不能避免、不能克服的客观情况。

(The Seller shall not be held responsible for failure or delay in delivery of the entire lot or a portion of the goods under this Sales Contract in consequence of any Force Majeure incidents which might occur. Force Majeure as referred to in this contract means unforeseeable, unavoidable and insurmountable objective conditions.)

12. 仲裁(Arbitration)：

凡由本合同引起的或与本合同有关的任何争议，应通过友好协商解决。如果协商不能解决，应提交中国国际经济贸易仲裁委员会，仲裁地点在中国北京。按照申请仲裁时该会当时施行的仲裁规则进行仲裁。仲裁裁决是终局性的，对双方均有约束力。

[Any dispute arising from or in connection with the Sales Contract shall be settled through friendly negotiation. In case no settlement can be reached, the dispute shall then be submitted to China International Economic and Trade Arbitration Commission (CIETAC) for arbitration in accordance with its rules in effect at the time of applying for arbitration. The place of arbitration is in Beijing, China. The arbitral award is final and binding upon both parties.]

13. 通知(Notices)：

所有通知应以_____写成，并按下列地址通过传真/快递送达双方。如地址发生变更，一方应在变更后_____日内通知另一方。

(All notice shall be written in _____ and served to both parties by fax/courier according to the following addresses. If any changes of the addresses occur, one party shall inform the other party of the change of address within _____ days after the change.)

14. 本合同用中文和英文书写，两种文本具有同等效力。本合同一式_____，自双方签字/盖章之日起生效。

(This Contract is executed in Chinese and English, each of which shall be deemed equally authentic. This Contract is in _____ copies effective since being signed/sealed by both parties.)

The Seller： The Buyer：
卖方签字： 买方签字：

第四节 技能训练

实训模块一 函电分析

【目标与要求】

正确分析对方的函电,了解对方交易条件中隐含的意图,特别是判断对方的报价能否接受,以便做出及时的、对自己有利的回复。本模块训练包含两个方面:一是理解对方函电的大意,二是对价格进行核算。

【背景资料】

我方某进出口公司在与国外买方进行交易磋商的过程中,收到对方关于价格要求的信函。业务人员对该信函进行分析,并进行了核价和答复。

Re:Bitter Apricot Kernels No. 123

Dear Sirs,

Thank you for your letter of April 10 for 60 tons of Bitter Apricot Kernels No. 123 at RMB2260 per ton.

While appreciating your kind offer, our customers think that the price seems to be too high. Bitter Apricot Kernels of similar quality to yours are being sold at Turkey at 10% low. Although China's Bitter Apricot Kernels quality is slightly better, but the price margin should not have 10%. So, we stand for customers to counter-offer: RMB 2350 per ton CIFC 2% London Copenhagen transshipment. Other terms execute according to the former letter.

Your consideration of this matter and immediate reply would be appreciated.

Yours faithfully,

××

【操作指南】

(1)分析对方来函,准确理解对方意图。
(2)根据市场行情,结合企业自身状况,对对方提出的价格进行核算。
(3)把握成交的原则和尺度,结合企业的经营意图进行磋商。

实训模块二 草拟合同

【目标与要求】

交易双方经过反复磋商达成一致以后,往往会将拟好的合同交由对方填制,再寄回给自己签名;或者将已填制好的合同寄给对方会签。业务人员要能根据来往的函电草拟合同,并且能迅速、准确地理解对方寄来的合同,查看有无不相符的内容或不能接受的条款。本模块要求学生根据往来函电填制销售合同。

【背景资料】

根据以下内容用英文填写合同(Fill in the contract form in English with the following particulars)

卖方:苏同纺织品进出口公司(Sutong Textiles Import & Export Co.)

买方:新加坡通用贸易公司(General Trading Company, Singapore)

商品名称:鸽版印花细布("Dove" Brand Printed Shirting)

规格:30×36　72×69　35/6″×42 码

数量:67 200 码

单价:CIF 新加坡每码 3.00 港元,含佣 3%

总值:201 600.00 港元

装运期:2019 年 10 月 31 日前自中国港口运至新加坡,允许分批装运和转船。

付款条件:凭不可撤销、即期信用证付款,于装运期前一个月开到卖方,并于上述装运期后十五天内在中国议付有效。

保险:由卖方根据中国人民保险公司《海洋运输货物保险条款》(2018 版)按发票金额的 110% 投保一切险和战争险。

签订日期、地点:2019 年 3 月 10 日于北京

合同号码:PS—1234

CONTRACT NO: PS—1234

Buyers:

Sellers:

This contract is made by and between the Buyers and the Sellers, whereby the Buyers agree to buy and the Sellers agree to sell the under-mentioned goods according to the terms and conditions stipulated below:

Commodity:

Specifications:

Quantity:

Unit Price:

Total Value:

Insurance:

Time of Shipment:

Port of Shipment:

Port of Destination:

Terms of Payment:

Done and Signed in _____ on this _____ _____ day of _____.

Buyer:　　　　　　　　　　　　　　　　Seller:

实训模块三 案例分析

【案例】

2018年6月27日,中国A公司应德国B商号的请求,报价C415某产品200公吨,每公吨CIF法兰克福人民币1 950元,即期装运的实盘,但对方接到中方报盘后未作还盘,而是一再请求中国增加数量,降低价格,并延长还盘有效期。中方曾将数量增至300公吨,价格减至每公吨CIF法兰克福人民币1 900元,有效期经两次延长,最后期限为2018年7月25日,德国B商号于7月22日来电,接受该盘,并提出"不可撤销、即期信用证付款、即期装船,按装船量计算。除提供通常装船单据外,需提供卫生检疫证书、产地证、磅码单及良好合适海洋运输的袋装"。但中方接到该电报时,发现该产品的国际市场价格猛涨,于是A公司拒绝成交,并复电称:"由于世界市场的变化,货物在收到电报前已售出。"可德国B商号不同意A公司的说法,认为他是在发盘有效期内接受发盘,坚持按发盘的条件执行合同,否则要求A公司赔偿差价损失人民币23万元,接受仲裁裁决。

问题:

1. A公司6月27日的发盘是实盘还是虚盘?

2. A公司在B商号未作还盘但一再请求增加数量、降低价格并延长有效期的情况下,复电"将数量增加至300公吨,每公吨CIF法兰克福人民币1 900元,有效期延至7月25日"的报盘是实盘还是虚盘?

3. B商号于7月22日来电的内容,是否可以作为承诺的意思来表示认可?为什么?

4. A公司在接到B商号7月22日来电后,于7月24日发出拒绝成交的复电,是否符合国际贸易规则和惯例?为什么?

5. 本案应如何解决?

【分析】

1. A公司6月27日的发盘是实盘,因为发盘的内容明确,主要条款齐备,并有期限。

2. A公司7月17日的复电内容明确,主要条款齐备,并有期限,因此也是实盘。

3. B商号于7月22日来电内容是对中方复电的完全接受,故属于承诺。

4. A公司在接到B商号7月22日作出的承诺复电后,于7月24日给B商号发出拒绝成交的复电,是违反国际贸易中的"约定信守原则"的。因为按照国际贸易惯例,无论采用"发信主义"或是采用"收信主义"原则,B商号的承诺是在发盘有效期内作出的,中方已经收到,B商号的承诺已经生效,表明合同已成立。A公司应按合同的约定履行自己报价中规定的义务。然而,A公司在B商号已作出承诺的情况下,复电拒绝成交,这是违约行为,应负违约行为所产生的法律责任。

5. 本案B商号在接到A公司拒绝成交的电报后同意A公司的说法,并提出"要么执行合同,要么赔偿差价人民币23万元,否则仲裁裁决"的要求是正当的。为了合理有效地解决纠纷,最好是由A公司撤销拒绝成交的表示,双方执行已经成立的合同。

◇ 本章回顾

本章主要介绍交易磋商前的准备，交易磋商的形式、内容和程序，以及合同的形式和内容。进口交易前的准备工作主要包括对市场、商品及供应商的情况做调查研究、核算进口成本、落实必要的进口许可证和外汇以及制定全面的进口经营方案；出口交易前的准备工作主要包括市场调研、核算出口成本、建立和发展客户关系及制定出口商品经营方案。

交易磋商的内容通常包括品质、数量、包装、装运、价格、支付、保险、检验检疫、索赔、不可抗力和仲裁等交易条件。其中品质、数量、包装、装运、价格和支付六项常常被视为主要交易条件，是国际货物买卖合同中不可或缺的条款，也是进出口交易磋商的必谈内容。

交易磋商可概括为四个环节——询盘、发盘、还盘和接受，其中发盘和接受是必不可少的两个基本环节。学习过程中要区分发盘的撤回和撤销时间节点上的不同，注意发盘终止的几类情况，还盘的法律后果以及逾期接受的处理方法。

在我国进出口业务中，书面合同主要采用两种形式：一种是条款较完备、内容较全面的正式合同；另一种是内容较简单的简式合同，如销售确认书和购买确认书。除此之外，国内国际法律规范都认可电子合同的合法性和有效性。书面合同包括约首、本文和约尾。合同一经订立，就成为具有法律效力的文件，对交易双方都有约束力。但在实际业务中，合同签订之后，有时一方或双方当事人发现需要对合同的某些内容加以修改或补充。在此情况下，必须经过双方协商同意，才能对合同进行修改。

◇ 赛点指导

根据全国高校商业精英挑战赛国际贸易竞赛评分细则，商贸配对贸易谈判环节主要考察参赛选手的磋商能力，能否通过友好协商，在确保双方都获得各自利益的基础上最终达成交易。

在与客户磋商前，应提前掌握关于产品的一系列信息，包括：产品性能，规格，原材料和各种成本；该产品获得过哪些相关的认证；世界各地对该产品的需求特点；国内国际主要的生产厂家和主要大客户；本产品的最大卖点。提前准备好草拟的销售合同，合同应包括品名、品质、数量、包装、价格、装运、支付、保险、商品检验、不可抗力、索赔和仲裁等主要贸易条款。

与客户磋商时，应根据预先准备的可行性高的谈判方案，灵活地根据对方提出的条件，结合我方认定的最高可接受交易条件和最低可让步界限，做出有效协调，最终现场顺利签订合同。

◇ 课堂思政

学生通过本章内容的学习，培养良好的社会职业道德，具务保守商业秘密等意识，并能够在对外贸易实践中，结合法律、文化等因素，给出合理的价格、数量方案；培养诚信经营意识，遵守商务活动中的基本礼仪规范，根据商业社会规则和经济形势进行谈判与磋商。签订合同后，及时履行合同，既保证自身的商业利益，又能够考虑到合作伙伴的权益。

练习题

一、名词解释题
1. 发盘
2. 询盘
3. 还盘
4. 接受
5. 逾期接受

二、判断题
1. 询盘、发盘和接受是交易磋商不可缺少的步骤。（ ）
2. 在交易磋商过程中，发盘是卖方作出的行为，接受是买方作出的行为。（ ）
3. 询盘又称"询价"，即一方向交易的另一方询问价格。（ ）
4. 在报刊上刊登的广告实际上是一项有效的发盘。（ ）
5. 一项发盘表明是不可撤销的发盘，则意味着发盘人无权撤回该发盘。（ ）
6. 《公约》规定，发盘生效的时间为发盘送达受盘人时。（ ）
7. 发盘在其生效前是可以修改或撤回的。（ ）
8. 《公约》规定，如果发盘中规定了有效期，则在该发盘生效后，发盘人仍可以撤销该发盘。（ ）
9. 如果发盘人在发盘中没有受约束的意思，则不构成发盘，而只是邀请对方发盘。（ ）
10. 接受和发盘一样也是可以撤销的。（ ）

三、单选题
1. 美国某买方向我国某出口公司来电称"拟购加洁静牙膏中号 2000 罗，请电告最低价格和最快交货期"，此来电属交易磋商的_____环节。（ ）
   A. 发盘 B. 询盘 C. 还盘 D. 接受
2. 国外某买主向我国出口公司来电称"接受你方 12 日发盘，请降价 5%"，此来电属交易磋商的_____环节。（ ）
   A. 发盘 B. 询盘 C. 还盘 D. 接受
3. 根据《公约》的规定，合同成立的时间是（ ）
   A. 接受生效的时间 B. 交易双方签订书面合同的时间
   C. 在合同获得国家批准时 D. 当发盘送达受盘人时
4. 根据《公约》的规定，发盘和接受的生效采取（ ）
   A. 投邮生效原则 B. 签订书面合同原则
   C. 口头协商原则 D. 到达生效原则
5. 接受和发盘（ ）
   A. 属于商业行为 B. 属于法律行为
   C. 属于交易行为 D. 既属于商业行为，也属于法律行为

四、多项选择题

1. 根据《公约》的规定，受盘人对_____等内容提出添加或更改，均作为实质性变更发盘条件。（　　）
   A. 价格　　　　B. 付款　　　　C. 包装　　　　D. 数量

2. 根据《公约》的规定，发盘内容必须十分确定，所谓十分确定，指发盘中包括的要素有（　　）
   A. 交货时间和地点　　　　　　　B. 货物数量或规定数量的方法
   C. 货物的名称　　　　　　　　　D. 货物的价格或规定确定价格的方法

3. 构成发盘必须具备的条件是（　　）
   A. 向一个或一个以上的特定人提出　　B. 发盘的内容必须完整齐全
   C. 发盘的内容必须十分确定　　　　　D. 表明订立合同的意思

4. 交易磋商过程中，必不可少的两个法律环节是（　　）
   A. 询盘　　　　B. 发盘　　　　C. 还盘　　　　D. 接受

5. 我方公司17日向韩国商家发盘，限22日复到有效，韩国商家21日用电报表示接受我方17日电，我方22日才收到对方的接受通知，此时（　　）
   A. 合同已成立　　　　　　　　　B. 若我方毫不延迟地表示接受，合同成立
   C. 若我方缄默，合同成立　　　　D. 属于逾期接受，合同不成立

五、简答题

1. 一项有法律约束力的合同应具备哪些条件？
2. 什么是发盘有效期？如何规定发盘的有效期？

六、案例分析题

A国商人将从其他国进口的初级产品进行转卖，向B国商人发盘，B国商人复电，接受发盘，同时要求提供原产地证书。两周后A国商人收到B国商人开来的信用证，正准备按信用证规定发运货物，获商检机构通知，因该货非本国产品，不能签发原产地证书。A国商人电请B国商人取消信用证中要求提供原产地证书的条款，遭到拒绝，于是引起争议。A国商人提出，其对提供原产地证书的要求从未表示同意，依法无此义务，而B国商人坚持A国商人有此义务。试根据《联合国国际货物销售合同公约》（双方所在国均为缔约国）的规定，对此案作出裁决。

◇ 参考文献

[1] 吴百福,徐小薇,聂清. 进出口贸易实务教程[M]. 8版. 上海:格致出版社,2020.

[2] 黎孝先,石玉川. 国际贸易实务[M]. 7版. 北京:对外经济贸易大学出版社,2020.

[3] 余世明. 国际商务单证实务[M]. 8版. 广州:暨南大学出版社,2021.

[4] 陈平. 国际贸易实务[M]. 4版·数字教材版. 北京:中国人民大学出版社,2022.

[5] 吴国新,毛小明. 国际贸易实务[M]. 4版. 北京:清华大学出版社,2021.

第九章

09

进出口合同的履行

◎ 学习目标：

知识目标：掌握履行进出口合同的业务流程；能熟练准确地办理各项业务；正确规范地缮制有关业务单证；能有效合理地解决履约过程中可能发生的争议。

能力目标：能够根据外贸合同的具体情况，灵活、顺利地履行合同。

素质目标：养成严谨、细致、诚信的业务素质和风险防范意识；在小组学习中感受团队合作、交流讨论的价值和乐趣；培养独立思考能力、辩证思维与创新精神。

第一节　出口合同的履行

国际货物买卖合同一旦成立,买卖双方均应按合同规定履行自己的义务,卖方的基本义务是交货、交单和转移货物的所有权,买方的基本义务是接货、付款。能否完整地履行合同,以实现预期的经济目的,取决于买卖双方。以不同交易条件订立的合同,其履行程序也各不相同。本节主要介绍以 CIF 和 CFR 条件成交,以信用证方式结算货款这类典型合同的履行程序,以其他条件达成的合同可以参照执行。

履行出口合同的环节,概括起来可分成"货、证、船、款"四个基本环节。这些环节有些是平行开展的,有些是互相衔接的,必须严格按照合同的规定和法律、惯例的要求,做好每一步工作。同时还应密切注意买方的履约情况,以保证合同的圆满履行。

一、备货、报检

(一) 备货

交付货物是卖方最主要的义务,只有交付了货物,才谈得上移交单据和转移货物所有权,而做好备货工作就是为履行交货义务准备物质基础。在备货工作中,应该重视以下几点。

1. 货物的品质必须与出口合同的规定相一致

卖方所交货物的实际品质低于合同规定是违约行为,高于合同规定,有时也会构成违约,判断是否构成违约关键在于是否对买方利益构成损害。

2. 货物的包装必须符合出口合同的规定

有的国家的法律把合同中的包装条款视为对货物说明的组成部分。卖方必须按照合同规定的包装方式交付货物。

3. 货物要适合通常的用途和特定的使用目的

按照国际贸易法律的一般规则,卖方所交货物还应按情况承担默示的合同责任,即适用通常的用途和适合特定的使用目的。

4. 货物的数量必须符合出口合同的规定

卖方是否按合同规定的数量交付货物是衡量买卖合同是否得到充分履行的标志,直接关系到买方预期利益能否实现。

5. 货物备妥时间应与合同和信用证的装运期限相适应

货物备妥的时间,必须适应出口合同与信用证规定的交货时间和装运期限,并结合运输条件进行妥善安排。为防止意外,一般还应留有余地。

6. 卖方对货物要有完全的所有权,并且不得侵犯他人权利

卖方对出售的货物应当拥有完全的所有权,并保证不侵犯他人的权利是卖方必须承担的又一项默示的合同义务。所谓不得侵犯他人的权利,主要是指不得侵犯他人的工业产权、知识产权。

(二) 报检

凡属国家规定的法定检验(简称"法检")的商品,或合同约定须凭检验检疫机构签发的证书进行结算的出口商品,在装运前必须办理报检手续。

1. 一般工作程序

企业通过"互联网+海关"及"单一窗口"报关报检合一界面录入报关报检数据向海关"一次申报"。同时,在海关申报项目整合完成前,允许企业根据使用习惯,针对进出口法检商品自主选择申报途径。对于通过"单一窗口"单独报关报检界面或报关报检企业客户端申报,企业先填写报检数据取得检验检疫编号,再填写报关数据,并在报关随附单据栏中填写检验检疫编号;对于出口法检商品,取消填报原通关单代码和编号,企业申报时填写报检电子底账数据相关编号,据此实现检验检疫电子底账数据与报关单自动关联对碰。

2. 报检条件、范围、时限和地点及应提供的单证

1) 报检条件

① 已经生产加工完毕并完成包装、刷唛,准备发运的整批出口货物。

② 已经经过生产企业检验且合格,并出具厂检合格单的出口货物。

③ 执行质量许可制度的出口货物必须具有商检机构颁发的质量许可证或卫生注册登记证。

④ 必须备齐各种相互吻合的单证。

上述四个条件必须同时具备。

2) 报检范围

① 国家法律、行政法规规定必须由出入境检验检疫机构实施检验检疫的。

② 外贸合同中约定须凭检验检疫机构签发的证书进行结算的。

3) 报检时限和地点

① 出境商品最迟应在出口报关或装运前7天报检,对于个别检验检疫周期较长的货物,应留有相应的检验检疫时间。

② 须隔离检疫的出境动物在出境前60天预报,隔离前7天报检。

③ 法定检验检疫货物,除活动物须由出境口岸检验检疫机构检验检疫外,原则上应坚持产地检验检疫。

4) 报检时应提供的单证

2018年8月1日起,报关单、报检单合并为一张报关单,关检业务实行整合申报。商品出境时,应填制和提供报关单,并提供外贸合同、销售确认书或订单,商业发票,装箱单,信用

证或有关函电,生产单位出具的厂检单原件,检验检疫机构签发的出境货物运输包装性能检验结果单正本。下列情况报检时,应按要求提供相关物品和材料:

① 凭样品成交的,还须提供样品。

② 经预检的商品,在向检验检疫机构申请办理换证手续时,应提供该检验检疫机构签发的出境货物换证凭单正本。

③ 产地与报关地不一致的出境商品,在向报关地检验检疫机构申请电子底账册时,应提交产地检验检疫机构签发的出境货物换证凭单正本或出境货物换证凭条。

④ 按照国家法律、行政法规的规定实行卫生注册和质量许可的出境商品,必须提供检验检疫机构批准的注册编号或许可证编号。

⑤ 危险商品出境时,必须提供出境货物运输包装性能检验结果单正本和出境危险货物运输包装使用鉴定结果单正本。

⑥ 特殊商品出境时,根据法律法规规定应提供有关审批文件。

5）出证

商品检验合格后,由商检机构签发检验证书,或在出口货物报关单上加盖检验印章。对检验不合格的商品,商检机构签发不合格通知单。根据不合格的原因,商检机构可酌情同意申请人申请复验(复验原则上仅限一次),或由申请单位重新加工整理后申请复验。在复验时,应随附整理情况报告和不合格通知单,经复验合格,商检机构签发商品合格的检验证书。

二、催证、审证和改证

在履行信用证付款的合同的过程中,对信用证的掌握、管理和使用,直接关系到出口企业的收汇安全。信用证的掌握、管理和使用主要包括催证、审证和改证等几项内容,这些都是与履行合同有关的重要工作。

(一) 催证

按时开立信用证是买方的一项义务,尤其是大宗商品交易或按照买方要求而特制的商品的交易,买方及时开证更为重要,否则卖方无法安排生产和组织货源。但在实务中,买方由于资金等种种原因,延误开证时间的情况时有发生。在下列情况下,卖方应注意向买方发出函电提醒或催促对方开立信用证:

(1) 在合同规定的期限内,买方未及时开证这一事实已构成违约。如卖方不希望中断交易,可在保留索赔权的前提下,催促对方开证。

(2) 签约日期和履约日期相隔较远,应在合同规定开证日之前,用信函表示对该笔交易的重视,并提醒对方及时开证。

(3) 卖方货已备妥,并打算提前装运,可使用信函征得对方同意并提前开证。

(4) 买方资信欠佳,提前用信函提示,有利于督促对方履行合同义务。

(二) 审证

信用证是银行开立的有条件的付款保证。信用证的条件必须与合同条件相吻合,否则卖方将难以提交符合信用证要求的单据,从而失去银行所提供的信用保证。因此,卖方收到信用证后,应立即对其内容进行审核。审核的主要内容有如下各项:

1. 开证行的资信状况

开证银行本身的资信应与其所承担的信用证付款责任相对应。特别是对于实行外汇管制或国际支付能力薄弱或国内金融秩序混乱的国家的银行开出的信用证,更应重视审核该银行的资信状况。在我国,由我方银行作为通知行时,除核对信用证签名的真实性外,还承担审核开证行资信的道义上的责任。

2. 信用证的金额

信用证的金额应与合同一致。若合同上订有溢短装条款,则信用证金额也应有相应的机动条款。

3. 装运期、交单期和到期日及到期地点

信用证中规定的最迟装运日期,应与合同中装运条款的规定相一致。若信用证未规定装运期,则最迟装运日期即为信用证的到期日。

信用证还应规定一个在货物装运后必须向银行交单要求付款或承兑或议付的日期,即交单期,所规定的交单期应为受益人装运后制单留有充分的时间。如信用证未规定交单期,则理解为应在实际装运日(运输单据出单日期)之后 21 天内必须交单。受益人必须在交单日期内交单,但无论如何,不得迟于信用证的到期日。

信用证还必须规定到期日和到期地点,即受益人必须在规定的到期日,在到期地点向银行交单,要求议付、承兑或付款。没有规定到期日的信用证为无效信用证。实务中,到期日与最迟装运日期之间应有一个合理的间隔,以便受益人有充分的时间制单,通常为 7~15 天。到期地点应在议付地,即在出口地到期,否则由于银行审单和邮递过程,受益人将难以把握及时交单的时间。

4. 信用证有无限制性或保留条款

信用证中的条款有合理的,也有不合理的。如信用证中规定"开证申请人得到进口许可证,本证才能生效"或"本证仅在受益人开具回头信用证并经本证申请人同意接受后才生效"。对于这类信用证,受益人必须等到所附条件得到满足并取得有关文件后,即信用证生效后才能交货。审证时要特别注意,还有一类条款则带有明显的欺诈性,如规定受益人提交的单据中要包括"由买方签发的提货证明"或"检验证书应由申请人授权的签字人签字"。这类信用证实际上受申请人或其代理人控制,受益人的收款没有保障,故不应接受。

信用证的性质如是否可撤销、是否保兑,汇票的付款人和付款日期,信用证对货物的描述,装运条件,保险条款以及所需单据等,都应与合同及惯例的规定相一致。

以上为审核信用证时应注意的要点。此外,对于开证行在信用证中的各种疏漏和错误,也应仔细审核,以确保单证一致,受益人能安全收汇。

(三) 改证

1. 受益人审证后要求开证申请人改证

受益人审证后,发现内容与合同和惯例规定不一致时,应及时向开证申请人提出。要求改证时,应注意下列改证规则:

(1) 需要修改的内容应一次性通知开证申请人,以节约对方改证的费用。

(2) 开证行的改证通知书,仍须通过通知行转递,以确保真实。

(3) 对于改证通知书的内容,如发现其中一部分不能接受,则应将改证通知书退回,待全部改妥后才能接受。

(4) 受益人审证时,如发现一些条款虽与合同或惯例不符,但经过努力可以办到,一般可以不改,以示合作,并减少周折。

2. 开证申请人主动改证

开证申请人主动改证应征得受益人的同意。若开证申请人事先未征得受益人同意,单方面改证,则受益人有权决定是否接受。在未表示接受前,原证条款继续有效,受益人有权保持沉默直至交单为止。若交单时按修改书制单,即表示接受;若按原证制单,则应另出具通知书以示拒绝修改。

三、申领出口许可证

(一) 出口许可证管理制度

出口许可证是国家授权机关批准商品出口的证明文件,是办理出口通关手续的重要证件之一。国家为加强对进出口贸易的管理,对有些商品的出口,实行出口许可证管理制度,出口经营单位必须事先申请,经有关主管部门批准后凭发放的出口许可证,才能验放货物装运出口。

(二) 申领出口许可证的手续

凡出口属经营许可证管理范围的货物,在同外商签订合同前,必须办好出口许可证,按许可证规定的数量和期限,同外商签订合同。如果未领到许可证之前同外商签订合同,必须在合同中注明"以领到国家发给的许可证为最后生效"的字样。

国家对出口许可证实行一次使用有效的"一批一证"制,即一份出口许可证只能报关使用一次,无论签发数量是否用完,均不得重复使用,每份出口许可证的有效期自签发日期始最长不得超过3个月。如因故原发许可证在有效期内不能及时出口货物,而合同仍须继续执行时,出口单位应于出口许可证有效期后30天内,向原发证机关申明理由,交回原证,由原发证机关核发新证。

出口许可证申领单位要严格按要求准确填写出口许可证申请表,发证机关审核批准后签发出口许可证。

四、托运、租船或订舱、装运

(一) 选择运输方式

按 CFR 或 CIF 条件成交时,由卖方负责办理托运、租船或订舱手续。出口商应根据合同规定,向运输公司索取船期表,依据实际情况选择租船或订舱,确定船期、船名、抵港日期、截止收单日期、受载期和中途停靠港口名称等内容,以保证按期装运货物出口。

(二) 填制托运单(Shipping Note)

托运单是托运人根据合同和信用证条款填写的向船公司或其代理人办理托运的单证。承运人根据托运单内容,并结合航线、船期和舱位等情况,如认定可以承运,即在托运单上签章,托运手续即告完成,运输合同成立。

(三) 签发装货单(Shipping Order)

船公司或其代理人在接受托运人的托运单后,即签发装货单,凭以办理装船手续。装货单有三个方面的作用:一是通知托运人货物已配妥××船舶、航次、装货日期,让其准备装船;二是托运人凭以向海关办理出口申报手续;三是作为承运人命令船长接受这批货物装船的通知。

(四) 装船、签发收货单(Mate's Receipt)和海运提单(Bill of Lading)

船方接到装货单后,在出口商办好通关手续之后,就要组织货物装船,待货物装船后,船长或大副签发收货单即大副收据,作为货物已装妥的临时收据,托运人凭此据即可向船公司或其代理人交付运费,并换取正式的海运提单。如收货单上有大副批注,换取提单时应将大副批注移注到提单上,这样的提单就是不清洁提单。不清洁提单是无效提单,买方或开证行收到不清洁提单,有权拒收货物和拒绝付款。为此,出口商要特别注意得到的提单必须是有效的提单,以确保自己应得的权益。如果双方是按 FOB 或 CFR 条件成交,卖方在装船后立即用适当方式通知买方,以便买方及时办理投保手续。

五、投保运输险

(一) 办理投保手续

凡是按 CIF 条件成交的合同,卖方在办理了托运手续后,应及时向保险公司办理投保运输险手续。投保人填制投保单,将货物名称、保险金额、运输航线、运输工具名称、开航日期、投保险别等一一列明。保险公司接受投保后,立即签发保险单或保险凭证。

(二) 投保应注意的事项

在办理投保手续时,要根据货物的实际情况选择保险险别,防止多保、错保和漏保的现象。开立的保险单日期应早于提单日期或其他货运单据日期。最迟可与提单或其他货运单据同一日期,以免造成不应有的损失,影响结汇工作的顺利进行。

保险公司对投保出口货物运输险,有时为简化手续可不填保险单。只要双方事先协商同意,可采用有关装运出口单据副本代替,加注保险金额和保险险别并签章,作为办理投保的代用保险单。

六、出口报关

报关是指进出口货物在进出关境时,进出口商向海关申报,请求海关查验放行货物的行为。报关有进口报关和出口报关之分,两者的程序基本相同。出口报关主要包含以下几个环节:

(一)货物申报

除海关特准外,出口货物发货人应在装货的 24 小时以前向运输工具所在地的海关申报。除急需紧急发运的鲜活商品,维修和赶船期等特殊情况之外,在装货前 24 小时以内申报的货物一律暂缓受理。

在海关注册的出口企业可以自行办理报关手续,也可以委托专业报关企业或其他代理报关企业办理,而未在海关注册的出口企业只能委托代理办理报关手续。

出口企业或其代理人首先应根据出口货物情况如实填写出口货物报关单,提交海关,并随附必要的单据,请求海关办理出口手续。随附报关的单据主要有发票、装箱单、减免税证明文件、法定检验商品检验证书、出口货物许可证以及海关认为必要时需查阅的证件,以确定内容是否正确,申报单是否齐全和有效等。

(二)单据审核

海关在接受申报时,依据国家进出口货物的有关政策和法令规章对申报的内容及随附的单证的真实性、齐全性和一致性进行审核。

(三)货物查验

海关审核单据完毕,就要以出口报关单为依据,对出口货物进行实际核对查验,核查出口货物的名称、品质、规格、包装、数量、唛码等是否与报关单和其他单据相符,以防非法出口、走私等。

海关一般于规定的时间在海关监管的码头、机场、车站、邮局等地点对出口货物进行查验。必要时,也可由海关派员到发货人的仓库查验。海关查验时,报关单位应派员到现场协助搬运、拆封货物或提供相关单据文件。

(四)征税放行

海关对出口货物进行查验后,按海关关税税则规定,对应征出口关税的商品计算应缴纳关税的税额。报关单位按时缴纳关税后,海关在装货单上盖放行章交发货人签收,发货人即可凭此将货物装运出境。

发货人缴清关税,经海关签印放行称为清关或通关。

七、制单结汇

(一) 制单

1. 制单前的准备

制单前的主要准备工作是找全合同和信用证。在信用证付款的条件下,要分析判断信用证对单证的具体要求,并将有关内容一一列表,以便办理单证时核查,防止发生差错和遗漏,同时要核查有关银行和当事人的名称、各种单证的份数等,还要核查有关单据有无抬头和背书等。

2. 制单的基本要求

在信用证付款的条件下,开证行审核单证与信用证要求,两者完全相符后,开证行才承担付款的责任,如发现任何不符之处,均有拒绝付款的可能。因此,在制单时要慎之又慎。

对于结汇的单据要求做到"正确、完整、及时、简明、整洁、规范"。正确就是"单证一致,单单相符";完整即必须严格按信用证规定提供所有的单据,单据的份数、每份单据的项目和内容必须完整无缺;及时是指要在信用证有效期内将单据寄交议付行,以便银行及早出单,按时收汇;简明是指单据的内容按信用证要求和国际惯例填制,做到简洁明了;整洁是指单据的字据布局合理、美观,打印的字迹清楚,单据表面清洁;规范是指所提供的单据格式符合国际标准化要求。

3. 出口结汇的主要单据

1) 汇票

填制汇票应注意汇票的编码一般与发票号码一致,汇票的出票日期同提单日期或晚于提单日期,严格规范地按汇票各栏目的要求填制。

2) 发票

发票的种类主要有商业发票、海关发票、领事发票、厂商发票、联合发票、形式发票及银行发票等。

3) 提单

提单是各种单据中最重要的单据,所提供的提单必须严格按信用证的要求填制。

4) 保险单

所提供的保险单的被保险人应是信用证上的受益人,并加空白背书,以便于办理保险单转让。保险金额和保险险别应与信用证的规定一致,保险单签发日期应早于或同提单日期。

5) 其他单据

其他单据主要有普惠制产地证、原产地证书、装箱单和重量单等。

(二) 交单结汇

1. 交单

交单是指出口商（信用证受益人）在规定时间内向银行提交信用证规定的全套单据，这些单据经银行审核，根据信用证条款中的不同付汇方式，由银行办理结汇。交单应注意三个方面：一是单据的种类和份数与信用证的规定相符；二是单据内容正确，所用文字应与信用证一致；三是交单时间必须在信用证规定的交单期和有效期之内。

2. 结汇

信用证项下的出口单据经银行审核无误后，银行按信用证规定的付汇条件将外汇结付给出口企业。我国出口业务中大多使用议付信用证，也有少量使用付款信用证和承兑信用证的。主要结汇方式如下：

1) 收妥结汇

收妥结汇是指议付行收到出口商的结汇单据后，审查无误，将单据寄交国外付款行索取货款，待付款行将货款拨入议付行账户时，就按当日外汇牌价，折算成人民币拨交给出口商。

2) 定期结汇

定期结汇是指议付行根据向国外付款行索偿所需时间与出口商商定，预先确定一个固定的结汇期限，该期限到期后，无论是否已经收到国外付款行的货款，都主动将票款金额折算成人民币拨交给出口商。

3) 买单结汇

买单结汇又称"出口押汇"，是指议付行在审单无误的情况下，按信用证条款买入受益人的汇票及结汇单据，从票面金额中扣除从议付日到估计收到票款之日的利息，将余款按议付日外汇牌价折算成人民币拨交出口商。议付行向受益人垫付资金，买入跟单汇票后，即成为汇票持有人，可凭票向付款行索取票款。银行之所以做出口押汇，是为了给出口商提供资金融通的便利，这有利于加速出口商的资金周转。

(三) 单证不一致时出口商可采取的措施

在出口业务中，由于种种原因造成单据不符，即单据存在不符点，而受益人又因时间条件的限制，无法在规定期限内更正，则有下列处理方法：

1. 凭保议付

受益人出具保证书承认单据瑕疵，声明如开证行拒付，由受益人偿还议付行所垫付的款项和费用，同时电请开证申请人授权开证行付款。

2. 表提

议付行把不符点开列在寄单函上，征求开证行意见，由开证行接洽开证申请人，征询是否同意付款，接到肯定答复后议付行即行议付。如开证申请人不予接受，开证行退单，议付行照样退单给受益人。

3. 电提

议付行暂不向开证行寄单,而是用电传和传真通知开证行单据不符点。若开证行同意付款,则议付行寄单;若开证行不同意付款,受益人可及早收回单据,设法改正。

4. 有证托收

单据有严重不符点,或信用证有效期已过,手中的信用证已无法利用,只能委托银行在给开证行的寄单函中注明"信用证项下单据作托收处理"。作为区别,该方式称为"有证托收",而一般的托收则称为"无证托收"。由于开证申请人已因单证不符而不同意接受,故有证托收往往遭到拒付,实则是一种不得已而为之的方式。

八、出口收汇核销与出口退税

出口企业在办理货物装运出口及制单结汇以后,应及时办理出口收汇核销和出口退税手续。

(一)出口收汇核销

出口收汇核销是国家为了加强出口收汇管理,保证国家的外汇收入,防止外汇流失,指定外汇管理部门对出口企业贸易项下的外汇收入情况进行事后监督检查的一种制度。一般贸易、易货贸易、租赁、寄售、展卖等出口贸易方式,只要涉及出口收汇,都必须进行出口收汇核销。

(二)出口退税

出口企业应在规定的期限内,向国家税务机关提交出口货物报关单(出口退税专用联)、出口销售发票、出口购货发票(增值税发票)、银行结汇水单和出口收汇核销单,经国家税务机关审核无误后,办理出口退税。

第二节 进口合同的履行

国际货物买卖合同中,买方的基本义务是接货、付款。目前我国进口合同大多以 FOB 条件成交,以信用证方式结算货款。买方的接货义务,主要是指按时派船接货和按时开立符合合同要求的信用证。买方在履行合同义务的同时,应随时注意和卖方接洽,督促卖方按合同履行交货义务。进口业务中还包括开立信用证、申领进口许可证、审单付款、报关、报检以及可能的索赔等环节,进口商与各有关部门密切配合,逐项完成。

一、开立信用证

(一)办理开证手续

买卖双方签订合同后,如合同规定用信用证付款的条件下,进口商要按确定期限办理开证手续。申请开证时进口商应向当地银行提供有关单据资料、向外汇管理部门出具有关证明，填制开证申请单，向银行交付一定的保证金，开证行则接受办理开证手续。

(二) 填制开证申请单

开证申请单是进口商（开证人）向开证行申请开证时填制的书面文件，是开证人与银行之间的契约。开证申请单包括两部分内容：第一部分是开证人对开证行的开证指示；第二部分是规定开证人与开证行双方的权利与义务，即偿付协议。

(三) 开立信用证应注意的事项

(1) 严格按合同规定的时间开立信用证。

(2) 及时向开证行办理信用证修改手续。当受益人提出修改信用证的请求时，经申请人同意即可向开证行办理改证手续。

(3) 开证申请单的内容必须与合同、进口许可证保持一致，申请单中的有关条款不能与进出口国家的有关外汇、贸易管理的制度相抵触。

(4) 开证申请单条款的文字表述要确定，数据要准确，不可含糊不清、模棱两可。

二、申领进口许可证

(一) 进口许可证管理制度

进出口许可证是国家授权机关批准商品进出口的证明文件。实行进口许可证制度是世界各国进行贸易管制、限制进口的一项重要措施。我国根据实际需要，规定某些商品的进口，必须先申领进口许可证，海关凭进口许可证验放货物进口。

(二) 申领进口许可证

进口商申领进口许可证时，先要向主管机关填制进口货物许可证申请书，递交相关文件，经发证机关审核后发给进口许可证。领证单位领到进口许可证后，只限于本单位使用，不准转让给其他单位。进口许可证一般有效期为 6 个月，领证单位必须在许可证有效期内进口货物，因故不能在有效期内进口货物，可以申请展期，但展期只许一次，最长不超过 6 个月。

三、审单付款

(一) 审单

审单泛指审核单据，指进口商办理付款赎单手续时，对国外寄交的单证进行审核。审单的基本原则是"单证一致"和"单单相符"。在信用证付款条件下，我开证行在收到国外寄来的汇票和随附的单据后，首先应对照信用证核实单据种类、份数及内容，如经审核无误，银行便对外付款，并通知进口商按当时外汇牌价买汇赎单。

根据银行惯例，在信用证方式下，审核进口单据的工作是银行的职责。开证行审核单据无误后，就应当直接对外办理付款，不必征得开证申请人的同意。但在我国的进口业务中，审核进口单据的工作是由银行和进口企业共同完成的。

(二) 付款

银行审单后有两种情况：

一种情况是对单据核对无误后，凭议付行寄来的索偿通知书，填制进口单据发送清单，并附全部单据送交进口企业验收。进口企业对全套单据进行全面细致的审核，审核无误后，银行即根据信用证的种类，采用所规定的付款方式付款。与此同时，银行通知进口企业按当日国家外汇牌价，向银行付汇赎单。

另一种情况是银行发现单据与信用证条款不符，通常会先征询进口企业的意见，看其是否愿意接受。如果愿意接受，进口企业即可指示银行对外付款或承兑；如果拒绝接受，进口企业可以采取以下几种处理办法：

（1）拒绝接受单据，拒付全部货款。当单据与信用证、单据与单据之间明显不符合，如货量不足，品质、规格不符，短缺必要的单据，货款金额计算错误，以及提单为不清洁提单等，原则上进口企业可以采用这种方法。

（2）部分付款，部分拒付。当单据与单据之间明显不符合，但根据情节又不宜全部拒付时，可部分付款，部分拒付。

（3）货到经检验后付款。由于单证或单单不符，进口企业可以通知银行要求货到验货付款。如果经检验，货物与合同规定完全相符，进口企业可以接受单据，则支付货款；如果货物与合同规定有出入，进口企业可以拒付，或要求扣款。

（4）凭卖方或议付行出具的担保付款，或付款后开证行保留追索权。

总之，对单证不符情况的处理，开证行或开证申请人都应在合理时间内以最迅速的方式向议付行提出。长期缄默，可能导致拒付权利的丧失。

四、进口报检与报关

(一) 进口报检

进口商在收到开证行转来的全套议付单据（商业发票、装箱单、汇票等）后，对其进行审核。如果审核无误，则办理付款赎单手续。接下来，进口商将着手报关报检。如果是属于法定检验的商品，则应在报关前办理报检手续，取得电子底账册。进口商可以自行报检，也可以委托货运代理公司代理报检。

(二) 进口报关

1. 填制进口报关单和办理报关手续

进口商或其委托的外运公司根据合同填制进口货物报关单，并随附商业发票、海运提单等单据向海关申报，如属法定检验的进口商品，还需附商品检验证书、产地证明书等。当货、证经海关查验无误，则依据规定缴纳关税后放行。

办理进口货物申报期限为自载运货物的运输工具申请进境之日起14天内。申报期限的最后一天是法定节假日或休息日的,顺延到法定节假日或休息日后的第一个工作日。超过时限未向海关申报的,由海关按日征收滞报金。

2. 接受海关查验货物

进口货物一般都要接受海关查验,以确定申报进口的货物是否与报关单所列明的一致。查验货物应在海关指定的时间和场所进行。验货时收货人或其代理人应当到现场。在特殊情况下,由报关人申请经海关同意也可以由海关派员到货物的仓库、场地查验。

3. 缴纳关税

海关根据《中华人民共和国海关进口税则》的规定,对进口货物计征进口关税,货物在进口环节由海关征收包括代征的税种,主要有关税、进口增值税、消费税等。

按《中华人民共和国海关法》的规定,从海关签发税款缴款书之日起15日内(非营业日除外),纳税人向指定银行缴纳税款,逾期不缴纳的,海关除依法限期追缴外,还由海关按日征收滞纳金。

4. 海关放行

当进口商向海关办完进口货物申报、接受查验并缴纳关税后,海关即在运单上签字或盖章放行,收货人或其代理人即可持海关签发的放行单提取货物。凡未经海关放行的进口货物,任何单位和个人均不得提取或发运货物。

五、索赔

在进口业务中,有时会发生卖方不按时交货,或所交货物的品质、数量、包装与合同规定不符的情况,也可能装运保管不当或自然灾害、意外事故等致使货物损坏或短缺。进口方可因此向有关责任方提出索赔。

(一) 索赔对象

向卖方索赔。可向卖方索赔的情况:货物品质、规格不符合合同规定;原装数量不足;包装不符合合同规定或包装不良致使货物受损;未按期交货或拒不交货。

向承运人索赔。可向承运人索赔的情况:货物数量少于运单所载数量;提单为清洁提单,承运人保管不当而造成货物短损。

向保险公司索赔。属于投保险别的承保范围内的损失。

(二) 索赔应注意的事项

1. 索赔依据

索赔时应提交索赔清单和有关货运单据,如发票、提单(副本)、装箱单。在向卖方索赔时,应提交商检机构出具的检验证书;向承运人索赔时,应提交理货报告和货损货差证明;向保险公司索赔时,除上述各项证明外,还应附加由保险公司出具的检验报告。

2. 索赔金额

向卖方索赔金额,应按买方所受实际损失计算,包括货物损失和由此而支出的各项费用,如检验费、仓租、利息等;向承运人和保险公司索赔,均按有关章程办理。

3. 索赔期限

向卖方索赔,应在合同规定的索赔期限内提出,如商检工作确有困难可能需要延长时间的,可在合同规定的索赔有效期内向对方要求延长索赔期限。或在合同规定的索赔有效期内向对方提出保留索赔权。如合同未规定索赔期限,按《公约》规定,向买方索赔期限自其收到货物之日起不超过两年;向船公司索赔期限为货物到达目的港交货后一年之内;向保险公司提出海运货损索赔的期限,则为被保险货物在卸载港全部卸离海轮后两年内。

4. 买方职责

买方在向有关责任方提出索赔时,应采取适当措施保持货物原状并妥善保管。按国际惯例,如买方不能按实际收到货物的原状归还货物,就丧失宣告合同无效或要求卖方交付替代货物的权利;按保险公司的规定,被保险人必须按保险公司的要求,采取措施避免损失进一步扩大,否则不予理赔。

第三节　技能实训

实训模块一　单证制作

【目的要求】

依据《出口货物明细单》所提供的有关数据、资料,在老师的指导下,每一位学生独立、正确和规范地制作一套有关的业务单证。

【背景材料】

《出口货物明细单》实例,见单据 9-1。

【操作指南】

(1) 填制一份商业发票:按商业发票各栏目要求,对照出口货物明细单实例进行填制。商业发票的主要内容:发票编号、填制日期、合同号码、收货人名称、运输标志、商品名称、规格、数量、包装方式、单价、总值和支付方式等。

(2) 开立一份信用证,依据《出口货物明细单》有关数据和资料填制信用证的各项条款。

(3) 制作一份保险单。

(4) 制作一份海运提单或铁路运单。

(5) 卖方向开证行开立一份汇票。

(6) 以进口商的名义填制进口货物报关单,以出口商的名义填制出口货物报关单。

实训模块二　模拟履行合同的业务技能训练

【目的要求】
完善合同条款,并开展履行合同的实训。

【背景材料】
附一份合同实例,见单据 9-2。

【操作指南】
(1) 建立交易小组,将学生每 2~3 人组成一方,分别扮演买方和卖方,要求学生进入角色,各自履行合同的义务,办理各环节的业务手续,出具有关业务单证,主张自己的权利。

(2) 卖方办理出口许可证手续,出具出口许可证;买方出具进口许可证。

(3) 卖方催证,买方开证,卖方审证,并办理要求改证的业务手续,买方出具信用证修改通知单。

(4) 卖方备货,出具商业发票,办理报检手续;出具检验合格证书;办理托运、投保手续;出具托运单、保险单和海运提单。若合同规定由买方负责办理保险,则由买方出具保险单。

(5) 卖方办理出口报关和装运货物出口手续,填制出口货物报关单,并提供相关的单据,接受海关的审查,经海关放行后,组织货物装运并向船公司索取符合要求的有效提单。

(6) 卖方制单结汇。卖方负责开立汇票,整理结汇所随附的所有单据,到议付行办理结汇手续。

(7) 买方审单,办理付款赎单手续。

(8) 买方办理进口报关、报验及提货或拨交货物手续。买方出具进口货物报关单、进口货物检验合格证,整理进口报关所随附的各种单据。当进口货物经海关检验放行后,买方到海关监管仓库或货场办理提取或拨交货物手续。

实训模块三　案例分析

【案例】　审证、改证不当案

我国 A 进出口公司向非洲 B 商行出口一批自行车,对方开来信用证按合同规定 8 月装运,但计价货币与合同规定不符。A 公司备货不及,无法在 8 月装运,且 A 公司审证时对不符之处未加注意。直至 9 月对方来电催装时,A 公司才发现信用证有误,忙向对方提出按合同货币改证,同时要求展延装运期和信用证的有效期。次日 B 商行复电:"证已改妥。"A 公司据此将货发运,但信用证修改书始终未到。A 公司提交的货运单据寄达开证行时因单证不符遭到拒付。A 公司为及时收回货款,避免在目的港的仓储费用支出,接受 B 商行的要求,同意改为 D/P 托收,并允许 B 商行向代收行凭信托收据(T/R)借单提货。B 商行提货后却无力支付货款,A 公司遭受重大损失。A 公司在这笔交易中有哪些失误?

【分析】
A 公司在这笔交易中的失误有:其一,合同中规定的装运期过早,没有考虑自己的备货实际,导致无法按期交货,陷于被动;其二,审证疏忽,要求改证太迟;其三,信用证的修改必须以正式修改书为准，修改书未到，先行发货，必然出现单证不符，开证行拒付的情况；其四，买方电告信用证已修改，但修改书迟迟未到，说明买方有欺诈的可能，在此情况下再同意改托收并同意由买方凭信托收据借单提货是不妥当的。

单据 9-1

出 口 货 物 明 细 单

经营单位：HUNAN MACHINERY IMP. & EXP. CORP.　　　　备货单号：N163501F010/202

信用证号 L/C NO.　　　　　　　　　　　　　　　　　　　唛头 SHIPPING MARK：N/M

客户名称地址	SEAPPODUCTS IMPORT CO. OF CENTRAL VIETNAM (SEAPRCDEX DAANG)								
受货人	TO ORDER	通知人	SEAPPODUCTS IMPORT CO. OF CENTRAL VIETNAM (SEAPRCDEX DAANG)						
运输方式	BY SEA	合同号	48-01/SEA+UMA	核销单号		结汇方式	T/T	分批	ALLOWED
出口口岸	FUZHOU 福州	启运地点	FUZHOU 福州	贸易国别	VIETNAM 越南	税目号			
消费国别	VIETNAM 越南	目的港	HOCHIMINH CITY PORT 胡志明市	险别		转船	ALLOWED		
过户银行									
备注		装期	2021-07-10	效期	2021-07-22	业务员		日期	2021-06-19

商品编码	海关编码	商品描述	单件数量	数量/单位 PIECES	单价	总价	单件净重	净重(kg)	单件毛重	毛重(kg)	包装件数/包装种类	体积(m³)
		SPARE PARTS FOR ALTERNATORS & WATER PLMP		2 950 PCS		19 763		19 783		20 908	86PKGS	22.51
		Total：		2 950		19 763		19 783		20 908	86	22.51

　　　　　　　　　　　　　　　　　　　　　　　CIF　HOCHIMINH　CITY　PORT　USD19763.00
　　　　　　　　　　　　　　　　　　　　　　　　　INSURANCE　　—120.00
　　　　　　　　　　　　　　　　　　　　　　　　　FREIGHT　　　—287.00
　　　　　　　　　　　　　　　　　　　　　　　　　────────────────
　　　　　　　　　　　　　　　　　　　　　　　　　FOB　　USD19356.00

单据9—2

湖南机械进出口集团股份有限公司
HUNAN MACHINERY IMP. & EXP. CORPORATION

销 售 合 同	合同编号
SALES CONTRACT	S/C NO. XD023/2021

日 期
Date: May 20, 2021

卖 方　　　　　　　　　　　　　　　　　买 方
Seller: Hunan Machinery I/E Corp.　　　　Buyer: HIEN LONG CO. LTD
Add: 80 WuYi Road (E) 410001 Changsha China　　Add: 018F Nguyer Trai Department
Cable address: "MACHIMPEX" CHANGSHA　　Cable address:
Telex: 98157 CMVHN CN　　　　　　　　Dist, st, Ho Chi Minh City Vietnam
Fax: 0731—22826067
E-mail: hncnc@pulic.cs.hn.cn

双方同意按下列条款由买方购进卖方出售下列商品：
The Buyer agrees to buy and the seller agrees to sell the following goods on terms and conditions as set forth below:

商品名称及规格 Name of Commodity and Specifications	数　量 Quantity	单　价 Unit Price	总　值 Amount
A Lot of Bearing	29700 Pcs	CIF　Ho Chi Minh　City USD10.00/PC	USD297,000.00
	（允许溢短装　Quantity allowance±　　　％）		

(1) 保　险　　A. 买方自理
　　　　　　　B. 由卖方按中国人民保险公司保险条款、按发票总值110%投保
　　Insurance　A. To be effected by the buyer
　　　　　　　B. To be covered by the seller for 110% of the total invoice value against As per the Ocean Marine Cargo clauses of the People's Insurance Company of China.

(2) 包　装　　纸箱/木箱
　　Packing　　In Carton/Wooden cases

(3) 唛　头　　无
　　Shipping Marks　　N/M

(4) 装 运 期 限　　收到可以转船及分批装运的信用证　　天内装出
　　Time of Shipment　□Within　　days after receipt of L/C allowing transshipment and partial shipments.

(5) 装 运 口 岸　　装运口岸后填写中国任何港口
　　Port of Loading　　□Any port of China

(6) 目 的 港　　胡志明市
　　Port of Destination　　Ho Chi Minh City

(7) 付 款 条 件　　开给我方100%不可撤销即期付款及可转让可分割之信用证。并须注明可在上述装运日期后十五内在中国议付有效。
　　Terms of Payment:

Pay 100% confirmed, irrevocable, transferable and divisible Letter of Credit to be available by sight draft and to remain valid for negotiation in China until the 15th day after the aforesaid Time of Shipment.

The Seller: The Buyer:
湖南机械进出口集团股份有限公司   (Signed)
HUNAN MACHINERY IMP. & EXP. CORPORATION

◆ 本章回顾

本章主要阐述了进出口合同的履行程序及注意事项。

出口合同的履行包括备货、报检、催证、审证、租船装运、制单结汇、核销退税等。

备货就是卖方根据合同的规定,按时、按质、按量准备好应交的货物,并做好报检和领证的工作。

审证、改证是卖方履行合同的重要步骤,直接涉及交易能否顺利完成。审证首先要从政策、银行资信和付款责任以及信用证性质等方面进行审查,再从商品品质、规格、数量、包装、单据、特殊条款等方面进行审查。如发现问题,一次性向客户提出改证,不要多次提出,否则会增加双方的手续和费用。对修改的内容只能全部接受或拒绝,部分接受当属无效。

租船装运是卖方履行合同的根本,涉及几个部门的配合和衔接,协调不好会影响货物的装运。

制单结汇是交易的最后一环,它要求业务员认真、仔细,具有高度的责任感。

外汇核销与出口退税是保证出口企业取得预期经济效益的关键,它要求企业与海关、外汇管理局、税务局、银行等部门做好衔接,共同把这项工作做好。

进口合同的履行十分重要,在开立与修改信用证、安排运输、投保、审单、付款、报关、检验以及进口索赔等环节上不能有任何疏漏,否则不同程度的损失或后果都可能发生。

在合同履行过程中,要求进出口双方履行各自的权利、责任和义务,把进出口合同的要求落到实处。

◆ 赛点指导

根据全国高校商业精英挑战赛国际贸易竞赛规则,商贸配对贸易谈判环节涉及本章的内容比较多,谈判主要是围绕价格展开的,但是价格不是孤立的,与商品的质量、成交数量、交货期、结算方式、运输方式等有着密切关系,一般原则如下:

(1) 价格与质量的关系:质高价高。

(2) 价格与数量的关系:在最低订货量的基础上,量大价低,量小价高。

(3) 价格与结算方式的关系:选择对卖方有利的结算方式,价格相对低;选择对买方有利的结算方式,价格相对高。

(4) 价格与运输方式的关系:航空运输成本最高,所以采用空运价格高;海洋运输周期长,风险大,成本较低,所以采用海运价格相对较低。

以上只是基本原则,在谈判中应灵活运用,进出口双方力求达到一个利益上的平衡点,在平等互利的基础上与客户达成交易。

◇ **课堂思政**

进出口合同的顺利履行，是业务员思想品德、业务能力和专业素养过关的综合体现。

学生通过本章内容的学习，能够自觉维护国家和企业的利益，关注国内外的政治经济形势，正确处理好国家、集体和个人之间的利益关系。

培养学生在履约过程中需要的各项综合业务能力和专业素养：熟悉国际贸易各个环节和操作程序，能正确判断企业生产加工周期、产品质量、交货期等；懂得产品特性、工艺、技术要求；熟悉主要货币汇率的换算；会利用相关知识进行成本核算；了解处理异议、索赔、理赔等业务环节的主要内容；能利用各种方式和方法进行企业和产品宣传，树立品牌意识，扩大企业和产品的知名度；服务热情、周到，在诚信、平等互利的基础上与客户建立长期、良好的、稳定的贸易关系。

◇ **练习题**

一、单选题

1. 纳税人或其代理人应当自海关填发税款缴款书之日起_____日内缴纳税款。（　　）
   A. 14日　　　B. 7日　　　C. 15日　　　D. 3日

2. 出境货物报检最迟为出口报关或装运前_____天。（　　）
   A. 2天　　　B. 7天　　　C. 14天　　　D. 16天

3. 在实际工作中，一般海运出口货物在船离境_____小时前进入海关监管区，空运出口货物在飞机起飞_____小时前进入空港机场。（　　）
   A. 48　24　　B. 24　48　　C. 12　24　　D. 24　12

4. 如合同未规定索赔期限，按《公约》规定，向买方索赔期限自卖方收到货物之日起不超过（　　）
   A. 1年　　　B. 2年　　　C. 3年　　　D. 6个月

5. 办理进口货物申报期限为自载运货物的运输工具申请进境之日起_____天内。申报期限的最后一天是法定节假日或休息日的，顺延到法定节假日或休息日后的第一个工作日。（　　）
   A. 3　　　B. 7　　　C. 14　　　D. 15

二、多项选择题

1. 卖方备货时的主要业务内容是（　　）
   A. 保证商品质量　　　　　B. 保证交货数量
   C. 进行成本核算　　　　　D. 按规定对货物进行包装

2. 出口报关应提交的单证应包括（　　）
   A. 合同　　　B. 出口收汇核销单　　　C. 原产地证书
   D. 装货单　　E. 保险单

3. 我国出口结汇的方法有 （　　）
   A. 押汇　　　B. 电汇　　　C. 收妥结汇　　　D. 定期结汇
4. 在出口业务中，由种种原因造成的单据不符，即单据存在不符点，而受益人又因时间件的限制，无法在规定期限内更正，则有下列处理方法 （　　）
   A. 电提　　　B. 表提　　　C. 凭保议付　　　D. 有证托收
5. 银行发现单据与信用证条款不符时，通常会先征询进口企业的意见，看其是否愿意接受。如果愿意接受，进口企业即可指示银行对外付款或承兑；如果拒绝接受，进口企业可以采取以下几种处理办法 （　　）
   A. 拒绝接受单据，拒付全部货款
   B. 部分付款，部分拒付
   C. 货到经检验后付款
   D. 凭卖方或议付行出具的担保付款，或付款后开证行保留追索权

三、判断题

1. 在进出口业务中，只需注意商品本身的质量，而无须考虑商品的包装。（　　）
2. 为降低出口商品成本，应尽量节约开支，即使商品质量受到负面影响也无所谓。（　　）
3. 一张出口许可证能够无限重复使用。（　　）
4. 审证是指由银行与出口企业共同审核信用证内容与合同是否相符。（　　）
5. 改证是指开证人通过开证行对信用证相关内容进行修改的行为。（　　）
6. 对于进出口货物，只有取得了检验合格证书，海关才能放行。（　　）
7. 托运单、装货单和海运单对货物的描述应该是一致的。（　　）

四、名词解释题

1. 收妥结汇
2. 定期结汇
3. 买单结汇

五、简答题

1. 出口商在审核国外开来的信用证时应注意哪些事项？
2. 进口商审核进口单据后有不符点应如何处理？

六、案例分析题

我国 A 企业凭即期信用证向荷兰 B 商人出口节能灯一批。合同规定的装运期为 6 月。荷兰 B 商人依合同规定及时开来信用证，我国 A 企业也根据信用证的要求及时将货物装运出口。但在制作单据时，制单员将商业发票上的商品名称及数量依信用证的规定缮制为：SAVING ENGERGY 22W 2000PCS, SAVING ENGERGY 11W 2000PCS, SAVING ENGERGY 9W 2000PCS。而海运提单上仅填该商品的统称：SAVING ENGERGY。

付款行可否以此为由拒付货款？为什么？

参考文献

[1] 俞毅.国际贸易实务[M].北京:机械工业出版社,2022.
[2] 刘红.国际贸易实务[M].北京:机械工业出版社,2022.
[3] 罗兴武.国际贸易实务[M].北京:机械工业出版社,2021.
[4] 胡丹婷,成蓉.国际贸易实务[M].4版.北京:机械工业出版社,2022.
[5] 陈平.国际贸易实务[M].4版·数字教材版.北京:中国人民大学出版社,2022.
[6] 冷柏军,李洋.国际贸易实务双语教程[M].北京:中国人民大学出版社,2021.
[7] 陈文汉.国际贸易实务[M].2版.北京:中国人民大学出版社,2020.
[8] 冷柏军,张玮.国际贸易实务[M].3版.北京:中国人民大学出版社,2020.
[9] 余庆瑜.国际贸易实务原理与案例[M].3版.北京:中国人民大学出版社,2021.